玛珈山法政文

主编：汪全胜　张　钦

19

中国法律方法论研究报告(2011—2016)

孙光宁　等/著

Chinese Legal Methodology Research Report （2011-2016）

知识产权出版社

全国百佳图书出版单位

图书在版编目（CIP）数据

中国法律方法论研究报告. 2011—2016/孙光宁等著. —北京：知识产权出版社，2017.9

（玛珈山法政文丛／汪全胜，张铭主编）

ISBN 978 - 7 - 5130 - 5138 - 5

Ⅰ.①中… Ⅱ.①孙… Ⅲ.①法律—方法论—研究报告—中国 Ⅳ.①D920.0 - 03

中国版本图书馆 CIP 数据核字（2017）第 226198 号

责任编辑：李学军　　　　　　　　　　　责任出版：刘译文

装帧设计：刘　伟

中国法律方法论研究报告（2011—2016）

孙光宁　等著

出版发行：知识产权出版社 有限责任公司	网　　址：http：//www.ipph.cn
社　　址：北京市海淀区气象路 50 号院	邮　　编：100081
责编电话：15611868862	责编邮箱：752606025@ qq. com
发行电话：010 - 82000860 转 8101/8102	发行传真：010 - 82000893/82005070/82000270
印　　刷：三河市国英印务有限公司	经　　销：各大网上书店、新华书店及相关专业书店
开　　本：787mm×1092mm　1/16	印　　张：16
版　　次：2017 年 9 月第 1 版	印　　次：2017 年 9 月第 1 次印刷
字　　数：265 千字	定　　价：56.00 元

ISBN 978 -7 -5130 -5138 -5

本书系国家 2011 计划司法文明协同创新中心研究成果

总　序

　　山东大学（威海）法学院是年轻的法学院。说它年轻，一是成立的时间很短，比不上动辄百年或者少说几十年历史的法学院，如果从 1994 年山东大学威海校区筹建法律系招收经济法专科起算，2014 年才迎来它的 20 年诞辰。如果说有"法学院"名称，那也就是不到 10 年的时间。2004 年，威海校区院系整合，设"法学院"，将原马列部的行政管理专业、社会工作专业并到法律系，建法学院，由谢晖教授出任法学院首任院长。二是师资队伍年轻，平均年龄据我估算，也就 40 岁左右吧。目前，法学院教职员工 70 余人，除原有师资以外，对学院师资引进作出贡献的有两位人物：一位是从河南大学来山东大学威海校区任法律系主任的陈金钊教授，学科初建、专业方兴，陈金钊教授引进了不少人才；另一位就是谢晖教授，2004 年及其后几年，其广纳国内高校的青年才俊。法学院的人才引进不仅引起了国内的注目，更是成效显著。自 2004 年始，科研产出占整个威海校区文科学科的一半甚至还多，是山东大学威海校区乃至山东大学的增长点。年轻，不等于没有资历。在这 20 年的发展过程中，一些学科、一些学者在国内渐有声望，法律方法论研究中心 2006 年被批准为山东省人文社会科学重点基地，逐渐形成了一支职称结构、年龄结构、学历结构、学缘结构都比较合理的学术团队；陈金钊、谢晖、焦宝乾、桑本谦等学者在国内学术界的影响日显，陈金钊、谢晖被称为著名法学家也不为过。山东大学（威海）法学院的声誉、影响力并不比那些有一定历史的法学院低或小，说起山东大学（威海），至少在法学界，会让人联想到山东大学（威海）法学院吧。

学院的发展离不开人才，学科的发展也离不开人才，没有人才或者没有很好的人才成长平台，发展从何谈起?！山东大学（威海）法学院一方面继续延揽人才，为他们创造良好的成长环境，另一方面对于现有人才也想方设法给他们成长的空间，让他们在威海生活得开心、舒心、放心。威海是最适宜人居的城市，但是仅有这样的自然环境还是远远不够的。这几年，一些人追求更高的平台、更大的发展空间，离开威海。先有主张"华夏多元学术文化格局"，不赞成"大家者流，争聚京华皇城脚下"的谢晖教授北上京城；再有为法律系初建、迎着重重困难顶着种种阻力而发展学科、提升层次的陈金钊教授南下华政；还有如罗洪洋教授、桑本谦教授、谢维雁教授、董学立教授、苗金春教授诸君，或东奔，或西走。诚然，人才流动是一种正常现象，但是对我们山东大学（威海）法学院来说未尝不是一种损失，甚至是巨大的损失。

人才、学科是山东大学（威海）法学院发展的着力点。法学院现已形成了法律方法论重点学科、刑法学科、国际法学科、政治学科、立法学科、行政管理学科等学群，一些青年才俊也迅速成长。2013 年，山东大学威海校区启动学科建设资金，对法律方法论学科给予重点扶持。自 2014 年始，法律方法论作为一个专业，将独立招收博士研究生，这是一个很好的发展机遇，也是我院学科发展的良好平台。法律方法论学科（基地）有了学校的支持，有了该学术团队的精诚合作，我相信，该学科还有更大的发展空间。学校学科政策扶强不扶弱，但对于学院来讲，除了重点学科之外，还有更多其他的学科，也需要有一定的政策与经费支持，不能发展一个学科，其他学科就不再考虑了。目前，除了法律方法论学术团队以外，我院其他各专业、各学科人才成长也很快，每年都有教师博士毕业，或主持省部级以上课题。随之，博士论文或课题成果的出版也面临问题。如何扶植这些成长的学科，如何扶持这些年轻才俊，让他们尽快成长，更重要的是，将这些成果推向社会，扩大法学院的影响，这些问题亟须规划与考虑。在这样的背景下，法学院学术委员会经过商议，决定设立"玛珈山法政文丛"，资助年轻教师学术著作的出版，以振兴法学院的学术，继续保持或扩大法学院的发展强势。

这里我首先要感谢知识产权出版社的李学军编辑，因为他的促成与努力，我们才能够将出版文丛的想法付诸实施。法学院与知识产权出版社共同策划、出版"玛珈山法政文丛"，每年计划出版 3～5 本，为我院青年才俊提供成果展示的平台。我相信，"玛珈山法政文丛"的出版，一方面会为我国学术研究增加些许色彩，另一方面也为学界同仁了解山东大学（威海）法学院、山东大学（威海）的学人，提供一个很好的窗口。

本文丛的出版，得到了知识产权出版社特别是李学军编辑的大力支持与帮助，也得到了山东大学（威海）学科发展经费的资助，在此，特表示诚挚的谢意！

汪全胜

于威海玛珈山下枕涛书斋

2013 年 11 月 17 日

目　录

第八章　法律方法论研究的阶段性回顾与反思　171

后　记　237

第一章　法律体系形成后的研究转向

——2011 年中国法律方法论研究报告

中国特色社会主义法律体系已经形成，司法成为法治建设的重心。这为我国法律方法论研究提供并营造了珍贵的时代机遇。本年度中，法律修辞学和法律语言学受到了更多关注。传统的法律方法研究（如法律解释、法律推理、法律论证）越来越让位于贴近我国法律运行实践的法律方法论研究。随着研究的深入，法律方法的教学开始受到重视。在既有研究基础上，学界对法律方法论的研究领域在不断扩展与延伸。我们应当抓住法律体系已经形成，法律方法论面临大发展之时代机遇，深入推进此研究。

一、学术资讯

学界与实务界在本年度较为密集地举办了系列法律方法论研讨会。如第六届"全国法律方法论坛暨'法律方法'教学研讨会"于 12 月 13 ~ 14 日在上海政法学院举行。5 月 14 ~ 15 日，第一届全国法律修辞学研讨会在山东大学威海分校召开，本届研讨会共分为"修辞学与法律修辞学""逻辑学与法律修辞学""语言学与法律修辞学"和"法学与修辞学"四个单元。南开大学法学院承办的第二届全国法律修辞学学术研讨会也于 12 月 10 日在天津召开。11 月 5 日，西南政法大学承办的全国法理学年会暨"法治发展与社会管理创新"研讨会在重庆召开，其中主题之一为"法律论证理论与法治发展"，会议就法律方法论的一些主题，如法律修辞学问题做了研讨。8 月 10 日，"法律实证主义与当代中国法治发展"论坛在北京举行。8 月 24 日，"第七届中国宪法学基本范畴与方法"学术研讨会在云南大学法学院举行。2011 年 10 月 17 日，由中国社会科学院法学研究所民法室、《法学研究》编辑部、湖南大学法学院共同举办的"中国民法实证方法学术研讨会"

在广西召开。6月11日，"法律方法与社会矛盾化解"学术研讨会暨山东省法律方法研究会第三届年会在东营市召开。山东大学威海分校玛珈山法律方法论坛已经举办138期。

案例指导制度问题引起了人们的高度重视。4月9～10日，在华东政法大学举办了主题为"中国案例指导制度的具象化"的第七期"判例研读沙龙"。5月12～23日，由光明日报社、中国审判理论研究会、最高人民法院中国应用法学研究所、中国人民大学国际学院和法学院、人民法院报社及江苏省高级人民法院共同举办的"中国特色案例指导制度研讨会"在江苏淮安召开。9月23日上午，由中国人民大学刑事法律科学研究中心、国家法官学院和中国行为法学会法律语言研究会联合举办的"司法判例制度研讨会"在中国人民大学举行。

本年度，一些高质量的法律方法专著推出，如吴从周《概念法学、利益法学与价值法学：探索一部民法方法论的演变史》（民事法学与法学方法）；雷磊《类比法律论证：以德国学说为出发点》等。在2010年国内推出的代表性法律方法论译著如英格博格·普珀《法学思维小学堂——法律人的6堂思维训练课》、罗伯特·阿列克西《法、理性、商谈：法哲学研究》、玛利安·康斯特布尔《正义的沉默——现代法律的局限和可能性》、弗兰克·克罗斯《美国联邦上诉法院的裁判之道》、萨尔托尔《法律推理：法律的认知路径》等。

法律方法集刊继续出版，主要包括《法律方法》（第11卷）、《法哲学与法社会学论丛》（总第16期）、《法律方法与法律思维》（第7辑）。"法学方法论丛书""法律方法文丛"和"法律方法丛书"也继续推出相关作品。

二、中国特色法律体系的形成与能动司法

2011年法律界的一件大事是，中国特色社会主义法律体系已经形成。在此背景下，对司法问题的关注成为法学研究中的一大热点，这也为以司法为主要场域的法律方法论提供了新的背景。学界对此也开展了诸多研究。例如，有人指出，"立法中心主义"的研究为我国法律体系的建构和充实作出了重大贡献，然而在我国法律体系形成后，这种范式隐含的学术缺陷也日益明显，有必要向"体系后研究范式"转型，赋予解释论以应有的时代使命。有学者认为，今后我国法律体

系的完善在很大程度上不妨归结为技术重构，即立法技术、解释技术、行政技术以及法庭技术的实实在在的改良。与此相应推动实用法解释学发展便是大势所趋。显而易见，中国正在迎来一个"解释者的时代"❶。《法学》2011 年第 8 期推出"我国法律体系形成后司法的责任和使命"❷。2010 年我们所作中国法律方法论研究报告的主题即"法治迈向方法的时代"。《时代法学》2011 年第 3 期推出了陈金钊主持的"法治的方法论时代"系列笔谈。❸ 此外，还有学者从社会管理创新的角度分析了法律方法的重要意义。❹ 总之，中国法律体系形成这一背景，彰显出法律方法论在中国研究的重要时代意义与价值，其影响至为深远。

在此背景下，本年度学者们就范围广泛的问题，对法律方法论做了整体研究。如有学者以法律方法论为视角分析了宋代的司法判例集，指出了中国古代所运用的法律方法带有整体性的特征，与西方法律方法论中的分析性、逻辑学特征并不相同。❺ 在当代，以规则为主的法律体系中，司法运用法条和法典为常态。有学者对"法条"（规则）给予了特别的关注：一方面，从总体上来说，尽管人们都在极力地批判法条主义，但这种处于"穷途末路"的法条主义却是需要我们予以坚决捍卫的，法条主义所处的"穷途末路"困境恰恰说明了中国法律学研究的贫困。❻ 当然，这种法条并非完全概念法学所强调的僵化法条，也应当是与时俱进的。增加了弹性的内容，这种新型法条主义更易为人接受、且对法律职业及整体社会法律事业更有益。❼ 在微观层次上，法律规则和原则通过法律方法论的司法运用是学者们研究的重

---

❶ 季卫东："法解释学大有发展"，载《东方法学》2011 年第 3 期。

❷ 包括何勤华《新形势下法院在提升法律体系的品质、维护法制权威中的作用》、张勇《规范性司法解释在法律体系实施中的责任和使命》和张卓明《完善法律体系的司法路径》。

❸ 此外，相关论文还有陈金钊"法治论者的思想挣扎——法治迈向方法论时代的理论背景"，载《扬州大学学报》2011 年第 3 期、"法治信念的危机与法治论者的姿态——法治进入方法论时代的背景考察"，载《法学论坛》2011 年第 1 期。

❹ 葛洪义："社会管理创新与法律方法"，载《法学》2011 年第 10 期。

❺ 陈锐："宋代的法律方法论——以《名公书判清明集》为中心的考察"，载《现代法学》2011 年第 2 期。

❻ 王国龙："捍卫法条主义"，载《法律科学》2011 年第 4 期。

❼ 刘星："中国早期左翼法学的遗产——新型法条主义如何可能"，载《中外法学》2011 年第 3 期。

点。就规则来说，有学者区分了司法规则和法律规则，认为司法规则对有效维护国民权益，促进司法公正的适时实现以及完善现行立法均具有不可替代的重要意义。在与宪法与法律原则保持一致的前提下，司法规则应具有优先于法律规则的裁判规范效力。❶ 还有学者以案例的方式说明了法律规则的确定性及其局限。❷ 法律及其规则的确定性也是人类应对社会生活复杂性与变化性的"适应性机制"，是一种"法律之道"。❸ 基于法律规则，还有研究者构建了"要件审判九步法"，并付诸司法实践，取得了一定效果。❹ 就原则的司法运用来说，有学者认为，在成文法的背景下，法律原则的适用要满足两个条件：一是事实条件，即个案裁判事实存在规则漏洞；二是推理条件，即法官必须经由一个说理性的"更强理由"的论证过程，来解释为何某条法律原则可以作为个案裁判的依据。❺ 作为总结，法律方法论主要包括法学理论方法与法学实践方法，将法学理论方法运用于实践即为实践方法，具体体现为裁判方法。在裁判方法中，又从程序与实体上划分为两部分，即程序裁判方法与实体裁判方法。关于裁判方法，仍有许多问题值得我们进一步研讨，以期取得更多的共识，树立司法权威，推进司法工作的规范化发展。❻ 在构建法律方法体系时，我们应当吸收大陆法系的经验，从科学主义转向人文主义。❼

针对法律方法在国内研究的发展进程，有学者认为，我国法律方法论研究在理念上大体经历了从封闭性到开放性的转变过程，受此影响，"唯一正确答案"立场上的局限性显现，合理性思维逐渐被认可；开放法律观念下，法官具有了一定程度的造法权力，法律方法的证立

---

❶ 王杏飞等："论我国司法规则的效力"，载《政治与法律》2011年第1期。

❷ 孟勤国："法律规则的确定性及其局限"，载《法学评论》2011年第5期。

❸ 周少华："法律之道：在确定性与灵活性之间"，载《法律科学》2011年第4期。

❹ 邹碧华："要件审判九步法及其基本价值"，载《人民司法》2011年第3期；陈婷婷等："推行要件审判九步法的调查报告"，载《人民司法》2011年第3期。

❺ 齐晓霞等："浅析成文背景下法律原则的适用"，载《东岳论丛》2011年第5期；李鑫："法律原则的适用方式：类型化之研究"，载陈金钊、谢晖主编：《法律方法》（第11卷），山东人民出版社2011年版。

❻ 吴庆宝："运用裁判方法规范裁判标准"，载《法律适用》2011年第1期。

❼ 魏建国："大陆法系方法论的科学主义误区与人文主义转向"，载《法学评论》2011年第1期。

功能也日益受到重视。❶ 实际上，我们一直通过包括本法律方法论研究年度报告在内的形式，对我国法律方法论研究状况本身进行研究。我们推出了《中国法律方法论研究报告》（陈金钊等著，北京大学出版社），即是这方面成果的一个集中展现。

近年来，最高人民法院一直在倡导能动司法（或司法能动），用于指导司法实践。和去年一样，2011 年能动司法依然是法律方法论研究中的热点问题。❷ 有学者认为，当代中国法院系统倡导和践行的能动司法，是指司法主体为实现法律效果和社会效果的有机统一，积极行使司法权，主动采取多种手段解决法律纠纷的一系列司法活动的总称。❸ 其法哲学基础是新原意主义，宪政基础是共和主义，而现实依据则包括法官自由裁量权、行政权的扩张，自治法向回应法的转变等。❹ 还有学者继续从比较视野中分析能动司法。❺ 对能动司法在中国司法语境下的处境，有学者给予了肯定态度，认为中国能动司法理论的可能宪政逻辑是：民族国家之间的激烈竞争、司法社会主义特色的塑造、司法服务于政治、转型时期需要司法快速作出回应等。能动司法理论宪政逻辑的合理之处在于它是从中国国情、中国民众的社会需求出发而不是西方的现行司法理论出发去论证自己的合理性。❻ 能动司法的出现回应了转型时期风险控制、秩序重建的需要，因而获得高度的政治合法性。"能动"应有之意包括：通过裁判确立风险社会的法治信念，重建社会共享价值体系；通过始终如一的适用法律，实现社会治理模式向规则之治转型；完善民众参与司法机制，让司法成为

---

❶ 侯学勇："法律是封闭的还是开放的？"，载《河南省政法管理干部学院学报》2011 年第 2 期。

❷ 娄正前：《诉求与回应：当今中国能动司法的理论与实践》，法律出版社 2011 年版；公丕祥、安东主编：《人民法院能动司法制度建设初探》，人民法院出版社 2011 年版；最高人民法院编写组：《当代中国能动司法》，人民法院出版社 2011 年版。

❸ 姚莉："当代中国语境下的'能动司法'界说"，载《法商研究》2011 年第 1 期。

❹ 李辉："论司法能动主义的基础"，载《西南政法大学学报》2011 年第 1 期；李辉："司法能动主义与我国的能动司法"，载陈金钊、谢晖主编：《法律方法》（第 11 卷），山东人民出版社 2011 年版。

❺ 万巍："司法能动主义的理论源流"，载《理论界》2011 年第 5 期；刘练军："比较法视野下的司法能动"，载《法商研究》2011 年第 3 期；秦前红等："中美司法能动主义比较研究"，载《河南省政法管理干部学院学报》2011 年第 1 期；冯静："司法积极主义的意蕴探寻"，载陈金钊、谢晖主编：《法律方法》（第 11 卷），山东人民出版社 2011 年版。

❻ 杨建军："中国能动司法理论的宪政逻辑"，载《法学论坛》2011 年第 1 期。

第一块"公共领域"。能动司法应当建立在对司法的本质属性与时代使命的准确把握基础上，在政治功能与审判职能之间保持必要的张力和平衡。[1] 但是，也有学者对能动司法表达了一些忧虑，认为能动司法在总的方面松动了规则与程序的严格性，其理论导向是消解法治。我们必须看到，能动司法应该是附条件的、具有方法论属性。[2] 还有学者对以上各种态度进行了综合反思，认为"能动司法"命题的提出及其争议所反映出的不仅是当下法律人尝试建构一种属于中国自己的司法方法与司法模式的努力，而且也反映出当下中国司法/法治只有在与西方法律话语展开对话的基础上才能够得以建构自己的法律命题与法治理论。[3] 还有学者提出了将能动司法付诸实践的某些具体方法[4]，甚至还有学者提出了"新能动司法"[5] 和司法能动主义的中国化等主张。[6] 但无论如何，法治服务于政治不能抛开法律的规则和程序来片面地追求社会效果。如果离开法律方法——这一基本的司法规律办案，将会彻底断送司法公正。[7] 在法律方法论研究中，需要对能动司法理念保持一定克制。

三、法律修辞与法律语言

在 2011 年法律方法论研究的一个突出特点是，学界对法律修辞学这一法律方法论新领域极为重视。这集中表现在，学界连续在上半年和下半年分别在威海和天津举行了第一、第二届全国法律修辞学研讨会。而且，在重庆举行的全国法理学年会中也对法律修辞学进行了专题探讨。从总体上来说，法律修辞学是近些年法学"知识增长"的亮

---

[1] 吴英姿："风险时代的秩序重建与法治信念——以'能动司法'为对象的讨论"，载《法学论坛》2011 年第 1 期。

[2] 陈金钊："'能动司法'及法治论者的焦虑"，载《清华法学》2011 年第 3 期。

[3] 方乐："能动司法的模式与方法"，载《法学》2011 年第 1 期；方乐："当下中国能动司法的知识反思"，载《浙江工商大学学报》2011 年第 3 期。

[4] 例如，杨建、庞正："法律原则之于司法能动的意义"，载《浙江社会科学》2011 年第 10 期；朱福勇："民事法官能动性：权利保障与权力回应"，载《现代法学》2011 年第 2 期。

[5] 杨力："风险社会下的新能动司法：司法多边主义构想"，载《山东社会科学》2011 年第 1 期。

[6] 王彬："司法能动主义的中国化"，载《法学论坛》2011 年第 6 期。

[7] 陈金钊："难以践行的誓言——关于法官法治信念的考察报告"，载《河南省政法管理干部学院学报》2011 年第 5～6 期。

点之一，法律方法论的研究也把它作为基础性学科。把法律作为修辞是法律修辞学研究的核心问题，也是实现法治不可缺少的思维形式。法律语言是法律人在沟通交流过程中的重要工具，法律修辞方法是实现司法公正的路径。❶ 修辞自古以来就有褒贬不一的评价，中国春秋战国时期的修辞传统，与古希腊的修辞传统一致，关注的是口语交流，并集中关注政治法律问题。中国的修辞传统在不同的政治社会环境和权力关系中发生、衍生和演变，又在20世纪中国的社会变革中，重新创造了特别值得我们今天关注和珍视的特殊实践传统，这种传统与以修辞格为中心的汉语修辞学形成反差，同时关注政治法律社会公共议题。❷ 如果我们把注意力从"修辞学之实践"转向"实践之修辞学"的话，意见、意见冲突和谬误能通过修辞学达到理解与沟通的可能之途。建立在亚里士多德的辩证推理基础上的修辞学以"或然性"为基础，承认"从意见或常识开始、逐步有节制地上升到确定性知识"的正当性及合理性。这其中的关键就是"开题"，通过"开题"甄别争议的问题并运用论题进行论证，使某一理由变得可信。❸ 从学术谱系的角度来看，古希腊的法律修辞学刺激了辩证法的诞生，辩证法的论证工具——辩证推理同时也是逻辑学的一类研究对象。亚里士多德于分析性推理之外创立了论式理论系统，这种理论继而成为改造旧修辞学的利器。西塞罗在法律语境中将论式理论和修辞学紧密结合起来，形成了高于古代法律修辞学的新形式。修辞学、辩证法和逻辑学，通过论式学说纠结在一起。现代论式学说的复兴，以承认分析性推理和论式性推理或辩证推理的区别为出发点。法律论证三学科——法律修辞学、法律辩证法和法律逻辑学的互动发展，表明一种全面的法律论证理论有必要反映这三个学科的不同视角和规范，并汲取它们的精华。❹ 而在法治建设的实践中，中国需要建构在内容上有独立性、在功能上能自主发挥作用的法理学，进而重塑以人为本、依法治国、宪

---

❶ 陈金钊："法律修辞方法与司法公正实现"，载《中山大学学报》2011年第5期。

❷ 苏力："修辞学的政法家门"，载《开放时代》2011年第2期。

❸ 舒国滢："西方古代修辞学：辞源、主旨与技术"，载《中国政法大学学报》2011年第4期。

❹ 武宏志："论式：修辞学、辩证法和逻辑学的关系纽结"，载《山东大学学报》2011年第5期。

法法律至上、维护社会公平正义的社会主义法治理念。法理学科建设的去政治化是一个长期的任务，法治建设需要的是法理修辞而不是过度的政治修辞。法理修辞应该代替政治修辞，法理学应该成为法治时代的显学，法律思维方式应该成为时代的主流思维方式。❶ 还有学者将论题学法学纳入研究范畴❷，这方面的成果在国内极少，但颇具研究价值。

此外，还有很多学者对司法过程中法律修辞学的运用方法做了研究。如法律修辞对司法过程有着重要意义❸，现代司法判决体现民主原则，实现由不平等的主客间性的"独白式"走向平等的主体间性的"对话式"，这就要求实现"说者"与"听者"之间的角色转换。这一转换保证了"说者"与"听者"的角色有效性和司法判决的有效性。❹除了以上对司法过程的宏观作用，法律修辞也渗透在司法过程中的很多微观环节上，典型的如判决书。比如，消极修辞和积极修辞是修辞学研究中的两大分野，对提升当下判决书写作水平具有重要的借鉴意义。判决书中的消极修辞主要面向法律职业群体，而积极修辞则大致针对当事人和社会公众。二者分野的原因就在于，在区别听众的基础上使判决书获得最大限度的可接受性。❺ 另有研究以个案判决书为素材，分析了司法裁决证立过程中的修辞现象。❻ 还有学者针对判决书

---

❶ 陈金钊："法治时代的中国法理学——政治修辞下的法理学解放"，载《学习与探索》2011年第3期；陈金钊："法治时代法律的位置——认真看待法律逻辑与正义修辞"，载《法学》2011年第2期。

❷ 舒国滢："走近论题学法学"，载《现代法学》2011年第4期。

❸ 孙光宁："司法中的修辞因素及其意义"，载《内蒙古社会科学》2011年第2期；孙光宁："法言法语的修辞功能"，载陈金钊、谢晖主编：《法律方法》（第11卷），山东人民出版社2011年版。

❹ 聂长建："'说者'与'听者'角色转换——司法判决可接受性的程序性思考"，载《政法论坛》2011年第2期；彭中礼："司法判决说服性的修辞学审视——围绕听众的初步分析"，载《法制与社会发展》2011年第1期；张云秀："论法官的修辞"，载陈金钊、谢晖主编：《法律方法》（第11卷），山东人民出版社2011年版。

❺ 孙光宁："判决书写作中的消极修辞与积极修辞"，载《法制与社会发展》2011年第3期。

❻ 厉尽国："司法裁决证立过程中的法律修辞"，载《北方法学》2011年第1期；武飞："论修辞论证的适用场景"，载陈金钊、谢晖主编：《法律方法》（第11卷），山东人民出版社2011年版。

上网问题从修辞视角进行了分析。❶ 除了判决书之外,学者们从法律修辞视角对司法过程的分析还包括隐喻❷、概念及其运用❸等方面。

　　与法律修辞学密切相关的法律语言学❹,也在本年度研究中受到了一定关注。针对立法及其形成的概念来说,有学者认为,法律语言的专业性与受众的通俗性需求存在着冲突。法律语言的易读性传播,就是将法律语言从形式语言"解码"为日常语言,使法律语言嵌入"生活形式",回到赖以生存的、具体的生活形式,通过对不同法律语言游戏的生活形式进行对比分析,使统一的专业术语与人们不同的生活形式对接,获得它原本的含义。❺ 历史上已经有相关法典为我们运用法律语言确定法律规范提供了范例❻,当代法律理论中还有很多新词有待研究。❼ 还有学者认为,引入域外法律概念时的本土化问题是比较法律研究和法律制度借鉴中最为基本的环节。在将域外概念本土化时,需要在精确把握概念含义的基础上,用恰当的本土语言来表达,以避免不必要的误解。❽ 法律语言的本质特征集中体现在立法语言中,通观我国法律条文的语言表述,法律语言区别于其他语言的本质特征当为严谨性。从词、句和修辞等维度进一步论证,法律语言的本质特征也当为严谨性。❾ 立法中还存在着比喻等语言现象,也引起了学者的关注。❿

---

❶ 徐亚文等:"法律修辞、语言游戏与判决合法化",载《河南省政法管理干部学院学报》2011 年第 1 期。

❷ 刘风景:"法律隐喻的原理与方法",载《山东大学学报》2011 年第 5 期。

❸ 陈剑敏:"修辞学视角下中英立法词汇异同",载《国家检察官学院学报》2011 年第 3 期。

❹ 陈永禹:"语言学与修辞学:关联与互动",载《当代修辞学》2011 年第 2 期。

❺ 郑金雄:"易读性传播:法律传播中的语言解码与理解",载《政法论坛》2011 年第 6 期。

❻ 宋北平:"《秋审条款》语言表述之借鉴",载《北京政法职业学院学报》2011 年第 2 期。

❼ 崔军民:《萌芽期的现代法律新词研究》,中国社会科学出版社 2011 年版。

❽ 王宏军:"论域外法律概念的本土化表达",载《云南大学学报(法学版)》2011 年第 3 期。

❾ 罗士俐:"法律语言本质特征的批判性分析",载《北方法学》2011 年第 4 期;杨兴培:"刑法学研究应当使用通识性语言",载《法治研究》2011 年第 9 期;宋北平:《法律语言规范化研究》,法律出版社 2011 年版。

❿ 史彤彪:"法律的比喻赏析和研究",载《政治与法律》2011 年第 8 期。

除了对立法及其概念的关注之外，学者们的研究更多的是对司法过程中的法律语言运用进行了分析。例如，有学者认为法庭话语包含机构话语、权势话语、策略话语和社会话语。庭审的特殊语境、言语角色、认知心理及文化背景决定了其话语的顺应性。对中西方法庭话语的顺应策略进行研究，可以丰富法律语言，促进庭审全面审查、认定案件事实并正确适用法律。❶ 在司法程序中，过程控制是问语控制的重要方式，其信息流动规律值得研究。庭审问答过程控制的理论框架说明过程控制的种类，用法律语篇信息成分分析方法在句际层面分析了其中的信息流动现象，发现"过程""个体"和"环境"信息成分的流动使语篇信息得到增生，信息流向得到控制。❷ 还有学者通过个案分析了语言证据的认证问题❸以及判决语体的历史流变。❹

总之可见，法律修辞学和法律语言学的研究成为本年度法律方法论特别关注的内容，是法律方法论自身体系扩展和提升的重要标志。这有助于提升法律方法论研究的层次。

四、法律方法在司法实践中的适用

法律方法在司法过程中的运用，是法律方法论研究所关注的基本问题之一。对此，学者们做了比较丰富的研究。在司法过程内部的法律适用问题中，有学者对近10年的法律适用问题进行了阶段性总结：对宪法尝试性引用司法解释悄然被废除并不意味着法院裁判文书中完全不出现宪法的身影，最高人民法院对全国人大及其常委会的法律进行的司法解释成为法院适用法律的准确标准，联合发布的解释（规章）并不具有实用性，地方性法规的适用余地也十分有限。10年间，法院经历了从强调程序正义到调解的复兴以及提出能动司法的司法政策，同时伴以对信访问题的过分看重，在某种程度上超越规则，弱化

---

❶ 陈剑敏："顺应论视阈中的中英法庭话语研究"，载《山东社会科学》2011年第8期；陈剑敏："中英法律语言模因研究"，载《东岳论丛》2011年第6期；吕万英：《法庭话语权力研究》，中国社会科学出版社2011年版。

❷ 杜金榜："庭审问答过程控制中的信息流动"，载《上海外国语大学学报》2011年第2期。

❸ 王洁："语言证据的分析认证与司法应用"，载《当代修辞学》2011年第2期。

❹ 田荔枝：《我国判词语体流变研究》，中国政法大学出版社2011年版。

了法律的适用。❶ 在法律适用的发展趋势中，法律方法是有效的约束机制，其对法律的统一适用具有认知功能、监督功能、评价功能、补救功能和服务功能。法律方法对法律适用的制约力主要表现为思维导向、技术路径和知识共识等方面。❷ 而运用法律方法适用法律的基本内容之一就要具体区分"法律问题"和"事实问题"。❸ 除了积极运用法律方法之外，司法过程中法律适用需要注意的问题还有很多。例如，平衡艺术和说理艺术：平衡艺术是"事实有效性"和"规范有效性"两个维度的平衡，"事实有效性"具有优先性，"规范有效性"具有统摄性。说理艺术强化了法律的正当性，体现了公民和法律的一致性，培育公民遵守法律的自觉性，没有说理就没有现代法治意义上的司法判决。❹ 再如，司法程序的运行必然渗透着实体性因素，在司法程序的启动、运行和结果反馈环节，实质因素的选择功能都以不同的面目出现，并且也都受到不同形式的约束。这些约束有些是法律思维的组成部分，有些是法律思维之外的法律制度，还有些则介于两者之间；只有妥善采用多种手段加以引导，才能发挥实质因素在程序思维中的积极作用。❺ 在限制和约束法律适用中，还有学者注意到了《涉外民事关系法律适用法》的地位和作用❻，这是从立法角度对法律适用问题作出的明确规定。

在法律适用的过程中，多数情况下出现的是普通案件，法官们大致可以应对。但是，对于特殊的疑难案件，则需要给予特殊对待。针对此，有学者认为，当下中国司法场域里的难办案件处理术，则更多表现为一种知识的公共实践。这种知识的公共实践不仅会强化国家对于基层社会的治理与控制，而且也有利于公民社会与公共生活的整体

---

❶ 吕芳："中国法院10年（2000～2010年）法律适用问题探讨"，载《法学》2011年第7期。

❷ 房文翠等："法律适用的内在约束力研究"，载《法制与社会发展》2011年第4期；姜世波："比较法方法在司法过程中的适用"，载《法律适用》2011年第9期；倪寿明："法律统一适用的意义与方法"，载《人民司法》2011年第15期。

❸ 陈杭平："'事实问题'与'法律问题'的区分"，载《中外法学》2011年第2期。

❹ 聂长建、李国强："司法判决有效性的平衡艺术和说理艺术"，载《理论与现代化》2011年第2期。

❺ 冯建鹏："论实质因素在法官程序思维中的选择功能及其约束"，载《华南理工大学学报》2011年第2期。

❻ 刘宁元："论我国法律适用法体系及其协调和冲突"，载《东方法学》2011年第3期。

建构。❶ 而在疑难案件的决策中，总是存在着法官的隐性决策，这一过程应当正当化。❷ 还有学者细致分析了直觉在疑案裁判中的功能。❸至于造成疑难案件的重要原因之一就是道德因素的泛化。❹

从中国司法实践中所面临的难办案件中可以看到，社会关系中的"人情"因素对判决的形成有着重要影响，这也是法官所必须面对的问题，学者们对此也展开了研究。有学者对中国古代的判例进行了分析，认为由于对律法的遵从仅仅来自官僚机制的脆弱约束，"情法两尽"的理想在遭遇现实的情法冲突之后，往往呈现出"以情曲法"的面貌。❺ 这种判决方式被有的学者概括为"情判"："情判"以和谐为总体价值取向，无讼和追求实体公正则是和谐在情判领域的具体价值取向。在这些取向的指引下，司法官判案时力图做到法顺人情，情法相合。❻ 面对以上的困境，有学者认为司法必须作出选择：法不容情的"情"指的是私情，而法要容情的"情"指的是在社会上具有广泛认同度和代表性的世情与民情。法与情交融的途径在于立法的人本化、司法的人性化、执法的文明化，当法律有悖于世情民情或两者发生冲突时，作出退让的应当是法律。❼

从难办案件的应对和处理中，我们已经可以警见当下中国司法所面临的情势，这就涉及法律适用的外部环境问题。有学者分析了民众、媒体、为政者和司法官四个主体及其相互间的角力关系，分析了民意对司法的影响，分析了司法与媒体的关系。认为司法与民意、媒体的角力，不能仅仅基于司法独立原则，而应当强调被告公平受审权。这样，司法的政治力学现象是不可避免的，但是司法的政治角力应当加以规制；通过制度设计，有的关系可以回归到权利与义务的关系，不

---

❶ 方乐："司法知识及其形态变迁的社会逻辑"，载《法律科学》2011 年第 2 期。

❷ 郭琳佳："判决的背后：难办案件中法官隐形决策的正当化研究"，载《法律适用》2011 年第 10 期。

❸ 陈林林："直觉在疑案裁判中的功能"，载《浙江社会科学》2011 年第 7 期。

❹ 吴习彧："案件为什么难办？——论司法裁判与道德判断"，载《学习与探索》2011 年第 2 期。

❺ 汪雄涛："'情法两尽'抑或是'利益平衡'"，载《法制与社会发展》2011 年第 1 期；潘宇："明清州县审判中的'人情因素'"，载《法制与社会发展》2011 年第 1 期。

❻ 刘军平："略论'情判'的价值取向"，载《求是学刊》2011 年第 3 期。

❼ 刘道纪："法律内的天理人情"，载《政法论坛》2011 年第 5 期。

仅会有更好的法律效果，还会有更好的社会效果。❶ 法官的职业理性与大众的情理正义观之间的冲突、司法程序的技术性、普适性与大众生活的经验性、局部性之间的背离等因素是导致疏离的主要原因。面对实践中的两难，我国司法改革应在借鉴国外司法改革成功经验的基础上，从提高当事人程序参与的实效性等方面，来预防社会与司法疏离危险的发生，从而有效妥善化解社会矛盾和纠纷，促进司法与社会和谐的构建。❷ 在我国法律运行实际中，法律方法及其司法适用要面临这些较为复杂的法外因素的影响，需要通过研究予以认真对待。

五、案例指导制度

2010 年 11 月，最高人民法院正式出台了《关于案例指导工作的规定》，明确了在全国范围内具有指导作用的指导性案例，各级人民法院在审判类似案件时应当参照。这对于司法实践来说有着相当重要的影响，其中也涉及不少法律方法论的内容。学者们对此也做了诸多研究。

就案例指导制度建立的原因而言，有学者认为，案例指导制度可以提升司法公信力❸，建立判例制度有利于维护法律的稳定性，树立法律的权威；有利于矫正我国的近似判例制度，树立司法的权威；有利于提高我国个案审判和判决书的质量，树立法官的威望。❹ 其实，在案例指导制度正式建立之前，已经存在着某些类似的制度，学者们也对此进行了关注。例如，审判案例指导中的"参照"问题❺、最高

---

❶　孙笑侠："司法的政治力学"，载《中国法学》2011 年第 2 期。

❷　陶世祥："司法'零距离'何以可能？——论如何应对社会与司法疏离的挑战"，载《政法论坛》2011 年第 5 期。

❸　武树臣："激活判例机制，提升司法权威"，载《河北法学》2011 年第 3 期。同期刊登的还有迟日大"法律适用统一的障碍及其破解路径"、武建敏"司法公信力的判例法立场"。

❹　魏胜强："为判例制度正名"，载《法律科学》2011 年第 3 期；丁俊峰："关于我国再审案例指导制度的价值分析"，载《法律适用》2011 年第 2 期；康为民："中国特色社会主义司法制度的自我完善——案例指导制度的定位、价值与功能"，载《法律适用》2011 年第 8 期。

❺　冯文生："审判案例指导中的'参照'问题研究"，载《清华法学》2011 年第 3 期。

人民法院公报案例❶等。

　　由于案例指导制度在我国已有一定的实践，学者们的研究也逐渐转向该制度运行中可能出现的问题。例如，有学者以行政法为例，认为创制行政判例的主体应该只限于最高人民法院。法律解释最终归宿点应该以判例这样的载体出现。行政判例制作中除一般法律解释方法的应用外，还有构成性、合法性、合理性、利益衡量等具有行政法特点的法律解释方法。❷ 而要将案例指导制度真正落实，法律解释的各种方法能够得到很好的适用。❸ 同时，法官也需要与指导性案例之间进行互动。❹ 对于指导性案件的确立、制作及其效力，学者们也进行了比较深入的研究。例如，最高人民法院和高级人民法院都应成为判例法院，并可遴选自己法院的案例为指导性案例，现行案例遴选标准大体符合判例遴选的一般原理。判例遴选制度对应的是有限援引制度，有限援引制度在成文法语境中并不会面临普通法语境中的正当性质疑，案例指导制度应允许法官直接援引指导性案例。❺ 在实施案例指导制度后，在科学合理地选择指导性案例的基础上，编选者应当充分重视指导要点的编写。在现行的制度下，指导性案例的约束力主要体现在指导要点的约束力上，而指导要点既是对该案例各法律争点及其裁判理由的选择而非全部罗列，也需要编写者在尊重案件审理法院所表述的裁判理由基础上进行适当的归纳、抽象与提炼。❻ 判例制作像公共政策制定一样要关注身处其中的社会，要考虑外部性，顾及社会影响，而不能只讲求法律性；公共政策视域中判例制作的方法很多，可考虑借鉴"大胆假设、小心求证"方法。❼ 简言之，一方面，将名称统一

---

❶ 陈越峰："公报案例对下级法院同类案件判决的客观影响"，载《中国法学》2011年第5期；林学飞："浅析最高人民法院公报刑事案例的裁判摘要"，载《法治研究》2011年第5期；刘风景："试析判例影响的强度"，载《中国社会科学院研究生院学报》2011年第1期。

❷ 张弘："行政判例制作中的法律解释"，载《北方法学》2011年第3期。

❸ 陈金钊："案例指导制度下的法律解释及其意义"，载《苏州大学学报》2011年第4期。

❹ 夏锦文："指导制度语境下司法判例的实践逻辑"，载《苏州大学学报》2011年第4期。

❺ 宋晓："判例生成与中国案例指导制度"，载《法学研究》2011年第4期。

❻ 李友根："论指导性案例的约束力范围"，载《苏州大学学报》2011年第4期。

❼ 于兆波："公共政策视域中的判例制作"，载《法学杂志》2011年第4期。

为指导性案例，澄清指导性案例与一般案例、判例的区别；另一方面，实现从案例指导制度到案例指导制度与判例援引制度并行的转变，分别明确各自的效力和创制标准。❶

　　当然，面对着案例指导制度，也有学者表达了一定的忧虑。有人认为，存在于人们观念上的案例指导制度与该制度的实际形态存在距离。该制度在功能定位、制度目标、指导路径和指导机制上都有鲜明的"中国特色"。制度设计上有司法解释路径依赖。让案例指导制度更具生命力，需要淡化监督功能，弱化指导机制中的行政性，提高指导性案例遴选机制的制度化，推动配套制度改革，培养司法的公共理性，还要有足够的耐心等待指导性案例成熟。❷ 面对着复杂的社会形势，单一的司法制度无法独善其身，对案例指导制度的肯定也应当是有限度的、谨慎的。学者们的忧虑并非没有道理。

六、对传统法律方法的研究

（一）法律发现

　　一般来说，司法中运行的首要方法是法律发现，这种方法可以避免法律被误解和误用。❸ 法律渊源是法律发现的主要场域，除了制定法之外，民间法成为学者们所关注的法律发现的对象。在本年度相关研究中，学者们也延续着民间法与法律方法相结合的研究进路。

　　就民间法的法律地位来说，有学者认为，既可以被法官直接援引作为裁判规范，也可以被法官作为构造裁判规范的"原材料"加以运用。民间法作为法律渊源有一些制约性条件，需要法官识别民间法，也给法官增加了论证义务，以便使民间法作为裁判规范或者以民间法为依据构造裁判规范时，获得当事人及其他社会主体的接受。❹ 基于

---

❶ 张炜达等："我国案例指导制度的发展和完善——基于判例概念的启示"，载《河北法学》2011 年第 6 期；李少平："关于案例指导制度运行机制的几点思考"，载《法律适用》2011 年第 10 期。

❷ 吴英姿："谨防案例指导制度可能的'瓶颈'"，载《法学》2011 年第 9 期；胡玉鸿："面对案例指导制度的忧虑"，载《苏州大学学报》2011 年第 4 期、吴英姿："案例指导制度能走多远？"，载《苏州大学学报》2011 年第 4 期。

❸ 陈金钊："拯救被误解、误用的法律——案说法律发现方法及技术"，载《法律适用》2011 年第 2 期。

❹ 谢晖："民间法与裁判规范"，载《法学研究》2011 年第 2 期。

这种实现判决接受的目标，民间法作为法律渊源的权威来源于其对传统的尊重。❶ 民间法进入司法领域，在我国早已有之❷，在中国传统司法中是直接适用民间法，把民间习俗当作"法"来对待的。在古代中国，习惯法作为一种法律渊源，是以"人情"为进路进入以"天理—国法—人情"为总体适用规范的国家司法之中的。❸ 对于民俗习惯对当下中国司法实践的意义，学者们也给了比较充分的肯定，在法律出现空缺的情况下，习惯就成为补充法律漏洞的重要规范依据。法律赋予习惯以法律地位，使得习惯成为在没有法律的前提下，人们的一种行为规范依据和法官的裁决依据。这对包括中国在内以制定法为主要规范依据和来源的国家，具有重要的法治意义。❹ 无论基于何种理由，民间法进入司法已经成为一种普遍共识。❺

对于司法过程中如何适用民间法，学者们也给出了各自的解读。有学者具体区分了习惯和习惯法，并认为应当在法律体系中赋予其不同地位。❻ 就具体运行机制而言，民间规范的司法适用，要坚持民间规范的活动性、可接受性、可诉性、对主体权利义务的分配性以及合理性等基本前提。民间规范的司法适用，同时也要符合基本的适用场域。❼ 民间法司法运用的制度建设，主要包括立法应进一步明确民间法的法源地位并加强民间法司法运用的程序建设、建立健全案例指导制度、建立健全多元化纠纷解决机制、加强民间法的规范化整理并建

---

❶ 孙光宁："民间法源的权威：基于判决的可接受性"，载《宁夏社会科学》2011 年第 1 期。

❷ 眭鸿明："清末民初民俗习惯的社会角色及法律地位"，载《法律科学》2011 年第 4 期；韩伟："习惯法视野下中国古代'亲邻之法'的源起"，载《法制与社会发展》2011 年第 3 期。

❸ 陈会林："人情：传统司法适用民间法的进路"，载《北方法学》2011 年第 2 期。

❹ 刘作翔："传统的延续：习惯在现代中国法制中的地位和作用"，载《法学研究》2011 年第 1 期；厉尽国："论民俗习惯之民商法法源地位"，载《山东大学学报》2011 年第 6 期；张洪涛："法律必须认真对待习惯"，载《现代法学》2011 年第 2 期。

❺ 余俊："国家司法中民间习俗的影响力评析"，载《现代法学》2011 年第 4 期。

❻ 胡兴东："习惯还是习惯法：习惯在法律体系中形态研究"，载《东方法学》2011 年第 3 期。

❼ 谢晖："论民间规范司法适用的前提和场域"，载《法学论坛》2011 年第 3 期；谢晖：《大、小传统的沟通理性》，中国政法大学出版社 2011 年版。

立健全司法审查机制。❶ 其中，法官借助于 "法的确信" 这个概念为适用习惯规范判决案件寻找正当性。❷ 有学者还专门针对具体的民族习惯法及其与国家制定法的关系进行了研究。❸ 还有学者在更为宏大的视野中指出，习惯法在中国也可能从边缘走向中心。❹

　　除了关注将民间法作为法律渊源之外，学者们的研究还包括一些其他法律发现的场域和对象。有人认为，学术共识是法学通说的 "助产士"，重复可验证性是法学通说的 "检察官"。经由这种实体性判断才能形成真正的法学通说。也因此，认真对待法学通说，就不能再让法学通说成为通行教科书之观点的 "代名词"，而是应给法学通说颁发特别 "通行证"，在一定条件下可以成为法律渊源。❺ 再如，司法裁判中所运用的政策，往往是除法律文件以外的规范性文件或其他文件，政策的运用与历史性问题及社会转型时期特殊现象有关。但是，司法裁判中应当慎重地运用政策，特别是总政策和基本政策，谨防法律适用中向一般条款逃逸的现象。❻ 还有学者探讨了格雷的法律渊源理论❼，以及发现法律渊源与法律解释之间的关系。❽

（二）法律解释与法律论证

　　法律解释是法律方法的传统研究领域之一，这里大致从宏观和微观两个方面进行介绍。从法律解释的宏观方面来说，法律解释对权利

---

❶　张晓萍："民间法司法运用的制度建设"，载《甘肃政法学院学报》2011 年第 5 期；王庆丰："民俗习惯司法适用的原则、重点和方法"，载王利明主编：《判解研究》（2010 年第 4 辑），人民法院出版社 2011 年版；公丕祥主编：《民俗习惯司法运用的理论与实践》，法律出版社 2011 年版。

❷　王林敏："论习惯法中的 '法的确信'"，载《甘肃政法学院学报》2011 年第 1 期。

❸　龙大轩等："羌族民事习惯法与国家制定法的冲突与和合"，载《甘肃政法学院学报》2011 年第 1 期；张文显："我们需要怎样的习惯法研究？"，载《法制与社会发展》2011 年第 3 期。

❹　张洪涛："边缘抑或中心：大历史视野中的习惯法命运研究"，载《法学家》2011 年第 4 期。

❺　姜涛："认真对待法学通说"，载《中外法学》2011 年第 5 期。

❻　李友根："司法裁判中政策运用的调查报告——基于含 '政策' 字样裁判文书的整理"，载《南京大学学报》2011 年第 1 期。

❼　马驰："作为法院创造物的法律——格雷法律渊源理论探究"，载《法制与社会发展》2011 年第 6 期。

❽　王夏昊："法适用视角下的法的渊源"，载《法律适用》2011 年第 10 期；彭中礼："当代中国法律渊源理论研究重述"，载陈金钊、谢晖主编：《法律方法》（第 11 卷），山东人民出版社 2011 年版。

和权力的扩张都能够进行有效限制。❶ 法律解释在现代司法中的价值应当得到充分肯定，正是技术和手段可以把法律体系从内在矛盾的困境里解救出来并加以改进，与此相应地推动实用的法解释学发展便是大势所趋。显而易见，中国正在迎来一个"解释者的时代"。❷ 就法律解释的属性而言，有学者认为，法律解释是一门追求现代性的学问，与该现代性解释范式相适应的是一种体现合法性、明晰性、客观性、建设性特征的理性主义解释观。❸ 法律解释的目标有多种，有学者认为，法律解释指向并限于法律文本；立法资料不能构成解释法律文本的依据；法律解释是且仅是对法律文本公开性内容的重述。❹ 有学者还从罗马法的法律解释权配置中对法学家与法律解释的关系进行了探析。❺

从法律解释的微观方面来说，学者们对法律解释的各种具体方法展开了细致的研究。例如，类推解释方法，明确类推解释的概念和系属问题，将更有助于狭义法律解释方法的系统科学性的建设。它们的准确适用有利于把握法律条文语义内涵、法律意蕴和社会意义，推动法律适用的有效性与公平性目标的实现。❻ 还有学者对社会学解释方法❼和体系解释方法❽等进行了研究。还有学者对法律解释自身进行了反思。例如，有学者认为，法律的不确定性一方面来自法律必须解释才能使用，而法律一旦解释就会产生意义的流变；另一方面来自所有的法律规定都是假定，在众多的法律规定中，法律人的"自由"选择余地太大。如何在司法过程中不使解释成脱缰的野马，法治论者绞尽脑汁，提出了一系列维护法治捍卫法律客观性和合法性的命题，但似

---

❶　陈金钊：《法律解释学》，中国人民大学出版社 2011 年版。

❷　季卫东："法解释学大有发展"，载《东方法学》2011 年第 3 期；姜保忠："法律解释及其在法律适用中的作用"，载《法学杂志》2011 年第 6 期。

❸　李娥、姜福东："法律解释的现代性及其特征"，载《甘肃政法学院学报》2011 年第 5 期。

❹　宋小海："程序自然法视域中法律解释的任务"，载《浙江社会科学》2011 年第 6 期。

❺　魏胜强："罗马法中法律解释权的配置探析"，载《河南省政法管理干部学院学报》2011 年第 3 期。

❻　侯菁茹："类推解释及其系属性研究"，载《扬州大学学报》2011 年第 5 期。

❼　袁春湘："社会学解释方法在案件裁判中的运用"，载《法律适用》2011 年第 11 期。

❽　陈金钊："'依法'标签下错误思维及其校正——案说法律体系解释方法"，载《法律适用》2011 年第 7 期。

乎问题并没有得到解决。❶ 还有学者认为，经过解释只能获得可能答案、而非唯一正确答案。传统法律解释观念是一种发现意义上的解释观念，这种意义上的解释行为不具有保证法律规范准确适用的功能，只有在证立的意义上，法律解释（方法）才具有证立某个解释结果是否正确的功能。❷

从法律论证的理论研究来说，有学者从法学流派的角度对法律论证进行了分析。例如，从社会系统论的角度来说，法律系统借助"理由"选择回应环境刺激并建构系统封闭的独特逻辑。通过对法律论证所涉及的好的理由/不好的理由、冗余/多样性、概念/利益等形式的分析，法律论证的社会功能及其可能性条件可能得到深刻描摹。❸ 有人认为，为解决法官"法律约束"与"个案正义"难题，自由法学将法官裁判区别为"主观动机"与"客观论证"结构，并将法律约束置于"客观论证"层面，通过公开论理使暗含在判决中的法官"主观动机"以客观化的方式展现出来。❹ 另外，司法实践也对法律论证提出了各种要求，客观性就是其中之一，司法裁判要成为能够被人们所接受的结果，必须具备客观性；要实现客观性，则需要关注三个方面的要素：真实性、正当性和合法性。由于人类认识的局限性，对这三者的实现不可避免地带有一定程度的含糊性，因此需要在法庭场域内使得客观性通过论辩得以呈现，以期获得某种程度上可以被人们把握的、能够排除某些因素干扰的判决结果。❺ 在诉讼论证方法论的选择上既要符合诉讼论证理性思维活动的特点，也要符合诉讼论证的目标说服性及诉讼论证的程序性、论辩性、交涉性特点，并根据案件的难易程度选择适用最佳的、最有效的方法，以最大限度保障案件的公平正义。❻ 还有学者专门就类推论证进行了研究。❼ 总体上看，本年度法律论证理论的成果较之于以往偏少，可能的原因是其中的修辞方法已经占据

❶　陈金钊："解释对法治造成的创伤及其弥合"，载《山东社会科学》2011 年第 3 期。

❷　侯学勇："解释能够保证法律规范的准确适用吗？"，载《政治与法律》2011 年第 7 期。

❸　宾凯："社会系统论对法律论证的二阶观察"，载《华东政法大学学报》2011 年第 6 期。

❹　谢小瑶："法律约束、个案正义与司法论证"，载《环球法律评论》2011 年第 2 期。

❺　王晓："法律论证客观性的寻求"，载《国家检察官学院学报》2011 年第 1 期。

❻　常宝莲："诉讼论证中的实践理性及其方法论要求"，载《北方法学》2011 年第 3 期。

❼　雷磊：《类比法律论证：以德国学说为出发点》，中国政法大学出版社 2011 年版。

了学者们研究的视域。

（三） 法律推理与利益衡量

作为保证司法判决合法性的逻辑手段，法律推理一直受到法律方法论研究者的关注。因为司法理性是形式理性、实质理性以及实践理性的统一。法官在司法裁判时运用法律推理的过程，同时也是彰显司法理性的过程。因此通过法律推理促进理性司法，从而实现司法公正是我们追求的法治目标。❶ 有学者对中国古代司法判决中法律推理的情况进行了细致分析，认为对案件事实认定的思维类型大致可以划分为原始思维、经验思维、逻辑思维三种，其中的经验思维可以说是中国司法史上认定事实的主要类型。类比推理的方法是中国古人惯常使用的说理方式。❷ 还有学者对形式推理在司法过程中的运用进行了反思，认为三段论只有一个形式维度，司法三段论则有形式和内容两个维度，对司法三段论的形式主义指责是错误的。作为司法三段论大前提的法律规范不具有普遍性，三段论的涵摄模式不适用于司法三段论。司法三段论的适用模式是类型归属。这是一个价值判断的过程，运用了法律论证、法律解释等法律方法，因而司法三段论不等于机械司法；但是如果错误地适用涵摄模式，则会导致机械司法。❸ 除了形式推理之外，实质推理也在司法过程中占据一定位置，无论从法官的基本信念、思维方式、审理技巧，还是从法官的期待来看，实质法律推理在司法过程中都应得到普遍的运用。但是在我国，由于多方面的原因，法官优先选择形式法律推理，对实质法律推理报以谨慎的态度。必须以实质法律推理为核心来重塑司法推理体系。❹ 还有学者对哈特的法律推理理论进行了反思。❺

---

❶ 韩登池："司法理性与理性司法——以法律推理为视角"，载《法学杂志》2011 年第 2 期。

❷ 夏婷婷："论《龙筋凤髓判》中对案件事实的推理方法"，载《当代法学》2011 年第 1 期；陈新宇："比附与类推之辨——从'比引律条'出发"，载《政法论坛》2011 年第 2 期。

❸ 聂长建："从概念涵摄到类型归属——司法三段论适用模式的转型"，载《西北师大学报》2011 年第 4 期；［澳］D. E. Fisher："法律规则的结构是如何影响司法推理的"，李双丽译，载易继明主编：《私法》（第 9 辑第 1 卷），华中科技大学出版社 2011 年版。

❹ 强昌文等："实质法律推理于司法过程中的定位"，载《法学评论》2011 年第 5 期。

❺ 陈景辉："'开放结构'的诸层次——反省哈特的法律推理理论"，载《中外法学》2011 年第 4 期。

司法过程总是涉及利益的分配，利益衡量方法也成为法律方法中重要的内容，虽然有时并未在判决书中直接体现。就利益衡量的基础理论来说，有学者分析了其源流，认为利益衡量理论在以德国为代表的欧陆国家出现并发展起来，其他法系国家也在批判法律形式主义的基础上形成了相关的理论。各国的衡量理论大致呈现出事实论和规范论的两种倾向性。规范论的衡量进路体现了司法衡量需要同时关照规范和事实两个维度，更重要的是它强调了法规范及规范体系性的价值。❶ 更多的学者从微观的部门法层次上具体讨论了利益衡量方法的运用。例如，就民事案件来说，有学者认为，民事疑难案件裁判应当引入利益衡量方法，并且具有较为开放的社会性基础，适当承载和超越法律之外集合性的潜在的期待或要求，形成普适化的裁判规则。❷ 还有学者从具体民事权利的司法判断角度分析了利益衡量方法。❸ 再如，就行政法领域来说，学者们的研究侧重于从利益衡量的角度分析相关制度，典型的是个人信息权制度❹和社会保障行政行为审查制度❺等。此外，对于漏洞补充❻等法律方法，在本年度也有学者给予关注。

七、法律方法教育与教学

　　随着法律方法论研究的深入，相关法学教育问题日益受到重视。12月在上海举行的第六届全国法律方法论坛的主题就是"法律方法暨法律方法课程教学"。本年度，法律方法论教材面世。❼ 这表明，在进行了一段时间的学术研究积淀之后，我们需要、也能够向法科学生灌输方法论意识，以提升其法律思维以及适应司法实

---

　　❶ 余净植："'利益衡量'理论发展源流及其对中国法律适用的启示"，载《河北法学》2011年第6期；刘作翔："利益平衡在司法中的适用领域和范围"，载《法律适用》2011年第5期。

　　❷ 杨力："民事疑案裁判的利益衡量"，载《法学》2011年第1期。

　　❸ 熊静波："利益衡量抑或要件思考"，载《华东政法大学学报》2011年第6期。

　　❹ 齐爱民等："论利益平衡视野下的个人信息权制度"，载《法学评论》2011年第3期。

　　❺ 裴蓓："论利益衡量方法在社会保障行政行为审查中的运用"，载《行政法学研究》2011年第3期。

　　❻ 吴丙新："法律漏洞补充理论的三个基本问题"，载《法制与社会发展》2011年第2期。

　　❼ 王利明：《法律解释学》，中国人民大学出版社2011年版。

践工作的能力。

就法律方法的教学而言，案例教学法是学者们研究的重点内容。就案例研究而言，有学者认为，案例研究区别于一般的案例分析，旨在通过案例总结与提升其中蕴涵的部门法规则或法理问题。从研究所涉及的案例数量而言，有个案、类型化和整体性三种案例研究方法；从研究的视角而言，有部门法学、法理学和法社会学的三种案例研究方法。在我国法学发展和法治建设的时代背景下，案例研究应当成为法学研究的重要方法。❶ 还有学者以部门法为例探讨了案例教学法的设计与实施。❷ 有人探讨了中国案例教学法的问题与出路。❸ 就法学教育的整体而言，通过法律方法培养法律思维是主要目标，以此为基础可以解决其与司法考试的紧张关系：只有实现从以"法律知识传授和考查"为中心向以"法律思维培养和测试"为中心的转变，坚持素质教育与职业教育并重过程中的"两点论"与"重点论"的辩证统一，注意发挥法律思维的包容性优势，推进法学教育和司法考试从形式到内容的全面改革，才能真正实现二者关系的良性互动和改良，达到法学教育与司法考试同中有异的目标。❹ 有人认为，就法律方法传授的对象而言，法官应当成为首当其冲的目标。❺ 总之，法律方法论教学及教材建设方面，还需进行更多研究，目前的研究还有诸多不足。

结语

本年度，法律方法论依然保持了较多数量与较高质量的学术产出，尤其是，法律修辞学和法律语言学受到了学者们更多的关注。传统的法律方法研究（如法律解释、法律推理、法律论证），在中国特色社会主义法律体系形成的背景下，开始越来越让位于贴近我国法律运行实践的法律方法论研究，如法律方法的司法适用、能动司法理念的讨

---

❶ 李友根："论案例研究的类型与视角"，载《法学杂志》2011 年第 6 期。

❷ 顾功耘等："'商事案例实训教学法'之设计与实施"，载《华东政法大学学报》2011 年第 5 期。

❸ 苗文龙："事例教学法还是判例教学法?"，载葛洪义主编：《法律方法与法律思维》(7)，法律出版社 2011 年版。

❹ 梁开银："法律思维：法学教育与司法考试的契合点"，载《法学评论》2011 年第 4 期。

❺ 吴光荣："案例教学在法学教育和法官培训中的作用"，载葛洪义主编：《法律方法与法律思维》(7)，法律出版社 2011 年版。

论、案例指导制度的具体落实等问题，受到学界及实务界的更多关注研究。另外一个发展趋势是，随着研究的深入，法律方法的教学开始受到重视。这本身即是对法律方法论研究的扩展与延伸。总之，在中国特色社会主义法律体系已经形成的背景下，司法领域的问题也受到了越来越多的关注。以此为研究视域的法律方法论也将获得更大的发展。当然，面对这种有利的研究背景，法律方法论的研究者依然需要积跬步以至千里，因为实现法律方法论本土化和实践化的路程依然任重而道远。

第二章　法律方法论实践特征的提升

——2012 年中国法律方法论研究报告

　　在深入推进依法治国的进程中，如何在实践中适用法律已经成为重中之重。法律方法论的研究在 2012 年中继续贴近司法实践的转向。在持续探讨基础理论问题的前提下，研究成果对微观问题、具体个案的关注比较明显。无论是在一般法理学中还是在部门法中，国内学者对法律方法论的实践特征给予了充分挖掘和探讨。就研究特色来说，法律修辞获得了更多的重视，从法律方法论视角研究案例指导制度涌现了不少成果，以史为鉴、聚焦制度成为法律解释研究的重点，法律渊源理论得到了创新性的扩展。我们完全有理由期待更具实践特征和实际意义的法律方法论。

　　2012 年，多次以法律方法为主题的会议在全国各地举办，理论界与实务界的联系更加紧密。主要的会议包括：第七届"全国法律方法论坛"于 5 月在重庆大学举行，主题是"法治、社会转型与法律方法"；"司法监督与法律方法"研讨会暨山东省法律方法研究会第四届年会于同月在山东滕州举行。11 月，第三届全国法律修辞学术研讨会在中山大学举行，会议以"法律论证与修辞"为主题；4 月，"《合同法》第 52 条解释适用"学术研讨会在中南财经政法大学举行；12 月，"最高人民法院指导性案例"研讨会在浙江召开；4 月，"经贸法学工作坊"第 48 期专门讨论了德国的民法方法论。

　　2012 年度，国内学术界继续推出了不少法律方法论专著和译著，如陈金钊和焦宝乾等《中国法律方法论研究报告》、陈景辉《实践理由与法律推理》、梁慧星《裁判的方法》（第 2 版）、郑永流《法律方法阶梯》（第二版）、王利明《法学方法论》、雷磊《规范理论与法律论证》、刘成安《裁判规则：以法官适用法律的方法为视角》、刘志刚

《法律规范的冲突解决规则》、张青波《理性实践法律：当代德国的法之适用理论》、李静《法律思维训练与法律文书写作：推理、结构与修辞》、陈增宝《法官心理与司法技巧》、秦策和张镭《司法方法与法学流派》、范春莹《法律思维研究》、孙光宁《可接受性：法律方法的一个分析视角》、李可《法学方法论原理》、杨育正《民法的解释与适用》、赵运锋《刑法解释论》、沈志先主编《法律方法论》等。译著中比较有代表性的如马默《解释与法律理论》、菲韦格《论题学与法学：论法学的基础研究》、阿列克西《法：作为理性的制度化》、塔麦洛《现代逻辑在法律中的应用》、格雷《法律的性质与渊源》（原书第二版）、沃缪勒《不确定状态下的裁判——法律解释的制度理论》、肯尼迪《判决的批判：写在世纪之末》等。此外，法律方法论集刊继续推出，包括《法律方法》（第 12 卷）、《法哲学与法社会学论丛》（第 17卷）、《法律方法与法律思维》（第 8 辑）等。

一、法律方法总论

在中国特色社会主义法律体系形成的背景下，司法领域中的问题获得了更多的关注。以司法为主要研究对象和场域的法律方法论也获得了发展的良好机遇。相关的研究也在更大的范围内展开。由于国内法律方法论的研究已经进行多年，目前法律方法论研究更加趋于技术化和精密化，与司法实践的结合也更加密切，法律方法论的研究对中国法学的进步有着重要的推动作用。❶ 有学者认为，众多的法律方法不仅使法官等实务法律人难以识别，用法律发现、法律推理、法律解释、法律论证、漏洞补充、价值衡量等方法中的任何一种方法作为逻辑起点都可以串起一个法律方法论系列，只有以实践为基础并接受实践检验的法律方法，才能具有现实意义。❷ 对司法实践中的技术进行分析和探讨，也成为法律方法论研究的一个重要方向。在当下，中国法律体系的初步形成迎来了一个"司法技术重构的时代"。作为中国法学流派之一的中国法律方法论，在司法的技术观照下不可避免地呈现出了相关的不足，努力实现自身从对司法的技术观照转向对中国现

---

❶　许中缘："论法学方法论与中国法学发展"，载《比较法研究》2012 年第 4 期。

❷　陈金钊："法律方法的界分及其实践技艺"，载《法学》2012 年第 9 期。

实司法的理想建构，则构成了克服相关危机并实现研究深度展开的一个基本转向。❶ 法律方法在实践中的技术化运用方式非常多，学者们可以从不同的角度运用不同的术语表达这一研究主题。例如，有学者称为"法律适用的个别化"：法官在审理案件的过程中，就个案涉及的特定的人和事进行综合考察后，采取最适宜案件特殊情形的一种司法解决方法。个别化之所以正当，是因为法律的抽象性、普遍性决定了其实施上个别化的必然。同时，个案正义相较于整体正义更为妥当，而司法的过程本身就是发展法律乃至创造法律的过程。在个别化的考量中，既要关注行为人能力、个性、动机，也要注重行为时的背景以及行为主体之间的关系，以及时空转换导致的情势变更。对于法律适用的个别化而言，为了防止其可能的滥用，需要确定尊重法律、前后一致、合理裁量等基本准则，同时引入社会评判机制来对之予以监督。❷

在法律方法的研究中，教义学是基本研究主题之一。在 2012 年度，也有不少学者对其进行论述，并进行展开和适用。例如，有学者认为，法律教义学以对一国法秩序的总体性确信为研究前提，以现行实在法为主要研究对象；它试图提供两种产品：教义学体系与教义学方法。❸ 同时，法律教义学能够为疑难案件的裁决提供理论上可行、规范上可欲、实证上充分的说明。教义学理论以法律论证场域为基础，而法律论证场域又有其特殊的教义学结构，这一结构能够确保疑难案件裁判的法律属性。法律论证场域创造了裁决人与具体当事人的经济、政治或道德利益的距离，而这一距离又保障了公平裁判。❹

基于法律方法论研究的日益发达，法学教育也对此日益重视。卓越法律人才应当具备的能力就包括法律诠释能力、法律推理能力、法律论证能力以及探知法律事实的能力，这些都是法律方法论的基本研究主题。在本年度，从法学教育视角研究法律方法论的作品也逐渐引起了学界重视。例如，有学者认为，目前国内法学教育中缺乏对司法

---

❶ 王国龙："从司法的技术观照到司法的理想建构"，载《求是学刊》2012 年第 6 期。

❷ 胡玉鸿："司法审判中法律适用的个别化"，载《法制与社会发展》2012 年第 6 期。

❸ 陈坤："法律教义学：要旨、作用与发展"，载《甘肃政法学院学报》2012 年第 2 期。

❹ ［德］Ralf Poscher：《审判理论的普遍谬误：为教义学辩护》，隋愿译，载《清华法学》2012 年第 4 期。

过程的重视，也没有方法论意识的有意灌输。❶ 针对这种情况，有学者借鉴了国外法律方法教材，认为需要从教材名称、教材目的、教材体系、教材写法及特色等方面，对西方法律方法论教材成果予以吸收借鉴，以使我国法律方法论教材及学科走向成熟与完善。❷ 有学者甚至建议，将课程提升为法学专业核心课程并由教育部组织编写规划教材，丰富教学素材和教学方法，在司法考试中占据一定出题比例。❸当然，法律方法论并非解决司法实践问题的灵丹妙药，其局限性也应当给予一定的关注。❹

二、案例指导制度

在 2012 年，最高人民法院和最高人民检察院都发布了一些指导性案例，案例指导制度也正式进入了实质运作阶段。学者们对这个方面从法律方法论的角度进行了非常细致的研究，取得了不少成果。在宏观的基本定位上，有学者认为，案例指导制度是具有我国特色的判例制度，它的建立使我国形成了法律—司法解释—案例指导规则这样一种多元的法律规则体系。❺ 案例指导制度与司法解释制度是相互独立存在的司法制度，两者的功能都是为司法活动提供裁判规则。案例指导制度与我国古代法中的"例"在功能上存在较大的差别。❻ 还有学者认为，案例指导制度的价值应该聚焦于"同案同判"及其内含的规范法官自由裁量权的要求来把握。指导性案例是适用法律的成例，并在此基础上具有生成裁判规则的"法律续造"意义。❼ 建立案例指导制度的关键在于，要明确指导性案例的效力。指导性案例发挥作用的关键在于，通过"识别"确定系争案件与指导案例之间是否存在类似

---

❶　陈雅丽："我国法学教育对司法裁判过程的关照"，载《社会科学家》2012 年第 3 期。

❷　焦宝乾："西方法律方法论教材及其启示"，载《清华法学》2012 年第 5 期。

❸　雷娟："镜窥《法学方法论》课程在我国本科教学中的缺陷与救治"，载《湖北经济学院学报》2012 年第 9 期

❹　冯文生："裁判方法论：迷思与超越"，载《法律适用》2012 年第 6 期；陈坤："法学方法论的困境与出路"，载《西南政法大学学报》2012 年第 1 期。

❺　陈兴良："案例指导制度的规范考察"，载《法学评论》2012 年第 3 期。

❻　陈兴良："我国案例指导制度功能之考察"，载《法商研究》2012 年第 2 期；陈兴良："案例指导制度的法理考察"，载《法制与社会发展》2012 年第 3 期。

❼　张志铭："中国法院案例指导制度价值功能之认知"，载《学习与探索》2012 年第 3 期。

性，指导性案例不限于漏洞填补情形下的指导，还包括各种事实认定、法律适用的典型案件的指导。❶ 案例指导重在对裁判规则的提炼，要把那些具有独特价值的案例发现出来、公布出来、树立起来、推广开来，充分发挥这些案例独特的启示、指引、示范和规范功能，使法官学习和借鉴这些案例所体现的裁判方法与法律思维，以便全国法官一体遵从。❷

除了对案例指导制度在总体上进行肯定之外，国内学者的研究对其微观的运行过程也非常关注。针对案例指导制度中的法院角色和法官作用有着鲜明的特色，有学者认为，案件审理阶段法院和办案法官往往并没有参与案例指导的意识，而是在案件裁判后由审判庭之外的综合部门通过遴选的方式确定典型案例，经编辑后报审判委员会研究讨论，再逐级报最高人民法院确定并发布。指导性案例的产生不是按照管辖制度自然地"涌现"，而是被人为地"发现"。❸ 而学者在指导性案例的运行过程中也发挥着重要作用，由学者来主导提取、概括先例性规范的工作，不仅可以担保法律共同体达成共识，而且可以担保由裁判续造之法能够满足来自法的外在体系的逻辑要求，以及来自法的内在体系的评价要求。❹ 针对指导性案例社会推荐模式，有学者认为，由于指导性案例具有公共政策形成功能，契合了最高人民法院作为政治机构的需要，因此这一"民主化"动向应予以肯定，同时，指导性案例作为总结审判经验、统一法律适用的专业性司法机制，其社会推荐模式也不应在"民主化"上践行过远。❺ 此外，还有学者认为，案例指导制度设定的五类指导性案例出于"司法统一"和"法律发展"的目的，指导性案例应具有形式性的拘束力，但其实效受限于司法地方主义和审级制度。裁判规范必须由最高人民法院予以总结，其无法摆脱判例法的案例比较技术。除颁布指导性案例之外，指导性案

---

❶ 王利明："我国案例指导制度若干问题研究"，载《法学》2012年第1期。

❷ 滕威："案例指导重在规则提炼——兼论我国指导性案例之一体遵从"，载《判例与研究》2012年第2期。

❸ 吴越："中国'例制'构建中的法院角色和法官作用"，载《法学论坛》2012年第5期。

❹ 解亘："论学者在案例指导制度中的作用"，载《南京大学学报》2012年第4期。

❺ 段陆平："指导性案例社会推荐模式初论——以《最高人民法院关于案例指导工作的规定》为例"，载《社会科学研究》2012年第5期。

例的运用更应受到关注。❶

此外，学者们的研究对该制度也有一些谨慎的担心和警惕。有学者认为，与两大法系判例制度比较，案例指导制度有鲜明的国情和时代特色，其中最核心的特点是承载司法管理职能和以行政化方式运行。这使案例指导制度内含着难以化解的逻辑难题。❷ 案例指导制度在实践中的延迟露面至少说明这一新制度在理论准备上的不足，尤其是在技术操作层面上准备的不足。如果技术保障没有设计好或缺乏可行性，制度的前景也就令人担忧。加强对指导性案例的选择、编辑、适用和完善的程序设计，加强对相关技术保障体系的研究和开发，是案例指导制度在中国必然面临的现实问题。❸

当然，还有部门法学者从各自研究的领域对具体指导性案例以及其中所涉及的法理进行了细致分析。例如，针对刑事指导性案例，有学者认为，在刑事司法领域，案例指导制度有助于规范司法人员的刑事裁量权，弥补刑事立法之局限，保障法律适用标准的统一。发展和完善中国特色的案例指导制度，应遵循合法性、谦抑性、遵循先例、时效性、权威性原则，促进指导性案例的发布主体多元化、效力层级化、遴选标准科学化、形成机制诉讼化、指导方式明确化。❹ 针对民事指导性案例，在民事裁判活动中，指导性案例不但具有解释法律、填补漏洞以及补充价值的作用，还兼具创设规则的功能，对推动我国民事司法实践的不断进步具有不可小觑的方法论价值。❺ 针对行政指导性案例，由于涉及行政机关，案例指导制度所面临的一个重要问题是，指导性案例是否对于行政机关具有拘束力以及这种拘束力的大小程度如何。这关系到对指导性案例的定位、对司法终局原则的理解以

❶ 蔡琳："案例指导制度之'指导'三论"，载《南京大学学报》2012 年第 4 期。

❷ 秦宗文："案例指导制度的特色、难题与前景"，载《法制与社会发展》2012 年第 1 期；黄亚英："构建中国案例指导制度的若干问题初探"，载《比较法研究》2012 年第 2 期。

❸ 王晨光："制度构建与技术创新——我国案例指导制度面临的挑战"，载《国家检察官学院学报》2012 年第 1 期；雷鸿："案例指导制度的现状及建构中的主要疑难问题"，载王利明主编：《判解研究》（2011 年第 3 辑），人民法院出版社 2011 年版。

❹ 杨雄："刑事案例指导制度之发展与完善"，载《国家检察官学院学报》2012 年第 1 期；黄京平："刑事指导性案例中的公共议题刍议"，载《国家检察官学院学报》2012 年第 1 期；舒洪水："建立我国案例指导制度的困境和出路——以刑事案例为例"，载《法学杂志》2012 年第 1 期。

❺ 姚辉："民事指导性案例的方法论功能"，载《国家检察官学院学报》2012 年第 1 期。

及案例遴选地方性与普遍性的矛盾等诸多问题。同时，对于这些问题的回应也影响着案例指导制度在行政诉讼过程中功能的发挥。❶

三、法律论证与法律修辞

法律修辞的研究总体上从法律论证开端，很多学者也将前者视为后者的一个主要部分。在2011年法律论证的研究中，法律修辞的相关成果就已经引起了学界的关注。这种趋势在2012年度中得到了进一步的加强和细化，无论是法律论证的总体研究，还是法律修辞的细致研究，都出现了不少有代表性的成果，可以说，法律修辞已经成为法律方法论研究中新的学术增长点。

就法律论证在2012年的总体研究情况而言，学者们关注的重点更多放在如何将法律论证的原则、技巧、方法和思维方式融入具体的司法过程之中，力图挖掘法律论证理论的实践意义和价值。例如，有学者通过苏格拉底对智者学派"凡一正题必有一反题"的改造，论述了苏格拉底以"对话"论证中的"反证"为题，揭示了其在法律论辩中的意义。❷ 还有学者分析了司法判决过程中的道德论证，认为在司法判决现实情境之下，道德论证在大前提论证中起到经验论证、非实证和非经验论证两项作用。❸ 在将法律论证运用于司法实践时，比较集中地体现在判决理由的论证之中，本年度研究中，这个方面也受到了学者的关注。有学者认为，判决的可接受性是判决理由详略取舍的总体取向，这一标准同样适用于衡量判决理由的质量❹，民事判决理由的可接受性已成为衡量司法裁判正当性的内在品格。民事判决理由的可接受性关涉法官适用的裁判规则、判决理由的受众主体、判决理由的程序性以及判决理由的语境要求等要素的妥适配置。❺ 还有学者区分了判决中的积极理由和消极理由，认为司法判决证立的积极理由是

---

❶ 湛中乐："论行政诉讼案例指导制度"，载《国家检察官学院学报》2012年第1期；胡敏洁："行政指导性案例的实践困境与路径选择"，载《法学》2012年第1期。

❷ 温晓洁："反证：法律论证程序伦理的灵魂助产术——苏格拉底'反证法'的意义"，载《中外法学》2012年第2期。

❸ 许娟："司法判决过程中的道德论证"，载《法学论坛》2012年第2期。

❹ 孙光宁："判决理由的详略之辩：基于判决的可接受性"，载《广西社会科学》2012年第6期。

❺ 王合静："论民事判决理由的可接受性"，载《法学评论》2012年第4期。

人们接受司法判决正当性的有效根据，消极理由是导致法律论证本身和司法判决不具有正当性的论据，是法官应该避免适用的理由。❶ 还有学者结合一些具体案例来分析判决理由如何实现融贯性。❷

　　在法律修辞的研究中，有学者分析了其与法律论证的密切联系，认为古代修辞学的理论资源对当前法律方法论的研究有着重要的历史渊源和借鉴意义。❸ 而中国古代也有这方面的代表，例如孔子法律思想中也有修辞学的因素❹，中国传统司法裁判中也是如此。❺ 近代以来，民主和法治与修辞学理念有着深度契合，修辞学的"合理性"观更新了人们对于正义的认识，为法治社会的建构提供了独特的视角和进路，修辞学的言说理论则可以为民主社会中的人们达成共识、协调行动提供方法上的支持。❻ 可以说，"把法律作为修辞"是法治时代的思维特征之一，应当受到相当的重视。❼ 甚至在一定意义上，法律制度也是一种修辞。❽ 如果说法律和法治本身是一种制度性修辞，那么，通过法律价值预设能更好地证立这一判断。❾ 在中国提倡法律修辞在司法过程中的作用，必须以遵守程序性论证规则为前提条件。法官必须在依法裁判的基础上，合理使用修辞手段说服听众顺利接受判决。这样可使司法裁判既能彰显法律正义，又具有良好的社会实效。❿

---

❶　杨知文："司法判决证立的理由"，载《广东社会科学》2012 年第 4 期。

❷　孙光宁："判决理由的融贯性——从《孝经》判案说起"，载《浙江社会科学》2012 年第 7 期。

❸　舒国滢："追问古代修辞学与法学论证技术之关系"，载《法学》2012 年第 9 期。

❹　聂长建："孔子的法律修辞学研究"，载《西北师大学报》2012 年第 6 期。

❺　管伟："试论中国传统司法裁判中的修辞意蕴及其演进"，载《政法论丛》2012 年第 3 期。

❻　杨贝："民主与法治的修辞学诉求"，载《文史哲》2012 年第 5 期。

❼　陈金钊："把法律作为修辞——法治时代的思维特征"，载《求是学刊》2012 年第 3 期；陈金钊："把法律作为修辞——讲法说理的意义及其艺术"，载《扬州大学学报》2012 年第 2 期；陈金钊："把法律作为修辞——认真对待法律话语"，载《山东大学学报》（哲学社会科学版）2012 年第 1 期。

❽　谢晖："论法律制度的修辞之维"，载《政法论坛》2012 年第 5 期。

❾　谢晖："诗性、修辞与法律价值预设"，载《现代法学》2012 年第 5 期。

❿　侯学勇："法律修辞如何在司法中发挥作用"，载《浙江社会科学》2012 年第 8 期；侯学勇："司法修辞方法在社会正义实现中的作用"，载《法律科学》2012 年第 1 期。

除了从以上宏观角度的研究外，学者们也开始在微观技巧方面进行探索。例如，有学者认为，进入司法过程的各类事实是通过叙述者的修辞而建构起来的。修辞的最终目的是说服他人接受自己的论点。要使对事实的建构更具说服力，就需要借助于有效的修辞方法。❶ 当法律规范与社会共识发生重大冲突时，法官便不得不重新进行价值取舍，并通过巧妙的修辞技艺使其判词既符合现有的逻辑体系，又以最俭省的方式让当事人及公众理解与接受。❷ 还有学者也从判决书写作的视角关注法律修辞，认为提高我国判决书制作水平的基本措施之一就是鼓励法官有重点地当面说理和加强修辞。❸ 针对司法过程中修辞与逻辑的关系，有学者认为逻辑是修辞，是最具说服力的一种修辞；修辞也是逻辑，是在无法直接进行演绎推理时所备选的逻辑，其目的都在于提高结论的可接受性。❹ 利用习惯法可以成为判决书说理中使用积极修辞资源的一种方式。❺

当然，对于法律修辞研究热潮的兴起，也有学者表达了必要的担心。例如，有学者认为，中国法律修辞（学）面对的现实是理性精神的缺失和恣意限制的缺乏。在这种情况下，法律修辞（学）研究如何能够做到既批判理性又维护理性，容许主观又限制主观，以避免其对法治形成消解。❻ 法律修辞（学）在中国学界被热捧的理论基础，并不像它在西方社会复兴时那样坚实，立足于省略三段论推理、强调理性说服功能的法律修辞研究，必须在崇尚程序规制的法律论证框架下使用，才能坚持司法审判的首要目标是依法正确判决，然后才是通过

---

❶ 武飞："事实建构的修辞方法"，载陈金钊、谢晖主编：《法律方法》（第12卷），山东人民出版社2012年版。

❷ 熊文聪："司法裁量中的价值取舍与修辞技艺——以著作权法为例证"，载《知识产权》2012年第11期。

❸ 魏胜强："当面说理、强化修辞与重点推进"，载《法律科学》2012年第5期。

❹ 张传新："法律修辞与逻辑"，载《求是学刊》2012年第3期；曹晟旻："逻辑的限制：法律修辞正当性的实现"，载《法律适用》2012年第12期。

❺ 杨长泉等："习惯法之为裁判文书积极修辞资源研究"，载《法学杂志》2012年第9期。

❻ 沈寨："中国法律修辞（学）研究之反思"，载《北方法学》2012年第1期；沈寨："法律中修辞滥用的防范与限制研究"，载陈金钊、谢晖主编：《法律方法》（第12卷），山东人民出版社2012年版。

修辞的合理包装送达当事人和社会。❶ 同时，欲重构法律论证的有效模式，应约束政治修辞对司法的干预，防止法律适用被政治口号所绑架，这首先要求理清法治与政治修辞的关系。❷

值得注意的是，本年度学者们对法律修辞学的研究又进行了扩展，其中有代表性的问题是论题（学）。有学者对古代修辞学进行细致分析后认为，"论题学"这个名称是亚里士多德最早发明的。在亚里士多德之后，西塞罗应古罗马法律家特雷巴求斯之邀写作《论题术》一书，西塞罗结合罗马法的规定对上述论题进行了分门别类的讨论。这种研究在修辞学（论题学）与法学之间的关联上，在古典时代晚期的修辞学向中世纪过渡的过程中，曾经有其历史影响。❸ 还有学者认为，随着法律修辞学研究的日益兴盛，作为修辞论证技术的论题也逐步引起了人们的关注。论题作为以特定类型的关系为依据的同类观点，能为法律论证提供普遍接受的前提和据以展开论证的模式，具有不可或缺的作用。❹ 此外，法律修辞（学）扩展研究的新问题还包括决疑术和争论点。❺

四、法律解释

法律解释是法律方法论研究的基础领域，从国内研究现状来看，其积累的成果也是比较雄厚的。在本年度，法律解释研究的深度、广度和细度也不断增强。我们可以从抽象和具体两个层面上来概述。从抽象层面来说，法律解释与哲学解释（诠释）学有着密切联系，二者的关系已经被多次分析。在此基础上，仍然有新观点不断出现。例如，有学者认为，须明确法律诠释学对哲学诠释学进行继受的可能与限度。立足于本体论与方法论相统一的解释学立场，在建构意义上将法学方

❶　侯学勇等："法律修辞在中国兴起的背景及其在司法审判中的作用"，载《政法论丛》2012 年第 4 期；戴津伟："法律修辞的功能及隐患"，载《求是学刊》2012 年第 3 期。

❷　陈晓庆等："政治修辞对法律论证的影响——以'兴隆公司诉祖大山'一案为例"，载《中南财经政法大学研究生学报》2012 年第 1 期。

❸　舒国滢："西塞罗的《论题术》研究"，载《法制与社会发展》2012 年第 4 期。

❹　戴津伟："论题在法律论证中的功能"，载陈金钊、谢晖主编：《法律方法》（第 12 卷），山东人民出版社 2012 年版。

❺　舒国滢："决疑术：方法、渊源与盛衰"，载《中国政法大学学报》2012 年第 2 期；舒国滢："'争点论'探赜"，载《政法论坛》2012 年第 2 期。

法论纳入哲学诠释学的理论框架中，诠释学的任务不仅仅在于对法学方法论进行反思，更在于实现诠释学思维的方法论转化。❶ 有学者总结了不同学者对法律解释的不同观点，认为这种论争秉持各自"反对解释"抑或"如何解释"的立场，从对"法治反对解释"命题的"真/假"之争不断地上升到对相关法律解释学的学科属性之争、司法观之争、法律观之争以及法治观之争等，法治时代同时需要这两种不同的声音。❷ 还有学者主张，法律解释学应恢复前见的合法地位，在法律解释的视域融合过程中领悟相对客观的法律真理，剔除不合法前见，使前见不断向前发展。❸ 在这种前见的基础上，意义是通过认识和评价活动在观念层面表现出来的精神内容。此时，意向与心理评价的引入，给意义注入了生命力，但也同时给意义带来了不确定性，最终应当在制度层面确立意义阐释规则。❹ 在前见的基础上，意义的确定性与不确定性之间进行着反复的解释性循环过程。❺ 还有学者认为，中国的法治建设状况决定了我国的法律解释应当从自由解释转向严格解释，从维护权力的解释转向保护权利的解释。在形式上坚持严格解释，在实质上坚持保护权利的解释。❻ 而要保证这一点，法律解释共同体的形成是非常必要的。❼

从具体层面来说，法律解释的研究可以从制度和技术两个方面展开。一方面，就制度建构来说，学者们的研究集中在人大解释法律和司法解释上。有学者基于香港相关案例分析了人大释法制度，认为香港法院借用普通法上的判决意见规则处理人大释法并没有减损全国人大常委会的权威，而是揭示了进一步完善人大释法制度的路径，即个

---

❶ 王彬："再论法学对哲学诠释学的继受"，载《法学论坛》2012 年第 5 期；王彬："法律解释的认识论困境及其消解"，载《海南大学学报》2012 年第 1 期。

❷ 王国龙："法治时代的解释主义之争"，载《法学论坛》2012 年第 3 期。

❸ 范志勇："法学前见的内涵与特征研究——以哲学诠释学为视角"，载《西南交通大学学报》2012 年第 1 期

❹ 李安："意义阐释的分歧与抉择——司法场域的意义纷争"，载《中外法学》2012 年第 6 期。

❺ 李锦："论法律解释的解释性循环"，载陈金钊、谢晖主编：《法律方法》（第 12 卷），山东人民出版社 2012 年版。

❻ 魏胜强："法律解释的限度"，载《河南财经政法大学学报》2012 年第 5 期。

❼ 孙光宁："法律解释共同体的解构与重构：从韦伯到鲍曼"，载《人大法律评论》（2012 年卷），法律出版社 2012 年版。

案分析和有限解释。❶ 甚至有学者认为，在我国当前的法律解释权体制下，全国人大常委会行使法律解释权出现一些问题，主要表现为法律解释权的行使不符合法律的要求，法律解释权的行使依据不明确，并且全国人大常委会行使法律解释权引发立法解释与立法的矛盾。从理论上来说，立法机关行使法律解释权的根据不能成立。❷ 应当取消当前地方一切国家机关的法律解释权，保障法官在个案中的法律解释权。❸ 就司法解释制度来说，有学者回顾了近代中国的大法官释法制度，认为 1946 年旧政协起草的宪法草案对《五五宪草》进行了较大的修改，效仿美国将法院明确规定为最高审判机关，并赋予大法官以宪法解释权。大法官并不审判具体案件，仅抽象地进行宪法解释。❹ 针对当前的司法制度实践，有学者认为，司法解释规范化之目的不仅是为了对司法解释活动进行程序性约束，更是为了对司法解释进行实质性控制，实现司法裁判的公正性。从形式规范走向实质规范是实现司法解释规范化目的之根本出路。❺ 应建立抽象性司法解释与判例司法解释并存的司法解释机制。具体从单一司法解释主体、确定抽象性司法解释的范围、废除案件请示制度、建立配套的三审终审制以及判例司法解释制度和司法解释监督等方面构建我国新的司法解释模式。❻ 针对完善司法解释的措施，有学者还认为，应当强调基于审判经验启动具体的司法解释的形成过程，以顺应立法政策作为具体司法解释的政策取向原则，以实现法律的技术完善作为具体司法解释的建构重心。❼

另外，学者们对法律解释的具体方法给予了相当的关注。有学者从法律古籍中分析了其中法律解释方法的运用，认为《法律答问》向我们展现了秦代的法律解释技巧。为了准确地适用法律，司法人员广

---

❶ 秦前红等："普通法判决意见规则视阈下的人大释法制度——从香港'庄丰源案'谈起"，载《法商研究》2012 年第 1 期。

❷ 魏胜强："立法机关的法律解释权述评"，载《浙江工商大学学报》2012 年第 1 期。

❸ 魏胜强："论地方国家机关的法律解释权应当取消"，载《西南政法大学学报》2012 年第 5 期。

❹ 牟宪魁："大法官释宪制度在近代中国的形成及其初步实践"，载《山东大学学报》（哲学社会科学版）2012 年第 1 期。

❺ 刘国："司法解释规范化：从形式到实质"，载《云南大学学报》2012 年第 2 期。

❻ 刘珊："论我国司法解释体制的重塑"，载《政治与法律》2012 年第 7 期。

❼ 陈甦："司法解释的建构理念分析——以商事司法解释为例"，载《法学研究》2012 年第 2 期。

泛地运用了语词定义、区别、分类、限制解释、类推解释、附带说明等解释技巧，并发明了问答式的法律解释形式。❶ 有人从场域理论视角分析，法官解释是特定司法场域的产物。由于所处的场域不同导致了法官与民众对法律解释的分歧，因此法官在解释法律的过程中应注意吸收民意，防止两者过分背离。❷ 针对合宪性解释方法，有学者认为从源流上来说，最早其实可溯至早期美国合宪性推定的理论与实践，并与回避宪法方法一脉相承。通过合宪性推定可以发现，合宪性解释方法可以从宪法方法与法律方法两个层面展开。❸ 针对目的解释方法，有学者认为应当受到一定限制，解释者需要根据法伦理性原则去理解法律规定的客观意涵，实现各目的之间的融合，以使之"适合事理"，才能真正把握目的解释之真谛。❹

五、法律推理

基于逻辑进行推理，是司法过程的基本属性之一。法律推理的研究也一直是法律方法论的重点。在本年度，法律推理的探讨又获得了一些新进展。一方面，在基础理论中，有学者开拓性地提出了新的推理工具——论式，认为当代关于论式的界定、功能、结构、分类、评估、经验基础和文化特异性的研究已在多个学科展开，初步形成了论式理论的基本框架。一种周全、可应用的法律逻辑有必要整合法学"论题学"和论式的逻辑理论，以丰富法律逻辑的内容与方法。❺ 还有学者分析了会话推理问题，认为法律会话推理因为具有商谈性质，从而使形式有效性和实质有效性融合为法律会话推理的标准。实现法律会话推理的有效性要达到三个向度的要求：形式向度、实质向度和程序向度。❻ 其中，推理的大前提中必然包含着一定的价值判断。❼ 具体

---

❶ 陈锐等："素朴的技巧：《法律答问》中的法律解释方法"，载《政法论丛》2011 年第 6 期。

❷ 陈一琳："法官解释的场域分析"，载《浙江社会科学》2012 年第 5 期。

❸ 王书成："论合宪性解释方法"，载《法学研究》2012 年第 5 期。

❹ 刘国："目的解释之真谛"，载《浙江社会科学》2012 年第 1 期。

❺ 武宏志："论式：法律逻辑研究的新方向"，载《政法论丛》2011 年第 6 期。

❻ 彭榆琴："法律会话推理有效性探析"，载《甘肃社会科学》2012 年第 2 期。

❼ 郝建设："司法推理大前提建构中的价值判断问题"，载陈金钊、谢晖主编：《法律方法》（第 12 卷），山东人民出版社 2012 年版。

到法律方法的研究中，有学者认为，法律方法理应关注更多的已知、尤其未知的逻辑形式，法律方法至少应是对法律思维进行逻辑抽象的结果，逻辑抽象未必一抽到顶，是可以分层次进行的，用"分层抽象法"去审视法律思维，将可大大扩展法律方法的研究视野。❶ 对简单道义案件的处理，就是法官经由事实推理，并依赖常识裁判的活动。❷

对法律推理的研究也更多地将目光投向了具体司法案件，通过个案来分析法律推理方法也成为学者们研究的重要方向。有学者通过对史料的考察探讨了类别推理方法，认为比附援引制度作为传统中国重要的法律规则补充手段和法律运用技术，主要功能是在确定刑的法律体系中维持具体个案的情罪均衡。❸ 还有学者从"佘祥林案"和"赵作海案"的处理中分析了其中的逻辑错误，要想矫正被倒置的法律推理，避免重蹈"佘祥林案"和"赵作海案"的覆辙，就要改造和重构语境。❹ 另外，通过对彭宇案中法律推理的分析，有学者认为，真性是法律论证的逻辑出发点，正当性则是决定法律论证的重心，合法律性本身就体现了正当性。无论是对客观性的把握还是对"善"的获得都需要通过论辩，从而得到可接受的司法判决。❺

六、其他法律方法

(一) 法律发现与法律渊源

在法律方法论体系中，法律渊源是法律发现的场合与对象，二者有着相当密切的联系。在本年度研究中，这个方面成果也有不少创新之处。有学者分析了社会法学派的法律发现观，认为社会法学派的法律发现观主要是从目的、利益与法律的"自由"发现、返回司法"实际"的法律发现、司法的实用性与规则的虚无性三个角度来诠释的。

---

❶　孙培福、黄春燕："法律方法中的逻辑真谛"，载《齐鲁学刊》2012 年第 1 期。

❷　谢晖："事实推理与常识裁判"，载《法学》2012 年第 9 期。

❸　李启成、李贵连："帝制法治的两面——'断罪引律令'与比附援引制度的思想基础"，载《清华法学》2012 年第 6 期。

❹　齐建英："法律推理的倒置与矫正——从两个典型案例谈起"，载《中州学刊》2012 年第 4 期。

❺　王晓："法律论证的逻辑立场及其方法——基于伦理学方法对'彭宇案'的探讨"，载《浙江学刊》2012 年第 1 期。

与其我们掩耳盗铃式"发现法律"，不如坦白承认法官造法之于司法公正的意义。❶

有学者系统分析了法律渊源概念的源流，认为必须站在司法立场，坚持规范多元态度，正确理解"法律"和"渊源"在"法律渊源"一词中的含义，法律渊源实际上是多元规范的集合，法官从中发现裁决案件所需要的裁判规范。❷ 除了经典的制定法之外，民间习惯（习惯法）的法律渊源地位也经常被学者论及。例如，有学者认为，民间规则是一种不同于国家法的社会规范。它具有地方性、圆融性和经验性，可以补充国家制定法的不足，法官常常运用民间规则消除制定法歧异、填补制定法的漏洞以及借助民间规则具体化不确定概念和一般法律条款。❸ 我国当代法律、行政法规中的习惯起着调整民商事关系、保护风俗习惯和确定国际惯例的适用等作用。其在最近十几年当中呈现新的发展趋势——立法对于习惯尤其是民事习惯转变为了更为尊重和认可的态度；习惯在当下的立法模式下作为一种补充性法源而存在；我国当代法律、行政法规中习惯的发展与变化代表了一种"为生活而立法"的新的立法理念。❹ 可以说，在我国当代法治实践中，习惯处于国法之静态规则体系和动态运行机制上的"次选""末选"地位，要使得习惯进入国法，需要克服理论和实践困难。❺ 习惯是特殊情形下的权威理由，也是可供论证的实质理由，所以习惯具有法律渊源地位，其司法意义主要是补充法律漏洞和平衡个案。❻

（二）利益衡量

司法过程并非在真空中运行，法律方法论也从来无法回避对各种利益的确定和平衡，因此，利益衡量方法也是重要的法律方法，尽管经常以隐性的方式得以适用。学者们对利益衡量方法的研究也取得了

---

❶ 张志文："社会法学派的法律发现观及其启示"，载《法学论坛》2012年第2期。

❷ 彭中礼："法律渊源词义考"，载《法学研究》2012年第6期；于晓青："法律渊源概念的回顾研究"，载陈金钊、谢晖主编：《法律方法》（第12卷），山东人民出版社2012年版。

❸ 陈文华："民间规则与法律方法"，载《甘肃政法学院学报》2012年第2期；陈文华："民间规则的民事司法适用——以法律漏洞补充为例"，载《湖北社会科学》2012年第4期。

❹ 张哲等："当代中国法律、行政法规中的习惯"，载《清华法学》2012年第2期。

❺ 李可："习惯如何进入国法"，载《清华法学》2012年第2期。

❻ 彭中礼："论习惯的法律渊源地位"，载《甘肃政法学院学报》2012年第1期。

一些进展。（1）"利益"的概念。有学者具体分析了"公共利益"的概念，认为从法律方法的角度考察，"公共利益"概念完整的论证过程需经过价值填充与类型化、个案中的权衡模式两个阶段，其结果是产生以个案事实为前提条件的关于"公共利益"含义的明确法律规则。❶（2）利益衡量的场合。对于疑难案件中的利益衡量，有学者认为，在疑难案件中，一个完整的法律论证必然要将某些法律之外的因素涵括进来；或者说，一个包含了法外因素的论证将更为真实、更为完整，从而也是更值得被接受的。❷ 对于法律冲突引发的利益衡量，有学者认为，社会主体多元化的利益冲突是民法视角下冲突的根本成因。在长期复杂的司法适用过程中，渐次形成达致统一的规律性的处理方案，才能避免个案中利益衡量的恣意可能性，从而把超越文本上法律的利益衡量机制变成法律秩序的一个环节，而不是超越法律秩序的特例。❸（3）利益衡量的考量因素和标准。从经济分析方法的角度出发，有学者认为，经济分析理论却有助于帮助法官将实质裁量的依据集中到不同选择的一般性社会后果上，且为后果的预测及评价提供了更为有效的知识与标准。❹ 还有学者提出以制度利益为标准，认为在利益衡量时，需要对潜藏于法律制度背后的制度利益作深入剖析，从功能上讲，制度利益衡量既是牵引法律制度演进的内在动力，又是判断法律制度效力的实质依据。❺（4）利益衡量的结果。有学者认为，利益衡量应当超越个案正义，形成可普遍适用的裁判规则。这一论断有赖于合法性检验、自由解释主义和规范批判生成的理论证成。❻

七、部门法方法论

（一）宪法方法论

宪法解释一直是宪法方法论中的主要内容，在 2012 年度也取得了不少研究成果。有学者比较了传统宪法解释方法和现代宪法解释方法，

---

❶ 余军："'公共利益'的论证方法探析"，载《当代法学》2012 年第 4 期。

❷ 陈坤："疑难案件、司法判决与实质权衡"，载《法律科学》2012 年第 1 期；陈惊天："价值选择与利益衡量——事实真伪不明案件的审判指引"，载《法律适用》2012 年第 4 期。

❸ 李国强等："民法冲突解决中的利益衡量"，载《法制与社会发展》2012 年第 1 期。

❹ 张伟强："利益衡量及其理论的反思"，载《法学论坛》2012 年第 4 期。

❺ 梁上上："制度利益衡量的逻辑"，载《中国法学》2012 年第 4 期。

❻ 杨力："基于利益衡量的裁判规则之形成"，载《法商研究》2012 年第 1 期。

认为二者形式上的区别表现为解释客体和解释者的积极性程度不同；实质上的区别在于，前者是从宪法文字文本中探求制宪者的意图，后者着重于保障公民的基本权利。❶ 就中国近代宪法解释实践来说，无论是从法官的角色定位来看，还是从司法解释制度的实际功能来看，当时的司法机关自身还不具备质疑议会立法、看守宪法秩序的主客观条件。❷ 还有学者从地域上比较了宪法解释模式，认为解释主体和解释方法是宪法解释模式的两大组成要素，解释主体与解释方法之间不同的组成方式构成不同的解释模式。无论是美国的宪法解释模式，还是欧洲大陆国家的宪法解释模式，都是在各自一般法律解释模式的基础上变异与进化而来的。❸ 还有学者专门分析了美国宪法案件，认为宪法解释学模式的一元论与恢复性民主商谈司法模式的多元论欲满足司法审查所承载的立法与裁判的双重责任，必须将司法审查视为原则的论坛、公共理性的典范，以弥合重新道德化解释与重新民主化商谈之间的裂痕。❹ 另外，还有学者从诠释学视角分析了美国宪法解释中的原旨主义，认为原旨主义首先是一种解释理论，它的目的就是使解释与制宪者的原初意图相一致，这反映了一种真理符合论意义上的方法论的哲学解释学。❺

（二）民法方法论

民法解释方法是部门法方法论中获得学者关注较多的领域，民法解释的很多方法已经得到了不少论述。《法律适用》在 2012 年第 1 期中专门组织了"法律适用方法的实证经验"系列论文，其中民事裁判方法的作品居多，包括从请求权角度、民事审判思维方法、从现实生

---

❶ 刘国："宪法解释方法：传统与现代之间的区别及其法理成因"，载《四川师范大学学报》2012 年第 1 期；刘国："原则理论的宪法适用研究"，载陈金钊、谢晖主编：《法律方法》（第 12 卷），山东人民出版社 2012 年版。

❷ 牟宪魁："北洋政府时期的司法权与宪法解释制度研究"，载《法学评论》2012 年第 3 期。

❸ 刘永伟："变异与进化：欧美宪法解释模式的生成"，载《法商研究》2012 年第 1 期。

❹ 蒋银华："美国疑难宪法案件司法审查的两种模式及其补充"，载《法律科学》2012 年第 4 期。

❺ 郑维炜："论诠释学意义上的原旨主义"，载《法制与社会发展》2012 年第 1 期；侯学勇："如何寻求原旨——对原旨主义理论中含义命题的分析"，载陈金钊、谢晖主编：《法律方法》（第 12 卷），山东人民出版社 2012 年版。

活出发等。很多学者强调民法解释需要在事实与规范之间循环往复，才能获得最终的解释结果。❶ 而请求权基础分析方法也是民法方法论的重要内容，特别是其中德国的理论对我国法学教育和司法考试都有重要启示。❷ 还有学者从商法的角度分析了类推适用，认为商法类推适用应具有一般法上和特别法上的依据，其并非适用于商法的所有领域。商法类推适用的正当性取决于法官严格遵守适用条件，恰当地运用裁量权，符合法律价值判断。❸

（三）刑法方法论

在近几年的刑法学研究中，形式解释论和实质解释论之争非常引人关注，这也推动了刑法解释研究的进步。针对这一争论，有学者认为，实质的刑法解释论与形式的刑法解释论是大陆法系不同的构成要件理论（构成要件符合性判断）之争的产物。但是，当下我国形式解释论与实质解释论的争论焦点与其说是对"构成要件符合性"的解释之争，不如说是对"罪刑法定原则符合性"的理解之争。❹ 还有学者认为，对刑法及其解释不能类比于包括诗词在内的文学艺术性作品及其鉴赏解读。❺ 根据刑法司法解释与刑法典的关系，可以将刑法司法解释分为三种类型：注意规定、具体化规定、法律拟制，这种类型化区分具有学术意义和实践意义。❻ 另外，有学者分析了刑事疑难案件中结果导向思维的运用，认为在疑难案件中，必须诉诸价值判断和目的衡量，根据结果导向的思维模式，找出案件的合适答案，并进一步论证结论的正当性。❼ 总体而言，合理的刑事实体法理论坚持刑法客观主义立场，形成客观优先、分层次判断、实质判断的刑法方法论及

❶ 徐艳阳："在法的确定性与法的正当运用间'往返顾盼'——民事审判方法解构与定位"，载《法律适用》2012 年第 3 期。

❷ 刘亚娜、高尚："德国请求权基础分析法论析"，载陈金钊、谢晖主编：《法律方法》（第 12 卷），山东人民出版社 2012 年版。

❸ 郭富青："论商法类推适用的依据、范围和正当性"，载《甘肃政法学院学报》2012 年第 5 期。

❹ 程红："形式解释论与实质解释论对立的深度解读"，载《法律科学》2012 年第 5 期。

❺ 许发民："论刑法解释不能类比于文学艺术类解释"，载《甘肃政法学院学报》2012 年第 5 期。

❻ 郝方昉："刑法司法解释的类型化及其意义"，载《甘肃政法学院学报》2012 年第 2 期。

❼ 任彦君："刑事疑难案件中结果导向思维的运用"，载《法学评论》2012 年第 2 期。

相应的司法逻辑。❶

（四）行政法方法论

行政法的实践中同样需要法律方法，学者们的研究已经初步展开。例如，有学者认为，从法律发现的角度来说，整合立法资源，理顺法律、法规、规章和其他规范性文件的关系，将是解决法源冲突问题的根本途径。❷ 还有学者倡导通过行政法案例的研究、重视行政法实践的方法来推动行政法学的发展。❸ 另外，有学者提出将利益衡量方法引入行政审判过程中，实现各方利益的优化与最大化。❹

（五）国际法方法论

国际法方法论的研究在 2012 年度受到学界的重视。例如，有学者分析了国际造法现象，认为国际造法的基本原则为：客观性原则、国际民主原则、国际合作原则和国际法治原则。❺ WTO 作为国际法研究的重点内容，也包含着方法论的因素。例如，有学者认为 WTO 争端解决机构也进行着造法工作，同时，WTO 争端解决机构自身也通过机构建设和法律技术手段增强自己的造法能力。中国应谨慎应对 WTO 争端解决机构通过造法对贸易自由化的推动，维护自己的利益。❻ 还有学者专门分析了论 WTO 协议解释中注重目的解释法的合理性。❼

结语

在 2011 年的基础上，本年度法律方法论研究继续沿着贴近实践的转向，力图将法律方法论与司法实践进行深度融汇与结合，从案例指导制度的热烈讨论中就可见一斑。这种研究态势表明，中国的法律方法论研究已经逐渐摆脱了简单引介国外现成理论的初级阶段，

---

❶ 周光权："刑法方法论与司法逻辑"，载《现代法学》2012 年第 5 期。

❷ 徐加喜："论行政执法的法源冲突及其解决途径"，载《政治与法律》2012 年第 3 期。

❸ 章志远："行政法案例研究方法之反思"，载《法学研究》2012 年第 4 期。

❹ 羊震："走向能动：利益衡量在行政审判中的导入与展开"，载《法律适用》2012 年第 1 期。

❺ 古祖雪："国际造法：基本原则及其对国际法的意义"，载《中国社会科学》2012 年第 2 期。

❻ 齐飞："WTO 争端解决机构的造法"，载《中国社会科学》2012 年第 2 期。

❼ 姜作利："论 WTO 协议解释中注重目的解释法的合理性"，载《山东大学学报》（哲学社会科学版）2012 年第 6 期。

开始进入强调发挥方法论实践意义和效果的新阶段。在研究的深度、广度、问题意识和实践精神都不断增强的基础上，我们完全有理由期待更加丰富的法律方法论研究，为推动中国的法治进程贡献理论力量。

第三章 法治思维引导下的法律方法论研究

——2013 年中国法律方法论研究报告

在 2013 年中，国内学术界继续推出了不少法律方法论专著和译著，包括陈金钊《法治思维及其法律修辞方法》、王国龙《守法主义与能动司法》、雷鸿《民事指导性案例研究：一个方法论的视角》、余继田《实质法律推理研究》、刘瑞复《法学方法与法学方法论》、魏胜强《法律解释权的配置研究》、张利春《日本民法解释学中的利益衡量理论研究》、梁上上《利益衡量论》等。本年度，还有不少以法律方法为研究主题的学术会议，包括 4 月在郑州举行的第八届全国法律方法论坛（2013 年 4 月，郑州）、11 月在华东政法大学举行的第四届全国法律修辞学论坛（2013 年 11 月，上海）、9 月在大连举行的全国法理学年会（"法律方法与法律权威"单元）以及在山东大学（威海）法学院定期举办的玛珈山法律方法论坛等。

特别值得关注的是，前几年法律方法论的研究中，将法律方法引入法学教育成为普遍共识，这一点在本年度的成果中得以直接显现。国内几位法律方法论的重要研究者出版了一些法律方法论的专门教材，例如，葛洪义主编《法律方法论》（中国人民大学出版社）、舒国滢主编《法学方法论》（厦门大学出版社）、张斌峰主编《法学方法论教程》（武汉大学出版社）和陈金钊主编《法律方法论》（北京大学出版社）等。《法律方法》（第 14 卷）也专门开辟了"法律方法课程开发专栏"。这些成果对于继续推动法律方法全面进入法学教育有着十分重要的意义。

一、法律方法总论

十八届三中全会《关于全面深化改革若干重大问题的决定》中指

出："坚持依法治理，加强法治保障，运用法治思维和法治方式化解社会矛盾。"法治思维也成为推进法治进程和法学研究的重要课题，法律方法论的研究也深受影响。在中国特色社会主义法律体系已经建成的背景下，法治思维更多地体现在司法领域之中，而这正是法律方法论大有用武之地的领域。法治思维也成为本年度法律方法论研究的突出特点。

有学者认为，法治思维和法治方式是建设法治国家、法治政府和法治社会不可缺少的工具，对社会管理创新以及社会转型将产生积极深远的影响。为实现社会长期稳定的发展，需要用法律限制权力的任意行使，把权力圈在笼子里面，充分发挥法律和法律方法的功能。❶法治思维包含着用法治方式建设美丽中国的宏伟设计，这就要求我们应该以权利为导向，把法律作为修辞来构建思维方式，改变长期以来形成的权力话语霸权，用法治思维和法治方式消除权力的傲慢与过度张扬。❷法治思维与法治方式是法治如何实现的方法论基础，因而必须在法治战略上或者法治意识形态上，坚守法治的基本精神和核心意义，将法治进行到底。❸尽管这种排除个人主观因素的冷峻的、理性的判断，构成了法治思维和法治方式的基调，对于限制权力、促进公平正义以及长期稳定的社会关系、保证经济的可持续发展有重要的意义。但是，法治方式在中国会遇到很多难题甚至风险，这些需要人们认真研究予以解决。❹关于法治思维形成的基础，有学者认为，个人学习与掌握法律知识是法治思维形成的微观内在基础，而国家法治实践的有效展开，则是法治思维形成的外在社会基础。树立法治思维，还需要整个民族矫正各种非法治、反法治的思维方式。❺还有学者将法治思维与论题思维相结合，认为通过论证建立的内心确信对于维系社会法治不可或缺。古代法律论题思维的两个面向——法律原则和法

---

❶　陈金钊："'法治思维和法治方式'的意蕴"，载《法学论坛》2013 年第 5 期。

❷　陈金钊："用法治思维抑制权力的傲慢"，载《河南财经政法大学学报》2013 年第 2 期。

❸　陈金钊："对'法治思维和法治方式'的诠释"，载《国家检察官学院学报》2013 年第 2 期。

❹　陈金钊："诠释'法治方式'"，载《新疆师范大学学报》2013 年第 2 期。

❺　杨建军："法治思维形成的基础"，载《法学论坛》2013 年第 5 期。

律论证，给我们提供了借鉴。❶ 另外，关于法律人的思维，在本年度的相关研究中也存在着学者之间的争议，一种观点认为并不存在纯粹法律人的思维，主张"超越法律"和"考量后果"❷，与之相对的观点则认为，不能以英美法系的特有方法遮蔽和否定成文法系法教义学方法中原本已然存在的"超越法律"的功能，更不应否定法教义学上法律人特有的思维方法。❸ 在思维方式上，有学者认为，法学家与法律家主要具有的是同一性而非表面看上去的各种差异性。❹ 作为法律人共同而特有的思维方式，法律思维维护了法律职业共同体的同质性，尤其是法官们共同的思维方式保障了司法自治的能力与可能。在司法领域，法官思维的同质性越低，共识越难以达成，则外界干预司法的欲望与压力越强，司法的政治性程度就越高。❺ 对于司法公正而言，法官的法律方法素养培训，在投入合理成本后，是可以获得效益的。❻ 在法律人的思维中，教义学的属性是非常重要的，其功能是：在争议事实有多个可供选择的法律规则时，为裁判者提供可言说、可交流、可检验的规则选择与法律论证机制。尊重体系与逻辑是法教义学的基本特征，而形式推理是法教义学的基本方法。❼ 既存实体法规范、形式理性逻辑推理规则、既存程序法规范，这种三重控制观将内部构造清晰，又深具稳定性、安全性、实践性的法教义学理论推介于世人。❽

从法律方法论的角度重新反思法治，能够得出重要结论，本年度也产生了相关成果，尤其是体现在对形式法治的探讨和研究之中。例如，有学者认为，形式法治是法治的脊梁，没有对形式法治的坚守，或者说在中国如果不补上形式法治这一课，根本就无法实现向法治社会的转型。形式法治需要法律方法的协助来完成各种使命，因而不能轻易否认形式法治对实现正义的功能。❾ 为保障法治方式成为治国理

---

❶ 武宏志："法治思维与论题思维"，载《法学论坛》2013 年第 5 期。

❷ 苏力："法律人的思维？"，载《北大法律评论》第 14 卷第 2 辑。

❸ 孙笑侠："法律人思维的二元论——兼与苏力商榷"，载《中外法学》2013 年第 6 期。

❹ 周赟："论法学家与法律家之思维的同一性"，载《法商研究》2013 年第 5 期。

❺ 武飞："法律思维与司法的政治性"，载《哈尔滨工业大学学报》2013 年第 3 期。

❻ 吕芳："法官的法律方法素养与司法公正"，载《法律方法》第 14 卷。

❼ 许德风："法教义学的应用"，载《中外法学》2013 年第 5 期。

❽ 张牧遥等："法教义学的法律思维及其三重控制"，载《学术交流》2013 年第 8 期。

❾ 陈金钊："对形式法治的辩解与坚守"，载《哈尔滨工业大学学报》2013 年第 1 期。

政的基本方式，就必须校正对法律过于灵活的辩证统一态度，树立与社会主义法治建设相适应的法治思维与法治方式，运用法律方法消除法律与社会之间的紧张关系，实现法律稳定秩序、改造社会的任务。❶严格依法办事的良性运作需要我们在法治现实主义的引导下，坚持良法之治，走一条"经由形式正义的实质法治"之路。❷

　　法治思维对法律方法论研究的另一方面影响表现在对个案研究的重视上。例如，最近两年中，从法律方法论的角度研究指导性案例就是比较典型的代表。本年度在这个方面也有不少成果❸，分散见于各个具体法律方法的研究之中。在总论部分，对疑难案件的重视成为本年度法律方法论的重要特点。例如，有学者认为，难办案件是由现代技术型司法权威遭遇到了诸多的困境所造成的。当下中国技术性司法权的运行逻辑，正处于被情理性司法权运行逻辑和政法思维司法权运行逻辑所支配的现状。❹法官不得拒绝而只能面对疑难案件，他可以通过解释的方法来发现用以裁判的法律规则或法律原则，进而依据形式推理与实质推理的双重变奏，来解决其所面临的疑难案件。❺

　　本年度的研究成果中还包括继续肯定法律方法论价值和功能的内容，例如，有学者通过梳理和分析当代中国主流法律观及其深度融合之可能，可以发现更为适合中国法治路径的法律观应当是来自基于现象学的规范法学，而法律方法论则是实践法治必不可少的技艺。❻法律方法蕴涵了人类理性对于理想的秩序状态的追求，不仅仅是涉及司法的方法论，更作为一个基本理念而直接引导人们的法治意识。❼对司法而言，法律方法可视为除了法律、习惯和法学学理之外，法官进行司法裁判时所运用的"第四规则"，也是法官在司法中保守法律宗

❶　陈金钊："法治方式所需要的姿态"，载《法制与社会发展》2013 年第 5 期。

❷　江必新："严格依法办事：经由形式正义的实质法治观"，载《法学研究》2013 年第 6 期。

❸　张志铭："司法判例制度构建的法理基础"，载《清华法学》2013 年第 6 期。

❹　王国龙："从难办案件透视当下中国司法权的运行逻辑"，载《法学》2013 年第 7 期。

❺　孙海波："走向不确定法律状态下的司法裁判"，载《西部法律评论》2013 年第 4 期。

❻　厉尽国："当代中国主流法律观及其深度融合"，载《政法论丛》2013 年第 3 期。

❼　刘祥超："论法律方法的理性意涵及法治意义"，载《理论月刊》2013 年第 4 期。

旨和规定，并同时有所作为的基本工具依赖。❶ 当然，法律方法论的研究也有自身的局限，谈论方法和方法论时，必须明白它们生效的条件、作用的方式和功能的边界，方法和方法论的根本要义乃是批判和甄别，而非发现和揭示。❷

此外，还有学者扩展了研究法律方法论的视角，例如，从历史角度来说，罗马法的成长过程中就存在着相当多的方法论因素❸，这也有助于我们反思法学自身的实践性质。❹ 后世的评注法学派也有着类似的情况。❺

二、法律解释

作为研究最为悠久和全面的法律方法，法律解释一直是相关学者研究的重点内容，本年度的成果也不例外。总体而言，本年度法律解释的成果在继续强化理论研究的基础上，更加突出了制度建设和个案分析的特点，使得整体研究成果更具实践性。

（一）基础理论

对于已经积累比较成熟的法律解释理论，学者们开始了反思工作。例如，有学者认为，每一次法律适用都需要解释几乎已成为当下学术界的"共识"。然而，这一"共识"的达成或者根源于过于宽泛地界定了法律解释的含义，重申法律解释的明晰性原则，强调法律解释作为一种澄清文义的活动只有在法律规则不清晰时才有必要，以使法律解释这一特殊的法律方法得到更好的运用。❻ 还有学者认为，中国法律解释学研究走完了初级阶段，这并没有满足法治建设以及实务法律人对方法论的需求，因而需要进入细化阶段的研究——把复杂的解释理论转化为简约的解释规则。与形式法治相适应，有合法性解释规则、文义解释规则和体系解释规则；与实质法治相适应，有合理性解释规则、目的解释规则等。当然，法律解释规则运用在现实中还会遇到不

---

❶ 谢晖："作为第四规则的法律方法及其功能"，载《政法论丛》2013年第6期。

❷ 李可："法学方法论的局限：从方法的缺陷开始追问"，载《重庆理工大学学报》2013年第1期。

❸ 舒国滢："罗马法学成长中的方法论因素"，载《比较法研究》2013年第1期。

❹ 舒国滢："法学是一门什么样的学问"，载《清华法学》2013年第1期。

❺ 舒国滢："评注法学派的兴盛与危机"，载《中外法学》2013年第5期。

❻ 陈坤："重申法律解释的明晰性原则"，载《法商研究》2013年第1期。

少难题，需要继续深入研究。❶

　　另外，还有学者反思了法律解释方法的位阶问题，如何在司法过程中为各种具体解释方法排序，学者们并没有形成统一意见。无论是部门法进路还是论题学进路（权衡模式）都无法解决这一问题。形成这一困境的根本原因在于法律方法论具有思维实践的特征，它是帮助法官裁判的理念性指导，目前还难以提供精确的运作流程，不能代替法官的具体行动实践。❷ 但是，也有学者认为，可接受性的元规则可以作为法律解释方法排序的始基，并在法律解释中担当起类似法学研究逻辑起点的各项功能。❸ 还有学者认为，法律文本未经由文义解释，就不能作论理解释，论理解释的诸方法究竟应当在什么场合使用，并不取决于该方法的使用有无先后位序，而取决于法律文本解释者的价值判断。❹ 将法律解释问题化约为司法成本最小化的计算，不一定妥当；运用成本收益的分析方法所进行的体制性影响评估，不一定可靠；对法院和行政机关的制度能力分析，也不一定准确。❺ 所谓刑法解释方法的位阶关系，只是一种关于解释方法的大致的排序，不具有可操作性，至多具有借鉴意义。刑法解释方法位阶关系论归根结底是一个假命题。❻

　　在具体法律解释方法的层面，还有学者以美国相关理论分析了目的主义的解释方法❼，还有学者继续完善了社会学解释方法的操作方式。❽

（二）　制度建构

　　对于比较成熟的法律解释理论，学者们为了实现其实践价值，将更多的目光聚焦于如何将其引入正式司法制度之中。有学者认为，法律解释权是法律制度赋予法官行使司法职权的基础与前提。从体制上看，中国法律上并未明确授予法官解释法律的权力；而从现实视角观

---

❶　陈金钊："法律解释规则及其运用研究（上）——法律解释规则的含义与问题意识""法律解释规则及其运用研究（中）——法律解释规则及其分类""法律解释规则及其运用研究（下）——法律解释规则运用所遇到的难题"，载《政法论丛》2013 年第 3、4、5 期。

❷　孙光宁："反思法律解释方法的位阶问题"，载《政治与法律》2013 年第 2 期。

❸　李可："法律解释方法位序表的元规则"，载《政法论丛》2013 年第 4 期。

❹　邹海林："私法规范文本解释之价值判断"，载《环球法律评论》2013 年第 5 期。

❺　陈林林："制度效益取向的法律解释理论"，载《清华法学》2013 年第 5 期。

❻　温登平："刑法解释方法位阶关系否定论"，载《法律方法》第 13 卷。

❼　刘翀："论目的主义的制定法解释方法"，载《法律科学》2013 年第 2 期。

❽　焦和平："法律之内实现社会效果的合理路径"，载《河北法学》2013 年第 6 期。

察，法官尽管讳言但却日常地行使着法律解释权在我国是一个普遍事实。从历史必然性、现实必要性和制度合理性三个维度综合审视，都应当授予法官个体解释法律的权力。❶ 法律解释正当性的实现必须完成解释主体、解释方法、解释程序的转变。法律解释正当性的价值在于其评价标准更科学，更有利于其稳定性的实现与和谐司法的建构。❷ 对于基层法院来说，合议、汇报、讨论、请示作为基层法官处理案件的通常程序，其不仅消解了基层法官对于法律的独断理解与解释，司法过程中正当程序的遵循，也构造了基层法官通过议论解决法律问题的整合解释模式。❸ 法律解释权配置演变的规律，即法律解释权的基本概念从模糊走向明确，法律解释权的配置目的从集权走向分权，法律解释权的行使主体从多元走向一元，法律解释权的行使方式从神圣走向世俗。❹ 我国当前法律解释权的行使凸显的问题是：法律解释权的行使主体泛滥，导致法律解释混乱；法律解释权行使的非实用性，导致法律解释在内容上逐级延续；法律解释权行使的非规范性，导致法律解释在形式上凌乱不堪等。❺ 改进我国法律解释权的配置必须关注一些重点问题。❻

对于我国现有的司法解释体制，学者们继续提出了不少反思性意见。有学者认为，在中国制度语境中，法律解释权不仅与法律适用相联结，表现为解释权与司法机关的审判权相结合，而且与监督活动相联结，表现为解释权与全国人大常委会的监督权相结合。❼ 有学者通过对新中国成立以来最高人民法院制定的司法解释的研究认为，司法解释回应政策可能导致一系列的不利后果，应对司法解释回应政策保持必要的谨慎，并通过区分政策类型进行不同方式回应、发布回应政策的指导性案例等方式对政策回应型司法解释予以引导和规范。❽ 例

---

❶ 魏治勋："法律解释体制与法官的法律解释权"，载《东方法学》2013 年第 3 期。

❷ 闫斌："论法律解释的正当性"，载《甘肃社会科学》2013 年第 5 期。

❸ 石东洋："论基层法官的整合型法律解释"，载《法律方法》第 14 卷。

❹ 魏胜强："论法律解释权配置的历史演变"，载《政法论丛》2013 年第 3 期。

❺ 魏胜强："如何解释法律——我国法律解释权行使的思考"，载《河南财经政法大学学报》2013 年第 3 期。

❻ 魏胜强："改进我国法律解释权配置的重点问题"，载《郑州大学学报》2013 年第 2 期。

❼ 张立刚："理解我国法律解释权的'监督'向度"，载《法律方法》第 13 卷。

❽ 刘思萱："论政策回应型司法解释"，载《法学评论》2013 年第 1 期。

如，在刑事司法领域中，我国与刑事诉讼法相关的一些解释性文件不仅在形式上具备法典的特征，而且其中部分条款在内容上直接与法律冲突，或者创设新的诉讼制度，或者违背立法意图。❶ 司法解释虽然一定程度上具有指导司法实践的作用，但是却存在理论基础认知错位，与罪刑法定原则相冲突，时间效力的困境，导致刑事法治混乱等问题。法官是法律的直接适用者，在司法中心主义语境下，扩大法官的自由裁量权，建立以法官为中心的具体应用法律问题的个案解释体制势在必行。❷ 但是，在当前国情下，最高人民检察院制定司法解释不仅具有正当性，而且具有合理性，但应当遵循忠实于立法原意、防止自我授权和部门扩权、切近部门实际、加强可操作性、创新办案机制等基本要求。❸ 以经济学的角度重新审视这种中国特色的"准立法解释权"，会发现最高人民法院的司法解释权具有内在的合理性与历史的必然性。❹ 对于刑事诉讼法进行总体、全面的司法解释，是在法律简约和修改滞后的前提下存在的，具有使立法概括的内容具体化甚至弥补立法罅漏的作用，遽言废除为时尚早。❺ 有必要在厘清刑事诉讼法解释目的基础上，明确刑事诉讼法解释的原则，重新审视关于解释制定的程序，研究刑事诉讼法解释方法等基本问题，以构建我国刑事诉讼法解释学。❻

　　为了将法律解释正式引入司法制度之中，有学者提出最高人民法院在办理案件的过程中，如果对适用的法律、法规存在合宪性怀疑时，应当中止案件的审理，提请全国人大常委会裁决或者解释宪法。❼

---

　　❶　汪海燕："'立法式'解释：我国刑事诉讼法解释的困局"，载《政法论坛》2013 年第 6 期。

　　❷　李永升等："最高人民法院刑事司法解释法律渊源地位之证伪"，载《当代法学》2013 年第 4 期。

　　❸　卞建林、栗峥："构建理性的司法解释规范"，载《国家检察官学院学报》2013 年第 1 期。

　　❹　刘晓源、张伟强："最高院司法解释权的经济分析"，载《法律方法》第 13 卷。

　　❺　张建伟："刑事诉讼法司法解释的空间与界限"，载《清华法学》2013 年第 6 期。

　　❻　汪海燕："刑事诉讼法解释论纲"，载《清华法学》2013 年第 6 期。

　　❼　朱福惠等："论我国人民法院的宪法解释和违宪审查提请权"，载《法学评论》2013 年第 3 期。

（三）个案研究

随着法律解释理论研究的日益深入，学者们开始对其在中国司法实践中的运用进行了更多的探索，也取得了不少成果。有学者结合指导性案例6号，分析了法律规范意义边缘的解释和适用问题，文义解释方法限定了法律规范边缘意义的底限范围，而包括目的解释、历史解释、体系解释等在内的论理解释方法则提供了实体内容，其融贯关系能够成为检验法律规范边缘意义解释结果正当性的标准。❶ 还有学者分析了彭州乌木事件中的法律解释问题。❷ 对于涉及香港基本法的相关案例，有不少学者进行了比较细致的关注。从"永久性居民"和"居留权"概念在香港的出现与发展，到《基本法》第24条在内容上的明确规定，再到香港回归之后由此而引发的一系列宪法案件，居留权主体（香港永久性居民）问题一直争议不断，虽由人大释法等诸多方法予以应对，但最终都未能在根本上平息争议。❸ 在"入境事务处处长诉庄丰源案"中，香港特别行政区法院法官错误地运用普通法中判决理由与附随意见的判决区分规则解读人大释法❹，从保障基本法实施、维护释法权威的角度考虑，全国人大常委会要善于运用原意解释方法，但不必固守单一的原意解释，而香港法院亦应重视原意解释等其他方法，并且双方均应根据个案的特殊性采取适当的解释方法。❺ 此外，还有学者分析了美国的"阿伯特案"，认为该案意味着含有目的解释的善意解释和扩张解释方法在21世纪的复活，推翻了除非存在约文歧义才可使用补充资料于条约解释的做法，对于统一美国法院条约解释方法，指导低级法院处理条约案件具有重要意义。❻

---

❶ 孙光宁："法律规范的意义边缘及其解释方法"，载《法制与社会发展》2013年第4期。

❷ 王永霞："彭州乌木事件的法解释学思考"，载《政法论丛》2013年第4期。

❸ 王书成、林峰："《基本法》第24条与香港永久性居民之法理定位"，载《法学评论》2013年第5期。

❹ 姚国建："论1999年《人大解释》对香港法院的拘束力"，载《法商研究》2013年第4期。

❺ 姚国建等："论陆港两地基本法解释的冲突与调适"，载《法学评论》2013年第5期。

❻ 杜焕芳："美国最高法院的条约解释方法与阿伯特案的影响"，载《法学评论》2013年第5期。

三、法律论证

在近两年的法律论证理论研究中，对修辞学和论题学的关注成为非常突出的特点，甚至有与法律论证理论并列的趋势。我们可以将本年度的法律论证理论研究分为基础理论、论题学研究和修辞学研究三个方面。

（一）基础理论

对于法律论证的基础理论，在总结西方成果的基础上，国内研究也开始凸显本土化的特征。有学者认为，通过法律论证对司法过程特别是庭审过程的对话充分性、对推理前提和推理方法、对判决结果的社会影响力进行论证，对判决结果提出批判性的反思，从而实现宽容的司法克制主义立场。❶ 法律论证有效性需要依循特定语境，这决定了许多司法裁判实例中都体现出来某种直觉性反思。裁判智慧的关键不仅在于裁决结论依循的原则的普遍性与抽象层次，还在于界分与借助不同原则与理念之间的关系。❷ 道德争议案件的司法裁决须缓和法律安定性与道德可接受性之间的内在矛盾，以融贯性论证作为证立道德争议案件中法律命题的条件仍然存在局限性，特别是无法消除人们对"道德司法"的忧虑，为此，须明确道德等法外因素在法律论证中作用的限度。❸

（二）论题学研究

有学者细致梳理了论题学发展的历史，认为"论题学"最早源于亚里士多德的《论题篇》，指导人们如何以普遍接受的意见为前提对所提出的任何问题用三段论进行推理，而区别于以公理为前提的明证推理。❹ 后世的菲韦格著有《论题学和法学》一书，成为20世纪研究法律修辞学和法律论证理论的扛鼎之作。❺ 而论题学与修辞学有着极为密切的关联，西塞罗的《论题术》属于一定程度上含有杂糅性质的逻辑成分的（法律）修辞学著作，属"修辞论题学"的范畴，而且，

---

❶　王晓："论法律论证的立场：宽容的司法克制主义"，载《法学论坛》2013年第2期。
❷　徐梦醒："法律论证与裁判智慧"，载《政法论丛》2013年第4期。
❸　王彬："司法裁决中的实质权衡及其标准"，载《法商研究》2013年第6期。
❹　舒国滢："亚里士多德论题学之考辨"，载《中国政法大学学报》2013年第2期。
❺　舒国滢："说不尽的Topik和Topos"，载《浙江社会科学》2013年第2期。

正因为西塞罗的《论题术》部分地尝试将论题学技术应用在罗马法的论证之中，我们也可以将它看作是一本"应用论题学"或"实用论题学"的作品。❶ 论题学的研究也有一定的实践意义，司法过程中，我们质疑的不是抽象的法律，而是具体个案中的法律或论证。论题学方法为个案寻找前提而准备视角，帮助法官形成确定意见，避免法官面对疑难案件时的恣意。❷

（三）修辞学研究

从历史的角度来说，修辞学的当代复兴使法律修辞学从说服的技艺发展为实现裁判合理性的方法论，法律修辞学以关系本体论的法概念论作为理论前提，以论题学为思维方式，在知识属性上体现了分析学与诠释学在法律论证理论上的融合。❸ 通过对法律修辞的历史加以考察，可以发现，传统社会中的法律修辞侧重于文学性的积极修辞，现代社会中的法律修辞则以理性化的消极修辞为主，与推理论证结合得更加紧密。❹ 唐代判词还非常注重修辞，论证结构非常复杂，普遍采用中国传统辩证论证方法。❺ 清末民初，随着西方法律词语的输入和对逻辑性表达方式的借鉴，判决修辞发生了重大变化：判决语汇的专业化和判词语篇理性思维的增强，极大地推动了判决修辞由传统情理型向现代规范型的理性转型。❻

在当代的新修辞学中，听众理论居于核心地位，在本年度的研究中也受到了学者的关注。雷尔曼的新修辞学理论对法律论证理论的发展影响深远。其核心概念，即作为言说者之主观思维构造的"普泛听众"，该概念暗含了法律论证的不确定性和开放性，坚持的是一种实用主义导向的真理共识论。❼ 司法过程中的不确定因素以及我们对司法民主的期待为修辞提供了广泛的适用空间。要实现特定的说服目的，法官必须以听众的接受与认可为中心，根据不同的目标听众，采取不

---

❶ 舒国滢："论题学：修辞学抑或辩证法？"，载《政法论丛》2013年第2期。

❷ 张静焕："论题学与法官确定意见之形成"，载《西南科技大学学报》2013年第2期。

❸ 王彬："法律修辞学的源流与旨趣"，载《北方法学》2013年第1期。

❹ 李晟："社会变迁中的法律修辞变化"，载《法学家》2013年第1期。

❺ 陈锐："唐代判词中的法意、逻辑与修辞"，载《现代法学》2013年第4期。

❻ 田荔枝："清末民初判决修辞的理性化取向"，载《山东大学学报》2013年第2期。

❼ 雷磊："新修辞学理论的基本立场"，载《政法论丛》2013年第2期。

同的修辞策略。❶ 对于中国的司法实践来说，裁判可接受性所揭示的实质是司法的信任危机，我们应当将听众的价值纳入司法改革制度空间。❷ 就制度建设而言，陪审制度与法律论证在很大程度上是暗合的，按照构建法律论证场景的要求改革我国的陪审制度具有可行性。❸

对于法律修辞所具有的重要价值，学者们不仅给予了充分肯定，还热切呼唤其实践功能的发挥。有学者认为，在寻求裁判合理性的诸多方法中，修辞具有独特的优势。它不仅注意到了人在裁判活动中的主体性作用，还通过扩展理性的边界增强了司法裁判的实践面向。❹ 民事判决理由修辞功能的司法价值主要表现为求真与求善。❺ 疑难案件超出了法律规范的涵摄范围需要一种"把法律作为修辞"的思维方式，通过修辞上的"谋篇布局"着眼于对各方当事人的说服。❻ 在当前权利实践中，权利被当成了一种修辞。在权利成为修辞的背后不仅体现了公民权利意识的增长，也反映了权利实践中所存在的权利要求扩大化、权利行使绝对化和权利维护功利化等问题。❼

在更为宏观的层面上，修辞还是一种法治思维方式。有学者认为，中国的法治建设需要法治意识形态，讲法治是要把法律作为修辞，构建法律思维方式，在思维决策中讲法说理，使人们的行为最大限度地接近法治。❽ 从思维方式决定行为方式的角度看，权力修辞向法律话语的转变是展开法治建设的思想条件。法律话语与权力修辞的冲突是我国法治建设中的重要问题，从西方法治的经验和中国法治建设的需求看，法律话语能否平衡权力修辞关系到中国法治建设的成败。❾ 同时，也有学者反思了当前的法律修辞学研究，认为司法中的法律修辞不能简单定位于满足个案纠纷解决的需要，而更应当注重培养全社会

---

❶　武飞、门潇洪："法官话语的修辞学意义"，载《法律方法》第 13 卷。

❷　谢小瑶、赵冬："裁判可接受性的'理想'与'现实'"，载《南京大学法律评论》2013 年春季卷。

❸　魏胜强："法律论证场景的构建"，载《法学》2013 年第 7 期。

❹　沈寨："修辞方法对司法的贡献与制约"，载《法学论坛》2013 年第 1 期。

❺　吴春雷等："论民事判决理由的修辞功能的司法价值"，载《西部法律评论》2013 年第 1 期。

❻　陈金钊："解决'疑难'案件的法律修辞方法"，载《现代法学》2013 年第 5 期。

❼　沈寨："当权利成为一种修辞"，载《法学论坛》2013 年第 2 期。

❽　陈金钊："把法律作为修辞"，载《深圳大学学报》2013 年第 6 期。

❾　陈金钊："权力修辞向法律话语的转变"，载《法律科学》2013 年第 5 期。

的规则意识。法官作为掌握法律规则适用权力的主体，应当作为首要的规则意识培养对象。❶

四、法律推理

一般来说，法律推理是运用逻辑的力量帮助法官进行裁判，形式逻辑是其基础。在本年度中，对法律推理的研究成果也可以从基础理论和实践运用两个方面进行分类。

在基础理论中，有学者继续强调形式逻辑的重要性，认为形式逻辑在法律推理中的地位与作用必须重新地得到捍卫，否则告别司法三段论只会走向恣意化的司法裁判。❷ 还有学者认为，法律规则的逻辑结构学说属于法认知论，它要解决的是法律规则的形式、静态构成及其句法功能问题。❸ 对于简易案件，法官可以运用演绎证立模式为裁决结果提供正当性证明。对于疑难案件二阶证立从后果主义论证、融贯性论证和一致性论证方面，为裁决规则的正当性和可接受性提供证明。❹ 还有学者分析了推理的一些具体类型，例如，设证推理，双方当事人为维护自身利益而寻找任何理由能够支持其主张的过程，实质上就是设证推理的过程，是一个对原初结论不断进行修正的过程，最终形成判决结果。❺ 再如类比推理，其所发挥作用的空间并非如我们想象的如此狭窄，在司法实践中，很多法官都在不自觉地使用类推的思维模式和类比推理的方法。❻ 类比推理实践操作一直是困扰法律人的难题，只有深层剖析判例所包含的案件事实与判决理由的双重结构、相似点与不同点的区分技术以及判断重要程度的方法，才能彻底破解这一难题。❼ 除了形式逻辑之外，学者们对法律推理的研究还注重过程性和价值判断问题。有学者认为，法律推理的过程就是在法律会话

❶ 侯学勇："解决纠纷还是培养规则意识——法律修辞在司法中的作用定位"，载《法商研究》2013 年第 2 期。

❷ 孙海波："告别司法三段论?"，载《法制与社会发展》2013 年第 4 期。

❸ 雷磊："法律规则的逻辑结构"，载《法学研究》2013 年第 1 期。

❹ 陈伟："法律推理中的二阶证立"，载《政法论丛》2013 年第 1 期。

❺ 孙光宁："设证推理的正当性及其运作"，载《海南大学学报》2013 年第 3 期。

❻ 余涛："类推的性质与司法实践活动中的类比推理"，载《法律方法》第 13 卷。

❼ 孙海波："破解类比推理难题：成因、类别和方法"，载《甘肃政法学院学报》2013 年第 6 期。

实践中选择最适合结论的过程，它包括一定法律行为正当化的论证和相对于一定目的的最佳手段的确定。❶ 对于价值判断来说，司法裁判中的价值判断很大程度上包含对立法上的价值判断的认同与选择，需要与法律中的价值和精神相一致，因而具有一定客观性。司法裁判的过程即司法三段论构建的过程。❷

在本年度的研究成果中，还有学者将法律推理的理论应用于具体司法案件的分析。例如，有学者系统地介绍威尔曼以及美国最高法院在"通过司法解决法律权利与道德权利——不同性质的权利之间的混合权利冲突问题"时，对这些典型案例的司法推理过程。❸ 而通过考察清代判决文书可以发现，刑事案件事实界定的特色在于对必然因果关系的否定；而民事案件事实界定的特色即对个体意思表示的否定。❹ 还有学者分析了指导性案例 6 号中的法律推理方法，演绎推理构建了宏观架构，归纳推理提供了微观基础，两次类比推理的运用更是整个判决法律推理的核心，而设证推理则体现了法官对实体内容的考量。❺ 总体来说，案例指导制度下法律推理的规则主要包括：基本参照规则、实现同案同判的认识规则、断定同案的判断规则、形成同判的约束规则、回归规则以及指导性案例选编的编写规则。❻

五、其他法律方法

（一）法律发现与法律渊源

从法学流派的角度来说，社会法学派的法律发现观主要从目的、利益与法律的"自由"发现、返回司法"实际"的法律发现、司法的实用性与规则的虚无性三个角度来诠释的。❼ 在理论上，法律形式是法律文本的表现方式；法律渊源是裁判规范的集合体，法官从中发现

---

❶ 彭榆琴："迈向'言说'理性的法律会话推理"，载《政法论丛》2013 年第 6 期。

❷ 吴春雷等："论司法三段论构建中的价值判断"，载《前沿》2013 年第 1 期。

❸ 刘作翔："通过司法解决法律权利与道德权利的混合权利冲突"，载《法治研究》2013 年第 8 期。

❹ 杜军强："清代法律推理中的事实"，载《法律方法》第 13 卷。

❺ 孙光宁："法律推理在司法中的融贯运作"，载《法商研究》2013 年第 6 期。

❻ 黄泽敏、张继成："案例指导制度下的法律推理及其规则"，载《法学研究》2013 年第 2 期。

❼ 张志文："实用主义法学的法律发现观及启示"，载《法学论坛》2013 年第 5 期。

裁决案件所需要的裁判依据和裁判理由。[1] 法律渊源词义的变化，与习惯法律地位的变化存在相关性。[2] 从比较视角来说，"现行法律民事有效部分"是民初一种主要而又特殊的民事法源，大理院以判例和解释例，确认并明确了其内容范围。[3] 日本民法典制定过程中对民事习惯所采取的从排斥到吸纳甚至给予极高地位的反复经验对中国未来民法典如何体现中国特色可能具有重要的启示。[4] 另外，还有学者扩大了传统的法律渊源范围，把合同作为法源所带来的是方法论上的意义，使合同在司法三段论的大小前提中有了分开的可能性。[5]

（二）利益衡量

有学者认为，作为一种追求实体正义的法律方法，利益衡量非常适合于新型案件的裁判，其中应树立的基本理念是司法能动主义。[6] 即使在强调罪刑法定的形式裁判中，为了达到判决的法律效果和社会效果的统一，有必要运用利益衡量方法选择合适的刑法规范。[7] 利益衡量在司法尤其是在疑难案件中获得了越来越多的应用。为应对"转型期"的各种社会矛盾和风险，有必要以利益为核心对包括刑事司法在内的传统司法意识形态予以修正。[8]

六、部门法方法论

在本年度部门法方法论的研究中，法教义学成为被普遍关注的热点问题。在宪法研究中，有学者认为，宪法是"政治法"，但其高度政治性并不妨碍宪法学的"教义化"。并且，宪法学的教义化并不会取消政治，而是会为政治系统保留功能空间，中国宪法学应该确立此

---

[1] 彭中礼："论法律形式与法律渊源的界分"，载《北方法学》2013年第1期。

[2] 彭中礼："社会变迁中的法律渊源概念"，载《甘肃政法学院学报》2013年第6期。

[3] 段晓彦："《大清现行刑律》与民初民事法源——大理院对'现行刑律民事有效部分'的适用"，载《法学研究》2013年第5期。

[4] 戴双喜："论民事习惯与民法方法"，载《政法论丛》2013年第6期。

[5] 谢慧："论合同作为法源"，载《法律方法》第14卷。

[6] 孙光宁："利益衡量方法在新型案件中的运作方式"，载《法律适用》2013年第8期。

[7] 任彦君："论利益衡量方法在我国刑事裁判中的运用"，载《法学评论》2013年第5期。

[8] 吴丙新："传统司法意识形态的反思与修正——以利益衡量为切入点"，载《法学》2013年第1期。

种法教义学的基本进路。❶ 例如，从宪法教义学的角度来说，住宅自由所保障的并非被称为"住宅"的物理性建筑结构，而是人格的精神和身体存在于其中、私密且安宁的物理空间，使其免于公权力或他人的干扰，以利于公民私生活在其中能够无阻碍地自由展开。❷ 在行政法领域中，行政法教义学是行政法学最为重要的组成部分，是带有强烈实践目的的规范法学，应建立真正在规范、意义和实践之间循环往复的规范教义体系。❸ 在刑事法律中，刑法知识转型促进了刑法自主话语系统的重建与刑法教义学的建构，构筑了刑法解释理论共同的对话平台。❹ 刑事政策与刑法教义学呈现出日益紧密的融合态势。在此背景下，应以目的解释为管道，实现对刑法适用的政策性引导。❺ 还有学者强调在中国目前的刑法教义学研究中，既要以刑事政策作为刑法教义学的引导，更要注重通过刑法教义学对刑事政策的边界加以控制。❻

（一）宪法学方法论

有学者认为，当代价值多元主义的背景要求宪法解释任务是致力于追求社会价值的整合❼，有学者从宪法规范角度分析，普通话相对于方言和民族语言具有特殊的宪法地位——普通话条款的规范内涵明确指向了国家目标条款的规范效力。❽ 从历史的角度，有学者分析了国民政府时期的司法权与宪法解释制度❾和美国伊利大法官的宪法解释方法。❿ 另外，对于宪法学方法论的发展，有学者作出了总结，认

---

❶ 张翔："宪法教义学初阶"，载《中外法学》2013 年第 5 期。

❷ 白斌："宪法价值视域中的涉户犯罪——基于法教义学的体系化重构"，载《法学研究》2013 年第 6 期。

❸ 王本存："行政法教义学——兼及行政法学教科书的编写"，载《现代法学》2013 年第 4 期。

❹ 王昭振："刑法知识转型与实质刑法解释的反形式主义"，载《法学评论》2013 年第 5 期。

❺ 杜宇："刑事政策与刑法的目的论解释"，载《法学论坛》2013 年第 6 期。

❻ 陈兴良："刑法教义学与刑事政策的关系"，载《中外法学》2013 年第 5 期。

❼ 李忠夏："作为社会整合的宪法解释"，载《法制与社会发展》2013 年第 2 期。

❽ 张嫚："宪法中语言问题的规范内涵——兼论中国《宪法》第 19 条第 5 款的解释方案"，载《华东政法大学学报》2013 年第 6 期。

❾ 牟宪魁："国民政府时期的司法权与宪法解释制度研究"，载《法学》2013 年第 4 期。

❿ 范进学："论伊利的宪法解释方法"，载《当代法学》2013 年第 3 期。

为方法论的更新构成了宪法学的重要学术特色，并呈现出多样化趋势，其中宪法解释学、规范宪法学与政治宪法学的学术之争引起了学界广泛关注。❶ 中国宪法学应直面政党国家的现实，围绕国家、政党和公民构建三元结构的宪法学理论，破解政党与宪法关系的僵局。❷

（二）刑法学方法论

除了前述教义学属性之外，刑法学方法论的研究在本年度中也取得了相当丰硕的成果。有学者认为，刑法类型化思维包含着刑法立法类型化思维和刑法司法类型化思维，是一种基本的刑法学方法论。❸还有学者认为，刑法规范同时具有明确性与模糊性的特征，限度之内的模糊能够扩充刑法规范的涵摄力，进而为刑法解释提供能动的空间。❹ 有学者从实质解释论出发，认为必须对无直接被害人犯罪、秩序维护型犯罪的入罪标准强化一种限制解释，确立一种"重强、轻弱"的罪刑解释规范。❺ 还有学者分析了刑法解释体制，中国刑法解释活动垄断于特定国家机构而形成科层化、集权化体制；域外法治发达国家与地区的刑法解释则垄断于各级法官而具有分权制衡性的特点。❻ 面对不可避免的刑法规范供给不足现象，刑法适用解释大有可为，根据社会一般人是否会对某种解释结论产生"明显突兀感"来区分类推适用和扩大解释，有助于刑法在调整社会矛盾中发挥更重要的作用。❼

在近几年的刑法解释研究中，实质论和形式论之争引人关注，有学者对此进行了分析和反思。当前我国刑法学中的形式解释论与实质解释论之争不是事实论与价值论之争，而是发生在价值论内部，涉及如何适用价值判断的问题。❽ 形式与内容是一对范畴，本质与现象也

---

❶ 韩大元："近30年我国宪法学方法论的演变"，载《法学论坛》2013年第1期。

❷ 叶海波："我国宪法学方法论争的理论脉络与基本共识"，载《清华法学》2013年第3期。

❸ 马荣春："刑法类型化思维：一种'基本的'刑法方法论"，载《法治研究》2013年第12期。

❹ 付玉明等："刑法规范的明确性与模糊性"，载《法律科学》2013年第6期。

❺ 姜涛："人之图像与刑法实质解释"，载《政法论坛》2013年第3期。

❻ 唐稷尧："集权与分权：中国刑法解释机制的路径考察"，载《法制与社会发展》2013年第3期。

❼ 付立庆："刑罚积极主义立场下的刑法适用解释"，载《中国法学》2013年第4期。

❽ 劳东燕："刑法解释中的形式论与实质论之争"，载《法学研究》2013年第3期。

是一对范畴，形式与本质并非是截然对立反而是可以兼容的。所谓形式解释论与实质解释论的流派划分和理论对立实际上是一个伪命题。❶

（三）民法方法论

有学者分析了公报中的民事案例，认为司法经验是司法运行机制的重要支撑和基础，明确司法经验整合机制的定位、完善案例指导制度和提高法官素质是目前面临的重要任务。❷ 另有学者认为，在民事案件中，事实清楚、案情简单、法律适用不复杂的案件，可运用三段论法作出裁判；相反，则宜采用证明责任法的思维裁判案件。❸ 还有学者分析了反垄断司法解释的范式与路径，认为目前亟须在对我国反垄断司法解释所处的场域进行考量的基础上，明确解释范畴，转变解释思维并重塑解释目标。❹

（四）国际法方法论

有学者分析了条约解释的倾向，认为形成了当时意义解释和当代意义解释两种方法之间的博弈。前者是传统的条约解释方法，后者已成为新趋势。❺ 有学者指出，专家组或者上诉机构的"法官"在解释WTO 法时并非完全中立，而是存在大量司法造法行为，在解释法律时常采用法律实用主义的方法，扩大 WTO 协定的涵盖范围。❻ 这实质上是一种动态的条约解释方法：它强调条约的动态的意图、动态的目的和文本意义的扩张，使其能够涵盖国际关系发展的新情况、新问题。其理论基础包括语义的流变性、时际法原则、关系契约理论、条约缔约新模式的要求等，其正当性在于追求国际法的与时俱进、追求条约解释的公正合理。❼ 还有学者指出，国际投资条约中的不排除措施条款开始受到人们的普遍关注，一个重要的原因是仲裁庭援引外部资源（作为习惯国际法的国家危急情况条款和 GATT/WTO 法中的例外条款

---

❶ 杨兴培："刑法实质解释论与形式解释论的透析与批评"，载《法学家》2013 年第 1 期。

❷ 房文翠："我国司法经验整体化的实践与反思"，载《当代法学》2013 年第 6 期。

❸ 程春华："民事案件裁判方法论：三段论法与证明责任法"，载《南昌大学学报》2013 年第 2 期。

❹ 金善明："反垄断司法解释的范式与路径"，载《环球法律评论》2013 年第 4 期。

❺ 吴卡："条约解释的新动向：当代意义解释对当时意义解释"，载《法学评论》2013 年第 2 期。

❻ 陈儒丹："WTO 法律解释的申诉方利益取向"，载《现代法学》2013 年第 5 期。

❼ 姜世波、张雪莹："条约的动态解释方法研究"，载《法律方法》第 14 卷。

等）对其进行解释所带来的适用困境。❶ 基于国际法中方法论研究成果的不断凸现，有学者甚至主张构建国际法方法论，并设计了基本构架。❷

结语

在本年度，国内法律方法论研究仍然呈现出快速发展的趋势，成为中国法学研究中的热点领域。学者们的研究继续产出大量优秀成果，其中的主要特点可以简要概括为以下几个方面：（1）法治思维成为引领法律方法论研究的新导向。（2）法教义学不仅在专门的法理学研究中继续获得重视，多个部门法也逐渐对其给予了相当的关注。（3）法律方法论的研究继续重视实践应用问题，尤其是对正式法律制度的影响和引入。（4）个案中法律方法的运用继续成为法律方法论研究的增长点，推动法律方法论的研究继续增加本土化色彩。

---

❶ 陈正键："国际投资条约中不排除措施条款的解释"，载《法学论坛》2013年第6期。

❷ 黄异等："有关建构国际法方法论的一些初步看法"，载《法学评论》2013年第3期。

第四章　全面推进依法治国中的
法律方法论研究

——2014 年中国法律方法论研究报告

在 2014 年中，法律方法论的研究成果集中于凸显自身的实践功能，力图对法学研究和法治实践发挥直接而明确的推动作用，这一宏观指向体现在以下三个方面。在理论基础方面，法教义学和社科法学之争并未达到剑拔弩张的程度，其背后的共识是法学研究应当取长补短，在各自分析视角内为法治实践提供最优参考。在自身理论体系方面，法律解释、法律论证等具体法律方法的研究，也特别强调以史为鉴和案例分析，最终落脚点也是为当前的法治实践服务。在法治建设的实践方面，法律方法论对现在的宏观法治理念和微观的司法制度，都有重要推动作用，案例指导制度就是典型例证。关注法治实践，为法治建设提供重要的理论参考，将继续成为法律方法论研究的整体指向。

2014 年，《关于全面推进依法治国若干重大问题的决定》为中国法治的持续深入发展提供了纲领性的指导方向，法律方法论的研究也不例外。法治实践需要相应的法学理论，成熟的法学理论为法治实践的展开提供了重要的智力支持，是法治进程真正深入推进的保障。从20 世纪末开始，法律方法论的研究在中国法学研究中已经成为"显学"，显示出了强大的生命力，其根本原因也在于此。经过二三十年的发展，中国法律方法论研究日趋全面和成熟，与司法实践的结合也逐渐凸显，方法论意识和能力已经成为培养和衡量法律人才的重要指标。在本年度中，法律方法论研究在理论深度上和实践应用上也都有所提升与加强，前者主要表现在学科属性的争议及其厘清，后者则主要表现在制度建设、司法人员素质和法学教育等方面。

一、理论基础的探索与提升：法教义学与社科法学之争

在法学研究中，始终存在着"根据法律的研究"和"关于法律的研究"的分野，从学术流派的角度大致指向了法教义学（教义法学）与社科法学，对二者关系的反思和分析成为 2014 年法学研究中比较引人关注的话题。从总体学术发展脉络和传承来看，法律方法论总体上属于法教义学的分支，或者说，法教义学是法律方法论的理论基础，前者与社科法学的关系直接对后者的发展进程产生影响。因此，如何面对法教义学与社科法学之争，成为本年度中法律方法论研究不可回避的基础问题。

法教义学和社科法学之争在 2014 年中有着多种表现。在 5 月 24 日，中国政法大学法理学研究所和《环球法律评论》编辑部主办的"多学科背景下的法学及其方法"学术研讨会中，第一单元的主题正是"法学研究的方法论分野：社科法学与教义法学"，具体发言主题包括"法教义学与法的性质""法律教义学与法学研究的本土化""法律变革的逻辑：社科法学与教义法学的较量"等。该次会议的姊妹篇——"中国法律学术的社会构建及其方法"于 8 月 30 日由上海交通大学凯原法学院主办，前一次会议偏重于方法论的理论创新，后一次会议偏重于创新后的方法论如何付诸中国法律问题意识。与法律方法论的研究相关，前一次会议中第三单元围绕"司法裁判与法学方法"展开，后一次会议的第一单元则专门讨论"方法论的求索与省思"。

法教义学与社科法学之争在会议方面的集中表现为"社科法学与法教义学对话会"，由北大法学院主管的集刊《法律和社会科学》编辑部，联合《法学研究》编辑部、中南财经政法大学法学院、"社科法学连线"共同举办。主办这次对话会的目的，就是让这两个领域的学者相互沟通，从而发现社科法学和法教义学的知识竞争与互补关系。因此，这次会议除了邀请来自社科法学的中青年学者以外，还有来自部门法领域的数十位中青年学者。本次会议中社科法学几篇比较有代表性的论文刊登在《法商研究》2014 年第 6 期中，该专栏的题目为"中国法学研究格局中的社科法学"。在论文方面，以上两个法学流派的争锋也有其他成果表现和特点。总体而言，社科法学论文成果的作者多是法理学研究者，而以法教义学为主题发表论文成果的作者，多

数是部门法研究者。❶ 在 2013 年中，部门法学者特别强调了教义学属性，并利用多种具体的法律方法对自身涉及的实践问题进行了有效回应❷，这一点在 2014 年得到了延续和深化。可以说，虽然法理学研究中并没有在专门阐释法教义学方面作出特别突出的数量上的贡献，但是，法教义学实质上已经在部门法中得到了普遍认可和接受，并逐渐自觉地遵循这一进路来展开研究。除了分别单独研究法教义学和社科法学的论文成果之外，还有学者侧重于将二者进行比较研究，取得了更加全面的结论。

具体到学术观点而言，我们也可以按照以上法学流派分别进行概括。一方面，在社科法学的学者中，苏力认为，传统的政法法学已经式微，法教义学研究中想象的法律解释者稳定而统一，仅仅是法官或是以法官角色思考的法学学人。社科法学关注的法律适用者或解释者不局限于法官，常常也包括一切相关案例或纠纷的裁断者，有法院，也有其他适用解释法律并作出决定的行政机构决策者。目前，部门法学已经突破了传统的法教义学，开始向社科法学转向。❸ 陈柏峰认为，社科法学有一定的前提倾向，包括研究对象的经验性、问题意识来源的实践性、对法规范和法秩序态度的中立性、对法规范和法秩序进行评判的标准的多元性，中国的法律实践、法学研究和法学教育对社科法学有着更广泛的需求，主要表现在社科法学可以帮助理解中国法治实践，参与中国法治建设，提炼中国法治和法学理论等方面。❹ 侯猛则指出了社科法学的比较优势：填补法学与其他社会科学的空隙、通过经验研究形成中国的法

❶　宪法方面如陈征："从第一次堕胎判决中透视德国宪法教义学"，载《清华法律评论》2014 年第 7 卷第 2 期。刑法方面如陈兴良："风险刑法理论的法教义学批判"，载《中外法学》2014 年第 1 期；刘军："抽象危险犯的理论基础与实践边界——以法教义学为分析视角"，载《法律方法》第 15 卷；赵运锋："以刑制罪：刑法教义学与刑事政策学相互贯通的路径选择"，载《北方法学》2014 年第 5 期；董邦俊："教义学发展、功能与内涵之刑法学揭示"，载《环球法律评论》2014 年第 4 期。民商法方面如汤文平："论预约在法教义学体系中的地位"，载《中外法学》2014 年第 4 期；刘敏："论法教义学的体系化功能——以民法为中心"，载《西南政法大学学报》2014 年第 1 期；韩强："法教义学在商法上的应用——以最高人民法院指导案例 15 号为研究对象"，载《北大法律评论》2014 年第 15 卷第 1 期，北京大学出版社 2014年版。

❷　孙光宁、焦宝乾："2013 年中国法律方法论研究报告"，载《政法论丛》2013 年第 6 期。

❸　苏力："中国法学研究格局的流变"，载《法商研究》2014 年第 5 期。

❹　陈柏峰："社科法学及其功用"，载《法商研究》2014 年第 5 期。

律理论、解决法教义学不能解决的问题、职业训练、智识挑战与政治判断等。❶ 王启梁也表达了类似观点，认为社科法学在中国的意义在于促进法律与社会差距的弥合和培养素养全面的法律人才两个方面。❷ 从以上论述可以看到，虽然社科法学自身并没有完全一致的理论分析进路，但是，社科法学保持着法律对社会的开放态度，强调法律的实际效果。侧重于社科法学的学者也都从不同方面强调了这一态度。另一方面，法教义学的研究者也强调了法律规范的重要性及其地位。雷磊认为，法教义学坚持对于法律事业的内在态度，是一种典型的"法学内的法学"。它所主张者不外乎三点：认真对待法律规范、法律是一种规范、法学应坚持规范性研究的立场。❸ 其他对教义学的强调散见于部门法学者的前述分析之中。

还有学者总结比较了法教义学和社科法学之争，提出了一些综合性观点。谢海定认为，法教义学和社科法学的竞争关系表现在以下几个方面：基本预设的差异、法学知识科学性问题争辩、法学知识自主性问题争辩、对法治实践及道路的不同理解和偏好。❹ 从社会条件来看，柯华庆认为，社会稳定时期，教义法学占主导地位，社会变革时期，社科法学称雄。❺ 熊秉元认为，教义法学和社科法学的相对关系，非常类似于规范式思维和后果式思维。社科法学，可以说是教义法学的基础；而教义法学，可以说是社科法学的简写或速记。在教学和实际运用时，不必每次都追根究底，由社科法学中找理论基础；由各种教义出发，可以大幅降低思考和操作的成本。❻ 尤陈俊认为，对今天的中国法学研究而言，真正有助益的不是两个正在成长的学派之间那种意气化的、截然对立式的立场宣誓，而是在立足于中国法律实践和充分了解对方的基础上的彼此欣赏和互鉴。❼ 由此可见，学者们针对法教义学和社科法学之争，更

---

❶ 侯猛："社科法学的传统与挑战"，载《法商研究》2014 年第 5 期。

❷ 王启梁："中国需要社科法学吗"，载《光明日报》2014 年 8 月 13 日第 16 版。

❸ 雷磊："什么是我们所认同的法教义学"，载《光明日报》2014 年 8 月 13 日第 16 版。

❹ 谢海定："法学研究进路的分化与合作——基于社科法学与法教义学的考察"，载《法商研究》2014 年第 5 期。

❺ 柯华庆："法律变革的逻辑——社科法学与教义法学的较量"，载《桂海论丛》2014 年第 4 期。

❻ 熊秉元："论社科法学与教义法学之争"，载《华东政法大学学报》2014 年第 6 期。

❼ 尤陈俊："不在场的在场：社科法学和法教义学之争的背后"，载《光明日报》2014 年 8 月 13 日第 16 版。

多的是采取了比较稳健和谨慎的态度，力图通过二者的融合来推动法学和法治的发展。

从 2014 年度法教义学和社科法学之争中，法律方法论可以收获良多。从正本清源的角度来说，这些争论在论及法教义学时，通常会涉及适用法律规范的方法和路径，这些正是法律方法论的核心内容，也再次肯定了法律方法论作为法教义学的核心地位。再如，学者们比较稳健和谨慎的态度，可以推动法律方法论的研究以更加开放的姿态面对司法领域中的诸多问题。前述比较综合性的观点提醒法律方法论研究，不能仅仅局限于严格适用法律规范，还应当超越技术层面关注司法在社会中的实际运行。司法裁判并非如学术研究那样可以强执一端，而是一个综合性的决策过程，需要吸收多方面的视角和观点，才能够形成最为全面、稳妥和细致的答案，单独依靠法教义学或者社科法学都难以到达这一目标。法律方法论以司法为最主要的分析对象和场域，其实践意义和表现也应当全面吸收来自社科法学的经验性结论。

二、法律方法论体系的充实与完善

在 2014 年度中，法律方法论的各个分支仍然表现出持续发展的态势，比较传统的法律解释方法依旧占据着主要地位。由于法律解释一直强调裁判理由的合法性基础，这一点与近年来部门法学自觉推崇的法教义学有着内在一致性，因此，法律解释仍然在部门法研究中得到了广泛应用。其他具体的法律方法也有各自发展的特点，详述如下。

（一）法律解释方法

从历史发展和学术积淀的角度来说，法律解释方法是整个法律方法论体系中最为深厚的，其影响力和成果也最为突出。具体到 2014 年度的法律解释而言，学者们的研究成果更多的集中于其实践运用，也就是在法治建设中发挥实际作用。有学者认为，我国的法律方法论研究即将进入第二个发展阶段，即在关注一般理论研究的基础上，开始法律解释规则及其运用研究。这是展现法学理论和法律方法论实用品格的开始。❶

在具体解释方法上，文义解释、历史解释、目的解释和体系解释等，都已经有了大量的研究成果，相应地，在这个方面继续开展的研究

---

❶　陈金钊："法学话语中的法律解释规则"，载《北方法学》2014 年第 1 期。

就较少。例如，有学者重新肯定了文义解释的意义，通过运用一系列以明晰的规则表达的文义解释操作技术，法律文本的意义模糊问题得以消解，有助于提高司法裁判质量，维护司法正义。文义解释规则化操作表征着，实体正义恰以形式正义为前提条件而获保障。❶ 还有学者继续为目的解释辩护，认为立法者的抽象意图确定了法律概念的内涵，因此，为了寻求正确答案，我们必须探究立法意图。针对立法意图的一些批判是无法成立的。立法意图既是存在的，也是可以被认识的。❷ 值得注意的是，以往并没有被普遍重视的一些解释方法，也有学者挖掘了其实践意义，例如，针对合宪性解释，有学者认为，合宪性解释是指我国各级人民法院在对个案裁判所适用的法律进行解释时，应当将宪法原则和精神纳入考量范围。目前，若要推广合宪性解释理论并付诸实践，则必须而且可以在法学方法论框架内，尤其通过体系解释和目的解释，纠正关于全国人大常委会享有专属宪法解释权以及法院不能解释宪法的错误认识。❸

在部门法法律解释的研究中，宪法学和刑法学是比较突出的。前者重视法律解释的原因在于宪法解释学的兴起，而后者对法教义学属性的强调使得刑事审判中的法律解释成为首选要素。（1）宪法解释研究。有学者认为，在我国的宪法实施和宪法监督制度下，有两种意义上的宪法解释：第一种是全国人大常委会所享有的权力；第二种宪法解释固有地存在于任何认同宪法的规范性和最高性的司法过程中，本质上是一种法律方法和司法技艺。第二种意义上的宪法解释并未被我国宪法所禁止，也无损于全国人大常委会所享有的第一种意义上的宪法解释权。❹ 宪法解释方法的历史发展中，存在着两大分支：德国传统和美国传统，二者分别以文义解释和原旨主义为主导性解释方法。虽然两种传统有着诸多

---

❶ 魏治勋："文义解释的司法操作技术规则"，载《政法论丛》2014 年第 4 期；魏治勋："文义解释在法律解释方法中的优位性及其限度"，载《求是学刊》2014 年第 4 期；魏治勋："论文义解释方法的细分释法功能"，载《法学杂志》2014 年第 8 期。

❷ 陈坤："疑难案件中的法律概念与立法意图 ——兼为主观解释论辩护"，载《法制与社会发展》2014 年第 6 期。

❸ 黄卉："合宪性解释及其理论检讨"，载《中国法学》2014 年第 1 期。

❹ 黄明涛："两种'宪法解释'的概念分野与合宪性解释的可能性"，载《中国法学》2014 年第 6 期；杜强强："目的论的思考在宪法裁判中的功能——从法学方法的角度重读纽约时报诉苏利文及其后续案"，载《人大法律评论》2014 年第 1 辑。

差异，但从 20 世纪以来却出现了趋同的倾向，以重视社会学解释方法为集中表现。❶（2）刑法解释研究。有学者充分肯定了刑法解释的价值，认为刑法解释作为联结刑事立法和刑法适用的桥梁与纽带，在刑事法体系中起着关键性作用。在对现行生效刑法解释的实证分析后，可以看出解释资源的流向和分配。❷ 就整个刑法学研究而言，在经历了注释刑法学—刑法哲学—刑法解释学的范式转换之后，面向司法的刑法学能否将自己的研究对象定位于上述矛盾，不仅关乎理论选择，而且涉及实践取向。发现控辩双方刑法思维的基本规律，发掘其在解释刑法中的话语空间和在刑法论证中的言语机会，乃是面向司法的刑法学的逻辑起点。❸

特别值得关注的研究问题是刑法中的目的解释方法，有不少学者给予了特殊重视。例如，有学者认为，刑法目的解释虽然在刑法解释方法中居于最高位阶而有助于化解不同解释结论的冲突，但亦因标准判断的实质化倾向而存在任意解释的风险，这就需要在后果考察过程中接受检验，并通过目的性扩张与目的性限缩来完成，从而不仅形成一个融汇经验性与规范性、规则适用与效果论证为一体的解释模式，而且还成为一个价值通过结果取向进入并决定规范解释的过程。❹ 还有学者认为，对目的的探究，能够赋予解释者以解释的自由；目的解释主要被用于堵截处罚方面的漏洞，确保刑法之网的严密性与开放性。目的解释的内在危险则在于，会弱化罪刑法定的制约机制，并严重威胁与侵蚀刑法适用的统一性与客观性。❺ 在目的解释的观照之外，刑法中的其他解释方法都能够得到更好的运用，例如，类推解释和实质解释。❻

本年度中，法律解释方法研究的一个突出特点是"以史为鉴"，不少成果集中于对中国古代法典的解释及其对当代中国司法实践的意义。例如，有学者以《唐律疏议》与《中华民国新刑法判解汇编》为例，对中国古代的律文解释与近代刑法法条解释进行比较以后发现，它们有相

❶ 孙光宁："宪法解释方法的两种传统及其启示"，载《北方法学》2014 年第 4 期。
❷ 李佳欣："刑法解释的功能性考察"，载《当代法学》2014 年第 5 期。
❸ 刘远："面向司法的刑法学建构探析"，载《法学》2014 年第 10 期。
❹ 姜涛："后果考察与刑法目的解释"，载《政法论坛》2014 年第 4 期。
❺ 劳东燕："刑法中目的解释的方法论反思"，载《政法论坛》2014 年第 3 期。
❻ 周光权："刑法解释方法位阶性的质疑"，载《法学研究》2014 年第 5 期；赵运锋："刑法类推解释禁止之思考"，载《当代法学》2014 年第 5 期；徐松林："以刑释罪：一种可行的刑法实质解释方法——以对'组织卖淫罪'的解释为例"，载《法商研究》2014 年第 6 期。

似之处，具体表现为：刑法原则、罪名和刑罚等的解释十分相似。同时，在解释主体、解释结构和解释效力等方面存在相异之处。❶《唐律疏议》作为中国古代法律解释的集大成者，在法律解释的文本形式方面具有"一律一释""律释合典"、文本结构的非独立性等特点，这些特点是中国古代法律解释发展的重要经验。中国当代法律解释应当借鉴《唐律疏议》法律解释文本形式的经验，改进我国当代法律解释的文本形式。❷ 除了借鉴《唐律疏议》解释之外，还有学者以具有代表性的清代注释律学文本为视阈，研判了中国传统法律解释的技术方法和精神意蕴。在法律解释的技术方法上，从字词考据、文义疏解再到文理阐释，中国传统的法律解释与传统汉语中的文义解释路径高度契合。中国传统的法律解释在技术方法与观念价值上的契合与共融，能够为弥合当前法律发展所面临的技术与观念之间的分裂冲突提供历史借鉴。❸

本年度中，法律解释方法研究的一个突出特点是结合案例进行法律解释的研究，这也是其实践指向和作用发挥的突出表现。例如，有学者结合了"庄丰源案"的分析，认为人大释法制度作为基本法体制之下两种法律传统的连接点，赋予了全国人大常委会一种新的法律地位，因而容许并要求其在与香港普通法传统的互动中发展出独特的法律解释模式，而这种独特的释法模式与"庄丰源案规则"是相容且相互促进的。❹ 还有学者细致分析了"甘露案"，认为该案再审判决书中对于"剽窃、抄袭"的立法本意的法律解释并未被证成，而且也无法被证成，因为该案中此描述性不确定法律概念并不存在多义性。❺ 再审法官的判决理由，由于搞错了解释法律的对象——本来应该对作弊的法律进行解释（在抄袭与考试作弊的竞合关系中没有准确定性），

---

❶ 王立民："中国古代的律文解释与近代的刑法法条解释之比较——以《唐律疏议》与《中华民国新刑法判解汇编》为例"，载《现代法学》2014 年第 5 期。

❷ 董长春："唐律法律解释文本形式的意义"，载《南京师大学报》2014 年第 3 期。

❸ 王志林："中国传统法律解释的技术与意蕴——以清代典型的注释律学文本为视阈"，载《法学家》2014 年第 3 期。

❹ 黄明涛："论全国人大常委会在与香港普通法传统互动中的释法模式——以香港特区'庄丰源案规则'为对象"，载《政治与法律》2014 年第 12 期。

❺ 蔡琳："不确定法律概念的法律解释——基于'甘露案'的分析"，载《华东政法大学学报》2014 年第 6 期。

把本来清晰的法律，解释得越来越不清楚。再审判决理由无视考试作弊的事实和相关的法律规定，而僵硬地把抄袭与科研著述、学位论文等的撰写联系起来进行了限缩解释。❶ 针对我国首例"男男强奸案"，有学者认为，该司法判决在一定程度上诠释了刑法解释的保守性命题，承认、发现刑法漏洞尤其是真正的刑法立法漏洞，然后通过修订完善刑法立法以填补刑法立法漏洞，而不是通过刑法解释技术来对刑法漏洞进行司法填补，是实现良法之治的基本要求，也是刑法解释的保守性所内含的基本立场。❷ 还有学者分析了美国的"劳伦斯案"，真正影响大法官判断的是他们对于宪法解释原则、遵循先例原则、司法与民主的关系以及法律与道德的关系等基本问题的不同看法。这些基本法律理念既是特定判决的成因，也有可能作为理由出现在判决书中。❸ 需要说明的是，从法律解释的角度分析最高人民法院发布的指导性案例，也属于法律解释方法研究中比较突出的特点，将在本章第三部分中详述。

（二）法律论证方法（包括法律修辞方法）

法律论证是以证立司法裁判结果为目标的法律方法，其分支之一——法律修辞在最近几年中获得了高度的重视，甚至已经出现了独立的法律修辞学研究。这也是法律方法论体系中新的学术增长点。

在法律论证的基础研究部分，有学者认为，法律论证面向现实生活，需要具备严格的逻辑语言和规范的思维导向，因而无论是基础主义还是融贯论都对法律论证具有关键作用。从论辩规划的整体性来考量，融贯论能够为思维和言说提供一种秩序层面的评断标准。法律论证中的规范性融贯作为一种理论层面的标准，离不开语用学依托实践对言说实践进行考察的思维和进路。❹ 还有学者认为，法律论证由实体法律论证和程序法律论证组成，通过程序法律论证体系的构建，

---

❶ 陈金钊："重视裁判的可接受性——对甘露案再审理由的方法论剖析"，载《法制与社会发展》2014 年第 6 期。

❷ 魏东："从首例'男男强奸案'司法裁判看刑法解释的保守性"，载《当代法学》2014 年第 2 期。

❸ 杨贝："法庭意见、论据与论证——析美国最高法院对劳伦斯案的裁决"，载《环球法律评论》2014 年第 4 期。

❹ 徐梦醒："法律论证的规范性融贯研究"，载《法学论坛》2014 年第 6 期。

其所涉及的程序法规范论证、程序性事实论证、逻辑推理方法论证、程序性结论论证等能阐明其论证范围及对实体裁判结论的影响，以获得程序性证明体系的基本内容和方法。❶

法律修辞的研究已经成为法律论证中的最主要内容之一，相应的学术成果也非常丰富。就其理论基础而言，有学者专门分析了修辞与逻辑的关系，认为逻辑与修辞是法律方法的两种要素，是人类司法文明的重要结晶，应被提升到"范式"的高度予以研究。西方法律（学）从传统上被逻辑范式所主导，到当代修辞范式的复兴，中间经过了一些重大理论转换，并引起了法学思维的重要转变。❷ 法律的逻辑命题和法律的修辞命题是两类不同的命题形式。前者在法律中表现事物的客观规定性；后者在法律中表达主体的价值期待性。这两种命题又有一定相关性，其最基本的关联根据是它们都从属于法律这种人类言语现象。因之，无论逻辑命题还是修辞命题，都可以参与法治秩序的建构。❸ 法治思维是具有修辞色彩的法律思维，把法律作为修辞是法治思维的应有之义。法律修辞充分体现了法治思维的价值追求，理顺了法治思维的逻辑结构，增强了法治思维的实践效果，成为法治思维基本状况的展览板。❹

此外，与法律解释的研究类似，在 2014 年度中，法律修辞的研究也有"古为今用"的特点：就历史的角度而言，有学者通过考察清代不同程序上的司法判决认为，情理作为清代司法裁判的法源与律例等共同作用于判决论证，但非同一类型的法源。情理是清代的法律原则。比之于律例适用的逻辑论证，情理参与的论证属于强化、补充逻辑论证的修辞论证。❺ 就现实来说，作为言辞说服艺术的调解，离不开修辞技巧的使用。法官在司法调解中合理使用各种修辞方法，既能够有效说服当事人顺利接受调解结果，又能够有效执行法院的社会治理功

---

❶ 王晓："程序法律论证基本问题研究"，载《北方法学》2014 年第 4 期。

❷ 焦宝乾："逻辑与修辞：一对法学研究范式的中西考察"，载《中国法学》2014 年第 6 期。

❸ 谢晖："论法律的逻辑命题与修辞命题——制度性修辞研究之四"，载《法学评论》2014 年第 3 期。

❹ 魏胜强："法律修辞：展示法治思维的晴雨表"，载《郑州大学学报》2014 年第 4 期。

❺ 杜军强："法律原则、修辞论证与情理——对清代司法判决中'情理'的一种解释"，载《华东政法大学学报》2014 年第 6 期。

能，有助于司法公信力的提高。但法官掌握调解和修辞技巧的能力，只是影响纠纷能否有效解决的一方面因素，更重要的影响因素是法官运用修辞调解纠纷的主观姿态。❶

还有学者开始从部门法的角度研究法律修辞，认为刑法修辞学借助于语言这一媒介增强自身的解释力，并通过说服、论辩而取得客观性与主体间性。修辞的运用可以使刑法学家在建构理论之时，能够在法官、刑法学家和受众之间找到一个大致可以接受的理论方案，使刑法学家说着晦涩的行话、法官各行其是、民众茫然应对的尴尬局面得以自行消解，从而使刑法理论的解释力、司法判断的可接受性、民众对刑法规范的自愿认同成为一种可能。❷ 可以说，借鉴法律解释的研究趋势，与部门法结合也将成为法律修辞研究的重要方向。

（三）其他法律方法

（1）利益衡量方法。有学者提升了利益衡量的范围，超越了仅仅就同质利益进行比较的传统观点和做法，认为异质利益衡量的求解路径存在于从抽象命题到具体情境的转变中，其在具体案件的法律适用层面是可解的。除了对不同利益本身的内容与形式作透彻分析之外，客观存在的基本共识为妥当的利益衡量提供了合理性论证的坚实基础。通过正当程序规范利益的竞争与选择过程，发挥法官主观能动性，可以获取为社会所接受的优势利益。❸

（2）漏洞补充方法。有学者认为，民法中特别重视补充法律漏洞是有其原因的：民法以任意性规范居多，它虽然契合了私法自治的需要，但却容易导致对基本权利的保护不足。因此，法官在适用任意性规范时，需要多从保护不足的角度出发，对任意性规范进行合宪性解释，对保护不足的漏洞予以填补。❹ 除了民法之外，商法中也需要重视漏洞补充。有学者认为，现代市场充斥长期而复杂的商事契约，具有风险分担及治理机制等特征，未必适合套用契约法的典型契约与任

---

❶ 侯学勇："司法调解中的法官修辞及其对司法公信力的影响"，载《法律科学》2014 年第 1 期。

❷ 姜涛："刑法修辞学：视域、方法与价值"，载《人大法律评论》2013 年第 2 期。

❸ 梁上上："异质利益衡量的公度性难题及其求解——以法律适用为场域展开"，载《政法论坛》2014 年第 4 期。

❹ 杜强强："论民法任意性规范的合宪性解释——以余丽诉新浪网公司案为切入点"，载《华东政法大学学报》2014 年第 6 期。

意规定，从而法院如何解释契约——特别是填补漏洞——更是关键。依通说填补漏洞方式有二：一为通过模拟推理适用契约法规定；二为考虑个别交易情境推断"假设的当事人意思"。实务上类推适用有欠严谨，此外解释契约忽略经济逻辑，并不妥当。解释商事契约宜纳入经济分析观点予以补充。❶

可以说，在 2014 年度中，法律方法的各个分支又获得了长足的进步，其理论深度和广度都得到了提升。在全面推进依法治国的过程中，这些进步为法律方法论更好地分析、解决司法实践中遇到的问题，为司法者提供更好的参考，都奠定了良好的基础。

三、法律方法对法治实践的推动与促进

除了以上理论积淀和提升之外，法律方法论还能够对法治发挥直接的推动作用。这种作用不仅体现在宏观法治理念层面，还体现在具体的制度建构和运行（主要是司法制度）之中。可以说，只有在理论和实践两个层面上并驾齐驱，才能够更加全面地凸显法律方法论对中国法学和法治的重要意义。

（一）宏观理念层面

以往的法律方法论研究大致局限在技术层面，缺少对法治建设的宏观把握。我国的法律方法论研究经过 30 年来的发展，取得了令人称道的成绩。但近两年的研究似乎进入了"瓶颈"制约期，法律方法论的主题话语似乎被法律修辞所取代，面向实践的法律方法研究更是极度缺乏，从而导致具有工具属性的法律方法不能为司法实践提供有力指导。结合当下中国的司法实践，探讨各种法律方法的实践应用，或许是法律方法论研究走出目前这种"瓶颈"制约的有效途径。❷ 最近学者的研究更加突出了法律方法论的实践功能，并将这种功能置于中国法治进程这一特殊背景之下，通过法治思维和理念来重新定位法律方法论。

这一点在 2014 年度中比以往任何时候都突出。有学者认为，对作为改革依据之法的理解不能过于狭窄，不能把"于法有据"之法简单

---

❶ 王文宇："商事契约的解释——模拟推理与经济分析"，载《中外法学》2014 年第 5 期。

❷ 赵玉增："法律方法论研究的实践面向"，载《法学论坛》2014 年第 6 期。

地认定为现行的法律条款，而应该运用法律思维或法律方法进行符合法治方式的确定，只有这样才能使法治中国建设沿着法治方式向前迈进，推进法治中国建设需要法律方法论的积极作用。❶ 法律方法的运用可以使流动的法律暂时停下来变得确定、模糊的法律变得清晰。法律方法不仅可以证成法治的可能性，而且可以通过运用逻辑推理、发现解释和论证修辞等方法修复法治思维的前提之殇。在法治建设中应该做到：把逻辑规则当成法律思维的组成部分，从而固化法律的意义；在发现、解释法律的过程中限制法律人的任意创造；通过把法律作为修辞以改造传统的政法思维，使人们的判断与决策更加接近法治理想。❷ 通过法治方式的实施可以减少以法律名义出现的乱象，实现国家治理体系的现代化，保障社会的长期稳定与繁荣。法治方式以法治思维为基础，而法治思维是建立在法律方法基础上的，因而我们需要重视法律方法在法治中国建设过程中的作用。❸

　　法律方法的实践功能除了表现在以上法治整体层面之上外，还有很多微观表现。例如，有学者认为，就实践功能而言，当代法学方法论有利于为法律工作者（法官）加强自我认知、自我监督与法律适用过程中的安定性，提供科学合理的裁判方法，进而成为维护和提高司法公信力的重要保障；此外，掌握法学方法论还是提高司法能力的重要手段和实现法官职业化的重要途径。❹ 事实上，法律方法对于造法具有重要的意义，其本身也可以逐渐被法律化，成为法律渊源的一部分。同时法律方法对司法道德性的维护也极为重要。不仅如此，从当前中国的司法境况来看，法律方法对规范和保障法官的裁判权，乃至推进裁判权的独立行使都具有现实意义。❺ 甚至有学者提出以法律方法论作为司法改革的指导思想，是化解我国当前人民法院改革所面临冲突的良方。它主张法官通过对法律方法的运用而实现依法独立

---

❶　陈金钊："'重大改革都要于法有据'的意义阐释"，载《甘肃理论学刊》2014 年第 5 期。

❷　陈金钊："法治思维的前提之殇及其修复"，载《山东大学学报》2014 年第 5 期。

❸　陈金钊："运用法治方式提升国家治理能力"，载《新疆师范大学学报》2014 年第 5 期。

❹　张斌峰："当代法学方法论的现代价值之阐释"，载《山东社会科学》2014 年第 8 期。

❺　胡国梁："论裁判过程中的法律方法"，载《政治与法律》2014 年第 11 期。

公正行使审判权，实现司法的职业化和民主化的融合，并建立法官能动和法院克制的审判管理体制，保障法官对法律方法的运用。以法律方法为进路的司法改革在我国会遇到更小的阻力，因而发展前景良好。❶

（二）具体制度层面

《关于全面推进依法治国若干重大问题的决定》新设和完善了相当多的法律制度，尤其是司法制度。而司法过程正是法律方法论主要关注的领域，因此，除了在宏观法治理念上的贡献之外，法律方法论还可以对具体司法制度的完善大有裨益。由于司法制度比较多样和复杂，也并非所有的司法制度都适合用法律方法论来分析，结合2014年度法律方法论研究的成果，这里选取案例指导制度作为样本，来说明以上观点。

《关于全面推进依法治国若干重大问题的决定》在论及严格司法时明确："加强和规范司法解释和案例指导，统一法律适用标准。"由于司法解释在理论上和实务上都已经有了非常丰富的研究成果，出台于2010年底的案例指导制度就更受到法学理论研究者，尤其是法律方法论研究者的高度关注。案例指导制度对于统一司法适用有着非常重要的意义，这一点已经在2012年和2013年的中国法律方法论研究报告中有所体现。在2014年中，从法律方法论的视角对案例指导制度以及指导性案例进行分析，更加全面和深入。

1. 案例指导制度的总体定位、效力和参照方式

从历史沿革来看，两大法系对判例制度的共同关注是案例指导制度出台的重要背景。司法判例制度起源于自然法的发现和习惯法的传承，而且在神明裁判中留下沿革的痕迹。司法判例制度的变化受到制定法发展的影响。制定法强则判例弱；制定法弱则判例强。于是，英美法系国家和大陆法系国家的司法判例制度走上不同的发展道路。近代以来，两大法系的司法判例制度又呈现出融合的趋势，对案例指导制度有着重要的借鉴意义。❷还有学者以德国为借鉴对象，认为通过消除所有以往已经颁布过判决中相互冲突的部分，从而维系法律传统

---

❶ 魏胜强："法律方法视域下的人民法院改革"，载《中国法学》2014年第5期。

❷ 何然："司法判例制度论要"，载《中外法学》2014年第1期。

的始终如一，同时通过"发展法律"降低未来发生相互冲突判决的可能性，如何遴选出具有代表性意义的案例，在其"裁判理由"部分应该运用何种司法技术来实现"司法统一"，都将直接决定案例指导制度的成败。❶

　　虽然最高人民法院《关于案例指导工作的若干规定》中确定了指导性案例的效力为"应当参照"，但是，这种规定仍有模糊之处，学者们对此展开了更加细致的分析。有学者认为，最高人民法院指导性案例在当前被认为仅有事实上的效力而无法律效力。调查发现，这一效力定位导致指导性案例在司法实践中遭到忽视。在被参照的过程中，指导性案例实际上决定判决结果，应被赋予法律效力。赋予指导性案例以法律效力最简单易行的方案是：最高人民法院扩大司法解释的种类范围，将指导性案例规定为一种新的司法解释。❷还有学者认为，指导性案例所具有的"应当参照"的效力不仅明显强于《公报》案例，它们也应当成为控辩双方的起诉依据、辩护理由，法院也应当援引它们进行裁判说理，以此来发挥案例指导制度创制规则的实践品质。❸从法律论证的角度来说，我国的指导性案例介于规范权威与事实权威之间，它的效力是一种"准制度拘束力"。❹还有学者建议以民法解释学为视角对最高人民法院公布的私法性指导性案例进行梳理和剖析，明确私法性指导性案例具有确认和发现法规则的功能与价值，认为私法性指导性案例所确认和发现的法规则在我国当代具有私法法源意义。❺

　　要在司法实践中参照和援引指导性案例，需要比较案件之间的相似点，法律方法论能够对此提供重要参考。有学者认为，确定类似案件的比较点就是确定案件的争议问题是否具有同类性。争议问题兼有事实性和法律性。先例的争议问题体现为判决理由及实质事实。案件的比较点

──────────

❶ 卢佩："司法如何统一？——以德国联邦最高法院判例为实证分析对象"，载《当代法学》2014 年第 6 期。

❷ 陆幸福："最高人民法院指导性案例法律效力之证成"，载《法学》2014 年第 9 期。

❸ 牟绿叶："论指导性案例的效力"，载《当代法学》2014 年第 1 期。

❹ 雷磊："法律论证中的权威与正确性——兼论我国指导性案例的效力"，载《法律科学》2014 年第 2 期。

❺ 李学成："指导性案例的法源意义与确认路径——以最高人民法院公布的私法性指导性案例为研究对象"，载《北方法学》2014 年第 6 期。

或相关的类似性事项可以延展。类比保证规则和类比保证理由可以帮助、规范类似性判断，并在一定程度上防止类似性判断的专断和失误。从类比保证理由的角度改进未来裁判理由的撰写，可以使裁判理由与裁判要点的联系更加紧密，有利于指导性案例的使用和案例指导制度的发展。❶ 还有学者认为，在指导性案例的援引方式上，将指导性案例作为判决理由加以援引已成为共识。根据判决理由的最低援引标准，只有裁判要点才能作为判决理由加以援引。进一步地，由于裁判要点能够在事实、价值要素上与所适用的法律规则相吻合，且具有制度权威性特征，因此裁判要点是作为排他性判决理由加以援引的。❷

2. 具体指导性案例的分析与解读

案例指导制度出台的时间并不长，最高人民法院所发布的指导性案例在数量上也比较有限。但是，这种情况意味着在制度初创时期，每一个指导性案例都是经过深思熟虑之后被遴选出来的，具有很高的质量，非常适合借助于法律方法论的理论资源进行分析和解读。在2014年中，很多学者都从自身的研究视角对具体的指导性案例进行了分析和解读，取得了丰富的成果。例如，目的解释方法在指导性案例中有比较丰富的适用实践，有学者分析了指导性案例21号，认为该案例带来了一种新的可能性，即裁判思路的"参照"。在该案中，法官面对适用既有规定可能带来不正义的情况，采用了目的性限缩的方法进行裁判。目的性限缩需要限缩技术作为依托，在对行政法规范的立法目的进行把握时尤其应当注意逆推法与体系性思考，在对构成要件进行类型化时则需紧密结合立法目的的内在层次。❸ 还有学者分析了指导性案例13号，认为该案焦点问题的解决都是依靠目的解释方法完成的。适用目的解释方法的难题在于其依据的确定。通过分析其他指导性案例可以看到，立法目的和司法政策都能够作为目的解释的依据，其中前者还可以分为法条目的和法典目的两个层次。❹

---

❶ 张骐："论类似案件的判断"，载《中外法学》2014年第2期。

❷ 黄泽敏、张继成："指导性案例援引方式之规范研究——以将裁判要点作为排他性判决理由为核心"，载《法商研究》2014年第4期。

❸ 黄锴："'目的性限缩'在行政审判中的适用规则——基于最高人民法院指导案例21号的分析"，载《华东政法大学学报》2014年第6期。

❹ 孙光宁："目的解释方法在指导性案例中的适用方式——从最高人民法院指导性案例13号切入"，载《政治与法律》2014年第8期。

　　随着数量上的不断增加，指导性案例所涉及的部门法也越来越多，从法律方法论视角展开的分析也更加多样。例如，指导性案例 18 号是第一个劳动法指导性案例，就该案自身的判决理由和结论来说，多种法律解释方法的运用都能够证成其合法性与合理性。但是，作为指导性案例，该案在全国范围内的扩展效果却不容乐观。这从地方法院和劳动力市场两个方面都可以看出。出现这种情况的原因在于，指导性案例所依附的最高人民法院的公共政策功能存在着不少缺陷。❶ 还有学者从体系解释的角度解读了指导性案例 17 号（消法案例），认为《消费者权益保护法》与现有民法规则存在体系整合的必要。第 17 号指导性案例在肯定"应告知未告知"的欺诈行为类型，以及理解和适用《消费者权益保护法》的惩罚性赔偿上有重要参考价值，但对前述诸多问题的解决并未形成参照效力，仍有待今后的判例学说作进一步发展。❷ 还有学者从不同的视角解读了指导性案例 5 号，例如，下位法适用的问题和行政垄断改革问题等。❸

结语：在法治进程中凸显实践指向

　　法学本身就是经世致用之学，应当在法治建设的实践中凸显其作用。从法治先进国家的经验来看，法律方法论是能够在法治实践中发挥重要功能的，这一点在 2014 年学者们的研究和反思中也得到了再次印证。随着《关于全面推进依法治国若干重大问题的决定》中所确定的方案逐渐落实，法律方法论的实践功能也将发挥得更加明显和直接，案例指导制度仅仅是其中的一个比较明显的例证和缩影。在 2014 年度中，法教义学和社科法学之争并没有剑拔弩张，而是将最终落脚点都放在推动法学和法治的发展上，这也已经是被普遍接受的共识。作为法教义学的核心，法律方法论的研究也应由此受到启发：经过了二三十年研究的积累，法律方法论早已度过了引介西方法学相关成果的初

---

　　❶　孙光宁："'末位淘汰'的司法应对——以指导性案例 18 号为分析对象"，载《法学家》2014 年第 4 期。

　　❷　陆青："论消费者保护法上的告知义务——兼评最高人民法院第 17 号指导性案例"，载《清华法学》2014 年第 4 期。

　　❸　郑磊、卢炜："'旧'下位法的适用性——以第 5 号指导性案例、第 13 号行政审判指导案例为焦点"，载《政治与法律》2014 年第 7 期；沈岿："指导案例助推垄断改革——以指导案例 5 号为分析对象"，载《行政法学研究》2014 年第 2 期。

级阶段，目前，更为重要的目标是在推进依法治国的实践中能够提供理论上的参考。从 2014 年度中已经取得的成果来看，学者们的研究已经有意识地提升了法律方法论实践作业的自觉性，不再满足于抽象理论的分析，而是将更多的精力放在向法治现实的贴近、转化、指导和批判之中，这也将成为今后几年中法律方法论研究的总体发展方向。

第五章 迈向法治新常态下的
法律方法论研究

——2015 年中国法律方法论研究报告

　　在法治迈向新常态的背景下，在 2015 年中，国内法律方法论的研究在保持原有领域和主题的基础上，又出现了一些新的发展动向。在理论基础方面，2014 年中法教义学与社科法学之争继续延伸，已经从法理学扩展到部门法学。作为法教义学的基本分支之一，法律方法论在研究成果方面也凸现了大量部门法学的贡献。例如，刑法学研究中不少论文直接以教义学作为研究立场。在自身理论体系方面，法律解释中也以刑法解释为突出代表，其中刑法研究与合宪性解释方法的结合具有较强的创新性；法律论证理论（包括法律修辞）和法律推理等也强调了微观视角和可操作性特征。本年度，法律方法论研究也从宏观的法治理念到具体法律制度展开，其中案例指导制度仍然是比较有代表性的。在法治迈向新常态的背景下，法律方法论研究应当适应并参与其中，发挥对法治建设的积极推动作用。

　　从对当前和今后一段时间内经济发展特征的概括开始，"新常态"已经成为国内社会科学研究中的统领性概念之一，对于法学研究来说同样适用。在"四个全面"战略布局中，法治新常态是改革开放以来我国法治建设和法治现代化进程的战略升级，是当前和今后相当长时期中国法治发展的大逻辑、总路线。❶ 作为立足于司法领域的法学理论，法律方法论的研究也应当注重以法治新常态作为研究背景，积极适应法治新常态的需要，注重法治实施体系、强调严格执法和公正司法、推进国家治理的法治化，力图使得追求良法善治的法治成为治国

---

❶ 张文显："中国法治新常态"，载《法制与社会发展》2015 年第 6 期。

重器。在 2014 年中，国内法律方法论的研究在理论基础、理论体系和理论对制度实践的影响等诸多方面体现了以上特点。

一、理论基础：法教义学与社科法学之争的延续与扩展

法教义学与社科法学之争成为近两年来法学研究、尤其是法理学研究中的热点问题，对于侧重于法教义学立场的法律方法论来说，自然也不可忽视。在 2014 年中国法律方法论研究报告中已经比较详细地有所介绍。法学理论的深入、提升和扩展，需要真正的学术争鸣，尤其是在中国法治进入新常态的背景下。法教义学和社科法学之争也应当秉承这一学术规律。2014 年，众多直接分析二者之争的会议和论文层出不穷，但是，其中的交锋并不激烈，绝对强调一方者甚少，推崇二者融合者甚多。

在 2015 年的研究成果中，已经出现了一些对法教义学和社科法学进行总结分析的论文。有学者认为，当下中国的法学研究越来越呈现出一种方法论上的自觉，而法教义学是其中一种方法论范式，它在方法论上的主张大体可分为具体方法、方法预设和元方法论三个层面。[1]有学者认为，二者的合作是以法教义学为中心的，原因在于：首先，法教义学背后的经验基础和社会条件是这一合作的基础；其次，二者对于相同问题不同面向的关注为分工基础上的合作提供了可能；最后，法教义学对于经验素材的吸收和转化成为这一合作的主要路径。[2] 也有学者提醒，法教义学的中国化过程，在一定程度上偏离了原本的立场和方法。这一方面表现为对立法中心主义的法律解释学的沿袭，因此难以摆脱概念法学的积习。另一方面则表现为不以本国司法裁判为法律教义，缺少实定法的司法维度，仍然主要依赖于对国外法学理论的"法学继受"。要推进真正的法教义学的研究和教学，需要清除伪装为法教义学的概念法学、法学继受和立法论思维。[3] 还有学者持有类似观点，认为法教义学不惜牺牲对自身教义来源及其政治后果的深度检讨，将法治简化为一种法的逻辑与解释的艺术。虽然提升了法的

---

[1] 雷磊："法教义学的基本立场"，载《中外法学》2015 年第 1 期。
[2] 宋旭光："面对社科法学挑战的法教义学——西方经验与中国问题"，载《环球法律评论》2015 年第 6 期。
[3] 凌斌："什么是法教义学：一个法哲学追问"，载《中外法学》2015 年第 1 期。

独立性、科学性，但却可能使制定法恣意地突破社会所能容忍的事实底线。❶ 对于法教义学和社科法学之争，有学者强调，应当认识到两者之间并不能相互取代，而是在竞争中有协作、以协作弥合竞争的互补关系。同时，还应注意到在不断面向实践敞开的情势下，两者均应注重司法实践和现实案例，通过对案例的研究来影响、激励或促进判决说理，真正实现法学与司法的良性互动。❷ 也有学者对此持有类似观点，案例评析可以辅佐和围观司法实务，也可以为部门法和非部门法研究提供教义学基础。对《公报》案例、指导性案例的评析举隅以及对相关理论的澄清都是有力说明。案例评析的昌明，将成为我国法教义学昌明的重要标志。❸ 还有学者对二者之争进行了超越性思考，认为今后中国的问题导向跨学科研究应该聚焦法律议论，特别是法的社会科学研究要把重点从结构、功能转移到价值含义，以便真正深入规范的领域进行实证分析，与此同时切实加强与法解释学以及法律实务部门之间的对话。因此，应当倡导"议论的法社会学"研究范式，试图以此深化法律方法论的探讨，促进思想与制度的创新。❹

如果说 2014 年的法教义学和社科法学的争论是一种"明争"，产出了大量直接论述二者关系的成果，那么，在 2015 年中，法教义学与社科法学之争则变成了"暗斗"，表现为大量研究成果并不局限于法理学者之中，而是由部门法学者所发表，尤其是刑事法律研究。有学者认为，中国刑法教义学的本质在于用形式逻辑驱除我国刑法学中的泛政治化、泛道德化的成分，从而使之走向学术化、规范化。中国刑法教义学强调对法律规范的服从但不盲从，重视对逻辑分析方法的运用，在坚持形式理性的基础上允许作出利益权衡和价值判断，主动吸收、借鉴其他学科有用的知识和方法，将对案件的处理从经验层面上升到事物本质层面，从而致力于常规案件和疑难案件的妥善合理解决。❺ 也有学者强调，刑法教义学既包括教义学方法，也包括教义学

---

❶　周尚君："法教义学的话语反思与批判"，载《国家检察官学院学报》2015 年第 5 期。

❷　孙海波："法教义学与社科法学之争的方法论反省——以法学与司法的互动关系为重点"，载《东方法学》2015 年第 4 期。

❸　贺剑："认真对待案例评析：一个法教义学的立场"，载《比较法研究》2015 年第 2 期。

❹　季卫东："法律议论的社会科学研究新范式"，载《中国法学》2015 年第 6 期。

❺　邹兵建："中国刑法教义学的当代图景"，载《法律科学》2015 年第 6 期。

知识；教义学方法是无国界的，但教义学知识是对一国现行有效的法律所作的解释，因而是有国界的。中国的刑法教义学研究必须清醒地认识到，要以中国刑法的规定为研究的逻辑起点并受其严格约束；要真正构建中国的刑法教义学，必须唤起研究者的主体意识。❶ 除了以上对刑法教义学进行总体概括之外，还有一些成果从教义学的立场分析了具体刑法问题。例如，有学者以我国《刑法》第 293 条以及司法解释关于寻衅滋事罪的规定为根据，对起哄闹事型寻衅滋事罪的规范构造、司法认定以及网络传谣等问题进行了理论探究。❷ 再如，针对危险驾驶罪，有学者认为其规范属性应为过失的抽象危险犯，而非故意抽象危险犯；不能将交通肇事罪在过失的结果犯之外视为危险驾驶罪的结果加重犯，而应分情况予以定罪处罚；对于故意制造对公共交通安全的抽象危险的危险驾驶行为，认定为以危险方法危害公共安全罪的未遂犯也不妥。❸ 还有学者专门分析了"暴力"在无限防卫权中的认定。❹ 此外，有刑法学者从教义学的角度对《刑法修正案（九）》进行了反思，体现了法教义学具有指导和批判立法的功能。❺

刑事法律的研究以罪刑法定为基本原则，其教义学属性表现得比较明显。其他部门法研究者在 2015 年的研究中，也有不少从法教义学的立场出发展开分析和探讨。在民商事研究中，有学者在宏观层面上认为，民法教义学的体系建构是我国民法发展的关键性任务，应围绕这项任务深入探索有关基本理论问题，就法教义学及法学方法论营构系统观。它能以实证化的智识权威融汇立法、司法与学术，并成功地避开法律学术被边缘化的宿命。社科法学可以成为法教义学的补充和参照，借系统耦合作用而相得益彰。❻ 还有学者引介了外国学者的作品，对民法教义学进行了细致分析。❼ 同样在宏观层面上，有学者认

❶　丁胜明："刑法教义学研究的中国主体性"，载《法学研究》2015 年第 2 期。

❷　陈兴良："寻衅滋事罪的法教义学形象：以起哄闹事为中心展开"，载《中国法学》2015 年第 3 期。

❸　梁根林：《刑法》第 133 条之一第 2 款的法教义学分析"，载《法学》2015 年第 3 期。

❹　彭文华："无限防卫权的适用——以对'暴力'的教义学解读为切入"，载《政治与法律》2015 年第 9 期。

❺　车浩："刑事立法的法教义学反思"，载《法学》2015 年第 10 期。

❻　汤文平："民法教义学与法学方法的系统观"，载《法学》2015 年第 7 期。

❼　[德] 扬森："民法中的教义学"，吕玉赞译，载陈金钊、谢晖主编：《法律方法》（第 18 卷），山东人民出版社 2015 年版。

为，实现从"规范教义"向"法理守则"的转变，是中国经济法学研究立足哲学或法理（哲）学的高度去探寻经济法的存在基础，进而以提升经济法的必然要求。❶ 在微观层面上，有学者通过个案分析认为，我国《票据法》本身没有明文规定支付密码、单纯交付以及票据流通性，对此三者需基于法教义学原理准确理解和适用现行法。❷ 除了民商法研究之外，宪法研究中也开始出现了强调教义学的声音，有学者认为，在中国社会面临转型的时期，宪法教义学需回答如何回应社会转型的问题，以及如何在宪法教义学的体系内进行价值判断的问题。宪法教义学需要实现从确定性向可能性的转变，需要整合安定性与后果考量，通过引入宪法变迁理论，建立"宪法变迁—确定规范可能性的边界—作出宪法决定"的工作流程。❸

　　法律方法论强调法律规范的立场和作用，其学科属性总体上属于学教义法。如果说在法理学视野内，法教义学和社科法学之争并无绝对高下之分的话，那么，在部门法的研究中，对法教义学的偏好和重视则更加明显，以上成果就充分说明了这一点。虽然在基于法条的分析中，部门法学的研究者会吸收一定的外部资源，但是，其秉持法律规范的基本立场并不会由此发生根本性的动摇。

　　除了在学科属性上继续深化和扩展法教义学与社科法学之争，2015 年的法律方法论研究在整体宏观定位和发展上也有不少成果。有学者考察了大陆地区在法律方法论方面受到域外影响的情况，认为其特点包括分布并不均衡，影响力大小不一；目前的译介活动在主题、作者来源与译者来源方面都有缺陷。为此，需要更加全面和有规划地引入域外方法论作品，将欧陆学术传统逐步呈现于大陆读者面前。❹还有学者总结了法律方法的适用顺位问题，认为法律方法可分为通用法律方法和特用法律方法，司法中没有通用法律方法的前置，特用法

　　❶　张继恒："从'规范教义'到'法理守则'：经济法学研究之转型"，载《法商研究》2015 年第 5 期。
　　❷　曾大鹏："支付密码、单纯交付与票据流通性的法教义学分析"，载《华东政法大学学报》2015 年第 6 期。
　　❸　李忠夏："宪法教义学反思：一个社会系统理论的视角"，载《法学研究》2015 年第 6 期。
　　❹　雷磊："域外法学方法论论著我国大陆传播考略"，载《东方法学》2015 年第 4 期。

律方法就不能启用。❶ 对于法律方法论可能的缺陷，也有学者提出应予以警惕。例如，有学者认为，法律方法面临的主要挑战之一在于它可能破坏法的安定性，而后者是法治的核心之一。❷ 同时，后果主义裁判在大多数时候虽然采用了"依法裁判"的外在形式，但却掩饰不住对案件起根本决定作用的法外因素，这不仅动摇了司法裁判的合法性而且也危及形式法治。相比之下，法条主义正是我们所应追求的一种法律在场的司法裁判理论。❸ 建立在外部环境和主体偏好基础上的后果衡量虽然可能是对司法过程的真实解读，但是却不具有正当性。作为一种替代方案，麦考密克版本的后果衡量提出了可普遍化的理想，有望克服环境和偏好的随意性。❹

二、法律方法论基本问题研究的推进

法律方法论中的基本问题，如法律解释、法律论证、法律推理等，依然是学界研究的重点。本年度，"西方法律逻辑经典译丛""法律语言学译丛"以及其他译著、专著的推出，深化了法律方法论基本问题的研究。尤其是对西方法律方法论思想的发掘研究❺，依然非常重要。

（一）法律解释

在法律方法论总体逐渐凸显实践性、可操作性的背景下，部门法法律解释涌现了相当数量的成果，而在法律解释总论方面，相比而言数量较少。有学者对法律解释的研究现状进行了总结，认为 20 年间中国法律解释理论得到了飞速的发展，法律解释主体理论将是该领域新的突破点。高职称、高学历、高引用的三高学术明星将逐渐凸现，并出现类聚的趋向，至此法律解释理论研究的学术共同体将逐渐成形。❻

---

❶ 谢晖："论法律方法及其复杂适用的顺位"，载《山东大学学报》（哲学社会科学版）2015 年第 4 期。

❷ 雷磊："法律方法、法的安定性与法治"，载《法学家》2015 年第 4 期。

❸ 孙海波："'后果考量'与'法条主义'的较量——穿行于法律方法的噩梦与美梦之间"，载《法制与社会发展》2015 年第 2 期。

❹ 唐丰鹤："司法裁决的后果衡量"，载《浙江社会科学》2015 年第 3 期。

❺ 舒国滢："德国十八九世纪之交的法学历史主义转向——以哥廷根法学派为考察的重点"，载《中国政法大学学报》2015 年第 1 期；舒国滢："萨维尼和他的三部巨著"，载《中国政法大学学报》2015 年第 6 期。

❻ 江国华、韩玉亭："中国法律解释理论演化路径检视——基于法学类 CSSCI 来源数据库的分析"，载《法学论坛》2015 年第 1 期。

还有学者重新审视了伽达默尔的解释学，认为现行中国法律解释存在许多问题，应借鉴伽达默尔解释学原理，进行深度改革和总体整合，使之适合法治发展的需要。❶另有学者借鉴了穆尔的理论，认为穆尔的法律解释的自然法理论主张法律解释中的道德实在命题与关联命题。在适用法律于任何案件事实时，法官必须使法律推理成为可能的道德推理。❷对于走向微观的法律解释学，有学者认为应当细致区分其中的解释规则，认为法律解释规则旨在为解释要素的恰当运用提供指南。它在应用论和位序论两个层面上展开，同时处理解释要素的具体化和位序两个问题，由此构成一个完整的规则体系。在此基础上，法律解释规则不但为法律发现提供可操作指引，而且具有证立解释结论的功能，同时作为"专业语法"，它还对法律解释共同体的思维建构起到积极作用。❸对于以上具体法律解释方法，有学者专门分析了其在最高人民法院批复中的运用。❹

（二）法律论证（法律修辞）

总体而言，法律论证在本年度中的研究成果，比前几年在数量上有所下降，但是在深度上却有所提升。专门论述某一具体论证方法的成果较少，对于法律论证的整体发展方向的分析成为显著特点。由于法律论证的研究具有较强的开放性特点，学者们的研究范围和立场也比较丰富，结合前述法教义学和社科法学之分，可以将本年度法律论证的成果分为两类。（1）强调法律论证的规则立场。有学者认为，法律规范的层次性特点是建构法律论证体系的基础，有关法律论证的设想既是法学理论工作者面向司法实践的产物，也是法律实务工作者寻求理论支持的产物。❺推论规则在法律论证中占有重要地位，为论辩思维确立了逻辑导向。在司法实践中，法律断言的证成需要通过实体上和程序上的规范性作为支撑，从而推进特定合理意图作为决策要素

❶ 高鸿钧："伽达默尔的解释学与中国法律解释"，载《政法论坛》2015 年第 2 期。

❷ 王志勇："法律解释的自然法理论——以迈克·S. 穆尔为中心的考察"，载《中国政法大学学报》2015 年第 4 期。

❸ 李亚东："我们需要什么样的法律解释学——法律解释规则理论研究"，载《法学论坛》2015 年第 4 期。

❹ 张建军："法律解释方法在最高人民法院批复中的运用"，载《西北大学学报》2015 年第 1 期。

❺ 周祯祥："理性、规范和司法实践的法律论证"，载《政法论丛》2015 年第 2 期。

的参考性甚至规范性要素。❶ 还有学者结合我国当前的法治实践，认为从法律方法论的角度看，当下司法改革要求裁判者所负之责，不是法律责任，而主要应该是指裁判者的论证之责：一是在制度上让法官负有论证之责，即让裁判者对所有判决给出理由；二是裁判理由不仅需要根据法律作出，还必须遵循法律思维规则。❷ 也有学者表达了类似的观点，认为法官司法论证义务在论证事项、论证方式和论证标准三个层次上都应有原则性的要求。要有效落实法官的个案司法论证义务、切实提升司法论证质量，尽管离不开外部适当的强制和压力，但更主要的还在于从革新法科教育着手强化"凡裁判必经充分论证"的法官职业意识、培养进行有效司法论证的论证技能。❸（2）强调法律论证应当积极引入法律规则之外的其他社会资源。有学者认为，在法律适用阶段，法官在审理有潜在影响的案件时，遵循先做后果判断再找法条解释的过程。社会科学的引入，有助于提高法官对后果预测的准确程度，有助于减少法律与社会之间的隔阂，实现法律效果和社会效果的统一。❹

法律修辞是从法律论证理论中分离并成为独立分支的法律方法，其与法律论证理论研究的状态有着类似之处。在本年度中，成果数量上的降低并不意味着理论深度的减少，更重要的原因可能在于相关学者处于继续探索的蛰伏与酝酿阶段。我们同样可以将相关成果分为两类：（1）强调法律修辞的规则立场。有学者强调，法治要形成话语权，就需要恰当适用法律修辞，其根本也就是法律方法的熟练运用。❺有学者分析了"把法律作为修辞"的观点，认为该理论所有的构成元素都可以根据法治理论、法教义学、法律话语、分析修辞学、最新的法律修辞学理论等获得相应的理论证成。因此，在某种意义上可以说，"把法律作为修辞"更是对西方法律修辞学的一种学术改造和重构。❻在依法裁判的过程中，法律修辞方法首先要从案件的法律争议点出发

---

❶ 徐梦醒："法律论证的推论规则"，载《政法论丛》2015年第2期。

❷ 陈金钊："司法改革需要让裁判者负论证之责"，载《江汉学术》2015年第3期。

❸ 申伟："论我国法官的司法论证义务"，载《暨南学报》2015年第4期。

❹ 侯猛："司法中的社会科学判断"，载《中国法学》2015年第6期。

❺ 陈金钊："重视法律修辞，讲好法治话语"，载陈金钊、谢晖主编：《法律方法》（第18卷），山东人民出版社2015年版。

❻ 吕玉赞："论'把法律作为修辞'理论的合理性"，载《法学论坛》2015年第2期。

进行初步的选择，然后还要结合案件可能构成的论辩前提体系再次进行筛选和确定。[1] 还有学者比较了逻辑和修辞这两大法学传统，认为尽管在当代不同法学家理论中也表现各异，但逻辑与修辞这一对范式之间关系已经趋于缓和，而呈现出相互影响、彼此补充、相互渗透的趋势，共同促进法律文明的发展。对逻辑与修辞关系的辨析，在中国语境下也同样有理论意义与实践价值。[2]（2）法律修辞吸收其他外部资源。有学者分析了"要件审判九步法"中的修辞因素，认为"要件审判九步法"建构的积极意义，正在于尽力着眼具体的司法实践，探索具体解决司法方法问题的手段，并包含了一个学术意义的潜在逻辑张力，即暗示司法方法的开放性。[3] 还有学者分析了创制型案例中的修辞，认为"合法性修辞"是解决"无法可司"的实践经验与方法，"为当事人/社会所接受""符合公正理念""坚持分权原则""追求法治精神"等实质性限制条件构成了对法院/法官裁判的主要规制。[4] 另有学者分析了通过修辞构建案件事实，诉讼主体对各种修辞策略的使用，决定了案件事实的最终构成形态，修辞对案件事实的形成具有建构作用。[5] 对于调解中修辞语言的运用，有学者认为法庭调解话语结构是人们在具体的法庭调解活动中对话语进行选择和使用的结果，是在法庭语境下调解参与者所扮演的谈话角色与机构角色之间互动的产物。它是一种相对的、动态的结构形式，是伴随着调解过程的程序性推进而逐步形成的。[6]

（三）法律推理

传统的法律推理要求严格遵循形式逻辑，强调通过逻辑的必然性得到真的裁判结论。但是，当代非形式逻辑的发展对法律推理产生了

---

[1] 吕玉赞："案件说理的法律修辞方法选择"，载《东方法学》2015 年第 1 期。

[2] 焦宝乾："逻辑与修辞：一对法学范式的区分与关联"，载《法制与社会发展》2015 年第 2 期。

[3] 刘星："司法方法中的推理、管理、修辞及司法公正"，载《法学》2015 年第 4 期；吴永科："'要件审判九步法'的证成与完善"，载陈金钊、谢晖主编：《法律方法》（第 18 卷），山东人民出版社 2015 年版。

[4] 岳彩领、潘登："从'无法可司'到'合法性修辞'——论创制型案例裁判的经验与方法"，载《法学》2015 年第 11 期。

[5] 侯学勇等："案件事实的修辞建构"，载《浙江社会科学》2015 年第 9 期。

[6] 程朝阳："法庭调解话语结构探析"，载陈金钊、谢晖主编：《法律方法》（第 17 卷），山东人民出版社 2015 年版。

重要影响，法律规范之外的因素也逐渐凸显其对裁判结论的影响。这种传统与当代之间的分野实质上与法教义学和社科法学之分是内在一致的。本年度的法律推理研究成果，主要是强调积极引入法律规范之外的因素，形成更加合理的裁判结论。有学者对传统法律推理进行了反思，认为法律应用的逻辑模式是以法律规范与案件事实相互适应的情况，即简单案件的情况为对象的，从而忽略大量难案的存在。法律应用的逻辑模式关于唯一性之理想、法律以逻辑拘束法官、推论规则等的种种观念都是建立在错误逻辑观念上的虚构。❶ 针对溯因推理，有学者提出新观点，认为"特设性"假设是司法人员在法律实践活动中运用溯因推理时极易出现的错误。从概率角度可以保证溯因推理的可靠性。❷ 还有学者分析了法律语用预设推理，认为它不仅强调语境对预设的影响，更突出"听者"对预设的积极建构。在消极层面，法律语用预设推理容易被说者用来支配听者，从而成为无视听者建构作用的"预设陷阱"。❸ 当然，也有学者对推崇后果主义对推理的影响进行反思，认为社科法学家过分夸大后果推理的适用范围与实践功用，进而将传统的教义学推理与后果推理对立起来，这种理论上对后果主义推理的误解有害于法学研究和法治。❹

除了积极引入当代非形式逻辑的资源之外，本年度法律推理的研究还对中国古代司法中的推理问题进行了分析。有学者分析了清代的"盗贼自首"制度，认为这一制度的具体规则似乎常常不符合形式逻辑，但在实质上，它却符合生活在这片土地上的中国人心中的情理、伦理，体现出一种超越逻辑并高于逻辑的独特法律理性。❺ 还有学者分析了传统司法中的比附推理，认为比附的技术很合理地弥补了我国古代法律罪名涵摄力低的一面。比附定罪的思维本质是我国古代的推

---

❶ 张真理："法律应用的逻辑模式批判论"，载《国家检察官学院学报》2015年第2期。

❷ 杜文静："溯因推理的概率解释及特设性假设的规避"，载陈金钊、谢晖主编：《法律方法》（第17卷），山东人民出版社2015年版。

❸ 齐建英："论法律语用预设推理的建构性及'预设陷阱'"，载《政法论丛》2015年第2期。

❹ 孙海波："通过裁判后果论证裁判——法律推理新论"，载《法律科学》2015年第3期。

❺ 谢晶："逻辑之外的'理'——古今比较下的清代'盗贼自首'研究"，载《现代法学》2015年第6期。

类思维在司法领域的运用。❶ 另有学者比较了古今司法中推理的差异，认为古典儒家思想家提出"经权"与"原情定罪"式的实践推理模型。该实践推理模型着眼于个案情境本身的性质，以此决定规范适用的具体方式和最终适用结果。❷

三、从宏观法治理念到微观法律制度的展开

法治新常态的内容十分丰富，包括从宏观理念辨析到具体制度建构等多方面的内容。就前者而言，法治思维和法治方式成为近两年法学研究的热点问题之一，法律方法论的研究者也给予了相当的关注，因为要形成和贯彻法治思维与法治方式，法律方法具有非常重要的实践价值。就后者来说，将带有技术性的法律方法与正式法律制度相结合，能够更好地发挥制度的实践效果。在本年度中，法律方法论直接应用于法治实践的内容，也可以从宏观法治理念和微观法律制度得以展现。

（一）宏观法治理念：法治思维与法治方式

十八届三中、四中和五中全会，都特别强调通过法治思维、运用法治方式进行国家治理，尤其是对于掌握权力的领导干部来说。如何落实法治思维和法治方式，需要进行细致的分析探讨，而法律方法论则是十分合适的理论工具。有学者认为，法治乃规则之治，规则思维是法治思维的核心要义。规则思维以法律规则为基准，强调遵守规则、尊重规则、依据规则、运用规则对所遇到的问题进行理性规范认识、分析、评判、推理和形成结论。❸ 还有学者专门分析了法治之理，认为通过法治之理的传播可以构建法治中国建设所需的法治意识形态；对于超越极右与极"左"、权力以及权力的绝对化思维倾向、形成法治共识有积极的意义。❹ 应当把法治之理提升为政治意识形态，用法治话语代替传统的政治话语，用法治思维代替人治思维，用权利思维

---

❶ 黄春燕："论中国传统司法实践中的比附定罪"，载《政法论丛》2015 年第 6 期；刘昕杰、刘楷悦："从比附援引到类推解释：传统司法方法的近代境遇"，载陈金钊、谢晖主编：《法律方法》（第 18 卷），山东人民出版社 2015 年版。

❷ 王凌皞："司法判决中的实践理由与规范适用——儒家'原情定罪'整体论法律推理模型的重构"，载《法制与社会发展》2015 年第 3 期。

❸ 庞凌："作为法治思维的规则思维及其运用"，载《法学》2015 年第 8 期。

❹ 陈金钊："法治之理的意义诠释"，载《法学》2015 年第 8 期。

代替权力思维，用法治方式代替专制、专断方式，改压服的管理为说服的治理，把法治思维和法治方式当成我们观察社会、解决纠纷的主要方法。❶ 此外，还有学者分析了法律思维与法治思维之间的关系，认为二者的区别表现在主体、评价标准、作用范围和学科属性上，其中主体的区别具有决定意义。从法律思维到法治思维展现了法治的拓展和深化，在推动法治建设的过程中，法律职业群体和权力阶层需要携手共进，法律思维和法治思维也需要深度融合。❷ 各国法律思维的各自特点和彼此差异，正是源自本国特定的"法民关系"。中国特定的"法民关系"要求的是法民兼顾、情法协调的法律思维。完善中国法官的法律思维，总结提炼本国司法裁判的优秀经验，并运用于法学教育当中。❸

（二）微观法律制度：以案例指导制度为例

在《关于全面推进依法治国若干重大问题的决定》指导下，人民法院的四五改革纲要将很多制度改革进行了细化，这些制度与法律方法论的研究有着非常紧密的联系。例如，司法责任制为法官进行公正裁判进行了外部加压，要求法官对其审判的案件终身负责；员额制则保证了只有具备较强业务能力者才能继续担任法官。这些制度措施都对法官的素质提出了要求，而法律方法则是提升法官素质的重要理论资源和参考。前者是要求法官公正审判，后者则是帮助法官善于公正审判，外部压力和内部能力的结合，能够最大限度地保证司法公正的实现。

延续近年来法律方法论对制度推进的典型方面，案例指导制度在2015年的法律方法论研究中仍然占据了重要地位。作为来自中国司法实践的典型案例，指导性案例中包含着十分丰富的法律方法运用实践，能够成为法官们研习的典型案件，并借助于制度的正式效力而得以推广，这一过程实质上也体现了法律方法充分发挥对司法实践的积极影响。本年度有关案例指导制度的研究成果也可以分为两个方面。

---

❶ 陈金钊："用法治之理打量中国"，载《新疆师范大学学报》2015年第6期。

❷ 孙光宁："从法律思维到法治思维：中国法治进程的拓展与深化"，载《学术交流》2015年第1期；赵岩："法治、法治思维与法律思维辨析"，载陈金钊、谢晖主编：《法律方法》（第17卷），山东人民出版社2015年版。

❸ 凌斌："'法民关系'影响下的法律思维及其完善"，载《法商研究》2015年第5期。

（1）案例指导制度的整体运行。有学者继续肯定了指导性案例的地位和作用，认为指导性案例已成为司法裁判中基于附属的制度性权威并具有弱规范拘束力的裁判依据，具备"准法源"的地位。同时，指导性案例的分量低于制定法与司法解释，并受诸多现实和制度因素的影响。❶ 有学者对案例指导制度进行了实证研究，认为当前刑事案例指导实施情况与制度预期有较大落差。司法人员对一般参阅案例的旺盛需求说明我国并不缺乏推行一种案例适用机制的土壤。案例指导制度效果不彰的原因是多方面的。❷ 其中原因之一就是行政化逻辑，最高人民法院在遴选指导性案例时往往突出自己公共政策的执行功能，致使其发布的指导性案例具有较强的政治色彩，而忽视了法院自身的技术治理优势。当下中国的指导性案例的生成逻辑需要实现从行政化逻辑到司法逻辑的转换。❸ 行政化逻辑的典型表现之一就是最高人民法院垄断了指导性案例的发布权，却面临着形式合法性与实质合法性的双重困境。❹ 还有学者分析了案例指导制度运行的核心问题，认为使用指导性案例的核心是确定是否为类似案件。中国法官在实践中判断待判案件与指导性案例是否相似的主要支点是案件争议点和关键事实。使用指导性案例要妥当进行类比推理。❺ 还有学者强调案例指导的研究视角应当进行转变，案例指导制度建立起来之后，在司法实践中效果并不好，这主要是因为目前学术研究和实践中都将焦点放在了效力问题上，按照大陆法的传统思维方式理解案例指导制度。只有转向效率维度，回归判例法思维，才可能带来理论和实践上的双重突破。❻ 还有学者指出案例指导的整体完善方向，认为我国目前存在的司法解释与指导性案例并存的二元司法规则供给体制，均属于"权力输出型"。立足于全面深化司法体制改革和"法解释时代"来临

❶　雷磊："指导性案例法源地位再反思"，载《中国法学》2015 年第 1 期。

❷　秦宗文、严正华："刑事案例指导运行实证研究"，载《法制与社会发展》2015 年第 4 期。

❸　郑智航："中国指导性案例生成的行政化逻辑"，载《当代法学》2015 年第 4 期。

❹　夏引业："论指导性案例发布权的合法性困境与出路"，载《法商研究》2015 年第 6 期。

❺　张骐："再论类似案件的判断与指导性案例的使用"，载《法制与社会发展》2015 年第 5 期。

❻　邵六益："从效力到效率：案例指导制度研究进路反思"，载《东方法学》2015 年第 5 期。

的背景，有必要在重构现有法解释体制过程中进一步改革和完善现行案例指导制度，将其改造为"权威生成型"的判例制度。❶ 对于案例指导微观层面上的完善，有学者认为裁判理由在撰写时应明确其对裁判要点支持的理由及其重要性程度，而后案在解读时应根据不同点和对抗事实折射到裁判理由上的不同效果来确定指导性案例的规则。❷

（2）具体指导性案例中法律方法的运用。由于指导性案例涉及多个部门法，而且多是具有一定疑难色彩的案件，需要运用多种法律方法进行分析，因此，学者们也从各自擅长的角度对相关指导性案例进行了细致分析。在刑事类指导性案例中，有学者分析了如何对抽象概念进行具体化阐释的问题，认为法官利用扩展解释体现了经验、智慧和实践理性。但是，这种阐释也有一定的隐忧，包括扩张解释边界、法官能动性的发挥都不确定，法律解释方法的实用主义色彩以及忽视量刑环节等。❸ 有学者细致分析了指导性案例 27 号涉及的盗窃与诈骗的区分，认为该案确立的标准及结论是正确的，但是在理由和论证方法上仍有瑕疵。❹ 在行政类指导性案例中，有学者将指导性案例视为行政诉讼范围扩张的司法探索，认为在立法修改之前，司法者需要面对有限的法律规定与社会中扩大受案范围需求之间的矛盾，指导性案例的出现提供了解决这一矛盾的新思路。❺ 还有学者分析了行政诉讼中对高校校规合法性审查的指导性案例，认为校规合法性审查的司法实践偏向于从国家立法层面上寻求高校校规合法性的依据，既扭曲了

---

❶ 刘树德："最高人民法院司法规则的供给模式——案例指导制度的完善"，载《清华法学》2015 年第 4 期；另见宋保振："法律解释规则的规范适用及其思维型本质——以最高院 37 个指导性案例为分析对象"，载陈金钊、谢晖主编：《法律方法》（第 17 卷），山东人民出版社 2015 年版。

❷ 邓矜婷："确定先例规则的理论及其对适用指导性案例的启示"，载《法商研究》2015 年第 3 期。

❸ 孙光宁："抽象概念在指导性案例中的具体化方式——以最高法院指导性案例 11 号为例"，载《兰州学刊》2015 年第 3 期。

❹ 王钢："盗窃与诈骗的区分——围绕最高人民法院第 27 号指导案例的展开"，载《政治与法律》2015 年第 4 期；另见王安异等："诈骗罪中利用信息网络的财产交付——基于最高人民法院指导案例 27 号的分析"，载《法学》2015 年第 2 期。

❺ 孙光宁："指导性案例：扩大行政诉讼受案范围的司法探索"，载《行政论坛》2015 年第 4 期。

校规与国家立法之间法律关系上的定位，也忽视了校规合法性审查依据的效力差异与适用前提。❶ 有学者分析了指导性案例 41 号，认为这种裁判进路一定程度上兼顾了行政法秩序、相对人权益以及司法谦抑，但其只是法治发展特定时期的权宜之计。结合新修订《行政诉讼法》中对程序轻微违法的确认违法判决，可以对"未引用"问题的程序价值作进一步主张。❷ 在民商事类指导性案例中，有学者分析了指导性案例 29 号，认为该案的扩张解释保护了企业名称的简称。民法、商法对企业名称的保护各有其构成要件与限制，对于简称的保护就需要引入《反不正当竞争法》，这是由竞争法的宗旨和利益的保护方式所决定的。但是，司法对法条的扩张解释最终需要立法修订解决。❸ 还有学者分析了指导性案例 17 号，认为该案主要涉及多倍赔偿制度，所确立的裁判结论及其规则应当予以肯定。在此类经营者欺诈销售的案件中，法院应坚持指导案例的立场，尊重立法者的政策选择。❹ 对于同样属于消费者法案件的指导性案例 23 号，有学者认为在规范适用层面，通过辨识"十倍""明知""损失"等裁判要素，法院应当将重大过失排除于惩罚性赔偿的适用范围之外，以实现该制度效用的最大化。❺ 有学者分析了涉及否定法人独立地位的指导性案例 15 号，认为其裁判理由和运用的方法上存在不少不足之处。❻ 还有学者比较分析了公司纠纷指导性案例，认为 4 个公司纠纷案例，均存在不同程度的瑕疵。顺应公司法转向任意性立法的全球趋势，将公司纠纷指导性案例的效力定位于说服力而无拘束力，似乎更为妥当。❼

---

❶　伏创宇："高校校规合法性审查的逻辑与路径——以最高人民法院的两则指导案例为切入点"，载《法学家》2015 年第 6 期。

❷　张亮："对行政行为未引用具体法律条款的司法审查——兼评指导案例 41 号"，载《政治与法律》2015 年第 9 期。

❸　李友根："论企业名称的竞争法保护——最高人民法院第 29 号指导案例研究"，载《中国法学》2015 年第 4 期。

❹　李友根："论多倍赔偿的基数确定——最高人民法院第 17 号指导案例研究"，载《南京大学学报》2015 年第 1 期

❺　税兵："惩罚性赔偿的规范构造——以最高人民法院第 23 号指导性案例为中心"，载《法学》2015 年第 4 期。

❻　王军："人格混同与法人独立地位之否认——评最高人民法院指导案例 15 号"，载《北方法学》2015 年第 4 期。

❼　吴建斌："公司纠纷指导性案例的效力定位"，载《法学》2015 年第 6 期。

四、法律方法论在部门法学中的丰富与深入

在法律方法论逐渐被国内法学研究重视的过程中，法理学者一直是主要推动力之一。但是，这一情况与国外法律方法论的研究进程有所不同。例如，在德国，诸多法律方法论的代表性学者都出身于某一特定的部门法。国内法律方法论的这种研究现状在近两年有所改观，很多部门法学研究者开始逐渐引入法律方法论的理论资源，使其研究成果更加丰富、完善和深入。相比于法理学者，部门法学的研究者具有更加细致的知识储备，能够将相应的法律方法论带入微观法律问题的分析之中，这种优势也非常符合强调法律实施的法治新常态。部门法法律方法论研究的丰富和深入，成为 2015 年国内法律方法论研究的突出特点之一，尤其是在法律解释部分。

（一）宪法解释

依法治国首先是依宪治国，宪法解释学也逐渐成为宪法学研究中的基本分支之一。在 2015 年度，宪法解释的研究出现了对微观问题的重视，力图使得宪法解释具有更加细致、具体和可操作的特征。有学者设计了宪法解释的具体程序：我国宪法解释的主体主要是全国人大常委会，在特殊情况下也可以是全国人大。法制工作委员会应对宪法解释请求做形式要件审查，同时成立宪法委员会做实质要件审查，但是否受理应由常委会决定。❶ 宪法解释所具有的法释义学性质使其受到法解释规则和法学方法论的约束，中国宪法实施的关键在于充分发挥宪法解释的作用，这必须以完善现行释宪机制为前提，为此，构建复合型释宪机制不失为一种合理的路径选择。❷

合宪性解释方法与宪法解释有着密切联系，而从刑事法律的角度对合宪性解释方法进行研究，成为 2015 年部门法法律解释研究中的一个"亮点"。有学者分析了相关概念的区别，认为合宪性解释、合宪性推定和合宪性限定解释三个概念分别源自德国、美国和日本。在它

---

❶ 马岭："我国宪法解释的程序设计"，载《法学评论》2015 年第 4 期。

❷ 刘国："宪法解释之于宪法实施的作用及其发挥——兼论我国释宪机制的完善"，载《政治与法律》2015 年第 11 期；另见韩大元：《健全宪法解释程序机制的三个基本问题》，韩大元主编：《中国宪法年刊》（第 10 卷），法律出版社 2015 年版。

们三者之间的关系上，合宪性解释宜作为上位概念，合宪性推定侧重于司法权对待立法权的立场和态度，合宪性限定解释侧重于一种具体的审查技术。❶ 还有学者分析了类似概念，认为合宪性解释与基于宪法的解释常易引起混淆。前者是规范审查中的一种特殊制度，它的根本目的是为了保全规范，即通过选择合宪的法律解释来避免宣布规范违宪；后者是指在个案中用宪法的规定或精神将法律中的一般条款或不确定法律概念具体化。❷ 对于刑事法律中的合宪性解释，在本年度中出现了不少以往并不多见的成果。有观点充分肯定了该解释方法对刑法的意义：该方法发挥宪法规范（主要是权利规范）对刑法解释活动的限制功能，以保障人权不受刑罚权行使的不当干涉。❸ 提倡合宪性解释，对刑法领域法治的实现、划定刑法解释的界限以及厘定刑法理论的发展方向，均具有重要意义。❹ 合宪性解释主张刑法解释不抵牾宪法的精神与原则，从而揭示刑法实践中的各种宪法适用问题。合宪性解释必须立足于宪法性法益，为解释结论之证力提供最充分的理由，以确保刑法解释的整全合法性。❺ 在对刑法条文进行合宪性解释时，需要根据平衡原则，对公民自由权利与公共秩序利益进行考量。刑法合宪性解释并不属于传统法律解释论所界定的论理解释，而是处于具有统辖作用的更高地位。❻

（二）刑法解释

与强调教义学属性一致，刑法解释的成果在部门法法律解释中是比较突出的，这一点在 2015 年也得到了体现。本年度中，刑法解释的研究特点集中体现在三个方面。

（1）继续深入探讨刑法解释的基本立场。形式解释论与实质解释论之争已经探讨了三年多的时间，也相应地产出了大量成果，在 2015

---

❶　夏引业："合宪性解释是宪法司法适用的一条蹊径吗——合宪性解释及其相关概念的梳理与辨析"，载《政治与法律》2015 年第 8 期。

❷　王锴："合宪性解释之反思"，载《法学家》2015 年第 1 期。

❸　时延安："刑法规范的合宪性解释"，载《国家检察官学院学报》2015 年第 1 期。

❹　苏永生："刑法合宪性解释的意义重构与关系重建"，载《现代法学》2015 年第 3 期。

❺　姜涛："法秩序一致性与合宪性解释的实体性论证"，载《环球法律评论》2015 年第 2 期。

❻　黄晓亮："刑法合宪性解释界定的另条路径"，载《国家检察官学院学报》2015 年第 5 期。

年出现了不少总结性的论文。有学者从论文成果的角度出发，认为实质解释论阵营占数量优势。刑法解释立场争议理论热度持续不减，原因在于这场有关刑法解释立场的对峙关系到我国犯罪构成体系今后的发展方向，将最终决定我国刑法解释学深度发展的可能性。刑法学者应当推动理论争议超越解释立场的对峙，向着"犯罪构成理论及刑法解释学的发展方向"这两个更加深入的议题发展。❶ 有学者倾向于实质解释论，认为实质解释论，主张坚持偏向人权保障的实质公正观，解释的规范依据上主张法源的多元化；刑法形式解释论关于构成要件上先形式判断后实质判断的观点没有自洽性。❷ 还有学者倾向于主观主义的刑法解释观，认为在刑法解释过程中，解释对象和解释者之间的融合是解释的一种必然现象，但这绝不是解释的一种应然方法。在摒弃"立法者原意"的情况下，客观主义解释的立场是主观化的，而主观主义解释的立场是客观化的。❸ 有学者认为，刑法解释形式理性与实质理性的对立，是形式刑法观与实质刑法观的对立的集中体现。刑法理性应作"层次理性论"的把握，而刑法解释形式理性与实质理性应视为刑法理性的具体样态与实现。❹ 还有学者认为，当下中国的刑法学界，形式与实质解释论之争备受关注，然而，争论之中也存在着对形式与实质解释论的来源、功能与意义等诸多根本性问题的误解，从而亟须澄清。在对立意义上，形式与实质解释论的对立既是一种方法论的对立，也是阶层论犯罪论体系之下犯罪论立场的对立，同时也是刑法观的对立。❺ 有学者提出，应当基于刑法解释的保守性，对于出罪和入罪适用不同的刑法解释立场。❻ 也有学者提出质疑，认为二

❶ 苏彩霞、肖晶："晚近我国刑法解释立场之争的实证分析"，载《政治与法律》2012年第12期。

❷ 吴林生："实质法治观与刑法实质解释论"，载《国家检察官学院学报》2015年第5期。

❸ 董邦俊："刑法解释基本立场之检视"，载《现代法学》2015年第1期。

❹ 马荣春："形式理性还是实质理性：刑法解释论争的一次深入研究"，载《东方法学》2015年第2期。

❺ 刘艳红："形式与实质刑法解释论的来源、功能与意义"，载《法律科学》2015年第5期。

❻ 魏东："刑法解释论的主要争点及其学术分析"，载《法治研究》2015年第4期；另见魏东：《刑法解释保守性命题的学术价值检讨》，载陈金钊、谢晖主编：《法律方法》（第18卷），山东人民出版社2015年版。

者并无根本冲突，争议并无必要，刑法解释必须以刑法条文用语可能具有的含义为形式根据，以立法者赋予刑法条文文字的真实含义为实质依据。❶ 除了刑法解释的基本立场之外，还有一些成果对刑法解释进行了整体分析。例如，有学者认为解释刑法时应有的基本观念包括：尊重现行刑法，明确解释的方向，贯彻刑法基本原则，兼顾条文的文义与条文的实质。❷ 刑法解释的原则指导和制约全部刑法解释活动，并体现着刑法基本精神的准则，应当包括合法性、合理性与技术导向性三个原则。❸ 还有学者提出，刑法解释从来都不是一个解释问题，而是一个论证问题，现代刑法解释学应将刑法文本融入解释者的价值判断，来消解刑法文本及其所用语言过于僵化的弊端，建立一种基于主体间性的刑法解释理论，从而使刑法文本与案件事实有效地对接起来，并以法律论证实现刑法解释结论的可接受性。❹

（2）细致分析具体解释方法的应用。刑法解释涉及众多具体方法，学者们的研究也由此展开，其中受到特别关注的是目的解释方法。有学者认为，刑法学中的目的解释宣称接受刑法文本的制约，但这种立场在具体罪名的解释中通常会走样。在客观解释的包装下，目的解释存在演化为随意解释的危险。❺ 刑法目的论解释的正当性证成，必须通过三重检验，即目的论解释的初步证成、目的论解释的深度证成以及目的论解释的结果考量。❻ 在更深的层次上，刑法规范包括显性的规范语言表达与隐性的规范保护目的，前者划定刑法文本的文义，而后者则决定着刑法文本之文义射程，两者互为纠缠、相互制约，有助于避免单纯的逻辑推演所形成的合法但不合理之解释结论。❼ 有学者将目的解释引入了避险行为的分析，认为避险行为必须受到比例性

❶　李运才：“形式解释论与实质解释论的关系”，载《国家检察官学院学报》2015 年第 5 期。

❷　李立众：“刑法解释的应有观念”，载《国家检察官学院学报》2015 年第 5 期。

❸　刘艳红：“刑法解释原则的确立、展开与适用”，载《国家检察官学院学报》2015 年第 3 期。

❹　姜涛：“基于主体间性分析范式的刑法解释”，载《比较法研究》2015 年第 1 期。

❺　石聚航：“谁之目的，何种解释？——反思刑法目的解释”，载《现代法学》2015 年第 6 期。

❻　王祖书：“刑法目的论解释正当性之结果考量”，载《东方法学》2015 年第 6 期。

❼　姜涛：“规范保护目的：学理诠释与解释实践”，载《法学评论》2015 年第 5 期。

的目的限制，抽象地造成不应有的损害需要通过目的解释进一步细化。❶ 目的解释也可以用于职务侵占罪中的"职务"分析。❷ 当然，也有学者对个罪中目的解释的应用提出质疑：目的解释方法几乎成为交通肇事"逃逸"解释的主要方法。但其方法本身存在天然缺陷。通过目的解释将没有离开肇事现场也认定为"逃逸"的结论更让人难以接受。应该从"逃逸"的行为性去解释。❸ 以上对目的解释的高度重视，也一直是近几年刑法解释的突出特点。此外，其他解释方法也有学者从刑事法律的角度展开了研究。例如，类推解释作为一种法律解释方法，具有独立的品格，学界对类推解释的禁止并不合理。类推适用、类推解释、类比推理三个概念相互缠绕，使得对类推解释的曲解和误读不断。❹ 还有学者总结了刑法解释方法的位阶，认为适用位阶遵从文理解释→体系解释→历史解释→目的解释的解释顺序。在效力位阶上，文理解释和目的解释具有决定的意义。❺

（3）结合具体个案或者罪名进行探讨。有学者从解释论视角分析了污染环境罪，认为污染环境罪所保护的法益是环境本身；"严重污染环境"既是对"放射性、传染性、毒害性"程度的要求，也是对"排放、倾倒、处置"行为本身的限定，因而污染环境罪属于行为犯、准抽象危险犯。❻ 也有学者分析了特殊的受贿罪类型中的刑法解释，认为在具体认定"收受干股型"受贿数额时，应将行为人因收受干股而实际分得的红利计算在受贿数额内；进行了股权转让登记或者相关证据证明股份发生了实际转让的，应将行为人收受干股按其转让行为时的股份价值、其在案发时对应的公司实际资产收益价值计算在受贿数额内。❼ 还有学者综合运用了多种解释方法，分析了"老鼠仓抗诉案"，认为对利用未公开信息交易罪量刑情节配置问题进行分析，可

---

❶ 石聚航："刑法中避险限度的目的解释"，载《政治与法律》2015年第10期。

❷ 刘伟琦："职务侵占罪中'职务'范围的合目的性解读"，载《当代法学》2015年第6期。

❸ 黄伟明："'交通肇事后逃逸'的行为性解释——以质疑规范目的解释为切入点"，载《法学》2015年第5期。

❹ 杨绪峰："反思与重塑：刑法上类推解释禁止之研究"，载《环球法律评论》2015年第3期。

❺ 戚进松："刑法解释方法的位阶与运用"，载《国家检察官学院学报》2015年第4期。

❻ 洪兵："解释论视野下的污染环境罪"，载《政治与法律》2015年第7期。

❼ 魏东："'收受干股型'受贿罪的刑法解释适用"，载《法学论坛》2015年第1期。

以确认该罪应全部按照内幕交易、泄露内幕信息罪的法定刑条款进行处罚。由于司法解释未规定利用未公开信息交易罪"情节特别严重"量化标准，量刑情节认定依据真空而引发的裁判规则不确定性与法律风险应当予以审慎处理。❶ 有学者利用类似解释方法的分析进路，阐释了关于包庇罪行为的类型，认为根据文义解释，对"包庇"起限定作用的"作假证明"不能涵括毁灭、伪造证据的行为。根据体系解释，应当彻底分离包庇罪与伪证罪、妨害作证罪和帮助毁灭、伪造证据罪的现有体系关联。根据历史解释，在特定的社会历史背景、学理发展状况和立法技术水平的影响下，"作假证明包庇"的含义宜作广义解释。❷ 还有学者结合刑事诉讼法的相关条文分析了违法所得没收条款，认为该类案件的证明标准，不应适用刑事诉讼法"确实、充分"的标准，而应采取相对较低的证明标准；对违法所得案件范围的界定，应结合刑法解释原理进行判断。❸

（三）民法解释

民法解释学的历史也比较悠久，由于涉及的法律类型和样态众多，民法解释呈现出比较分散的样态，学者们的研究较多强调了对具体问题的分析，而较少有宏观解释论的阐释。有学者通过对《合同法》相关条文的解释，分析了消费者无理由退货权❹和合同未办理法定批准手续时的效力。❺ 还有学者细致分析了如何解释意思表示，认为该理论经历了"意思说"和"表示说"到"效力说"的发展，在法律适用上现代民法主要采"自然解释""规范解释"和"合同的补充解释"法。❻ 解释者结合相应的主观因素、客观因素不能自动得出表意人的真实意思，需要运用法律规定的以及在司法实践中探索的解释方法进行解释。❼ 另外，有学者集中分析了规制反垄断法的解释权，认为对

---

❶　谢杰："利用未公开信息交易罪量刑情节的刑法解释与实践适用"，载《政治与法律》2015 年第 7 期。

❷　葛恒浩："包庇罪行为类型的解释论重构"，载《法商研究》2015 年第 6 期。

❸　时延安："违法所得没收条款的刑事法解释"，载《法学》2015 年第 11 期。

❹　葛江虬："论消费者无理由退货权——以适用《合同法》条文之解释论为中心"，载《清华法学》2015 年第 6 期。

❺　朱广新："合同未办理法定批准手续时的效力——对《中华人民共和国合同法》第 44 条第 2 款及相关规定的解释"，载《法商研究》2015 年第 6 期。

❻　郝丽燕："意思表示的解释方法"，载《北方法学》2015 年第 5 期。

❼　王敬礼："论意思表示的司法解释、方法及其规则"，载《法学杂志》2015 年第 11 期。

反垄断法解释权的规制应立足解释权配置现状，从应然和实然两个层面对解释权的理论型构和制度构建作重整性思考，从重塑运行体制、改进操作路径和完善监督机制等方面来对反垄断法解释权进行定位和规范，以增强反垄断法文本的张力、实现文本与市场之间的契合。❶ 在宏观层面上，有学者分别概括了台湾和大陆对民法解释学的接受及实务运用。❷ 还有学者提出以达成共识来构建民法解释学的范式。❸

（四）国际条约解释

国际法中对法律解释的重视，主要表现在如何对特定的文本——国际条约进行适当解释。有学者专门分析了时间流逝对条约解释的影响，认为条约演变解释已被证明是条约法最富有争议的话题之一。任何对术语的意义随时间变化的演变解释，必须产生于正常的条约解释过程。❹ 还有学者分析了缔约国解释，认为在国际投资仲裁机制面临大变革的背景下，缔约国解释的重要性日益凸显。与仲裁庭的解释相比，缔约国解释不仅能对投资条约的内容进行澄清，平衡仲裁庭的自由裁量权，还能保证投资条约的有效性与持续的可操作性，并有助于推动国际投资仲裁机制的完善。❺ 此外，还有学者分析了国际法院的解释，认为条约解释与争议领土主权的归属存在密切关系，不当解释会严重损害当事国的领土主权。正是出于此顾虑，国际法院过于严格遵照条约文本语言表述的精确性，但在司法实践中又出现一定的矛盾与反复，甚至在个案中弱化条约解释的价值，转而以有效统治作为判案的法理依据。❻ 有学者总结了各种解释方法，认为在国际司法实践中，关联性变量涉及自体解释与系统解释，而时间点变量则包含原始解释与演化解释。这些条约解释方法在实践中都得到了运用，其中系统解释和演化解释由于各有其适用的现实基础、原因或条件，所以日

---

❶ 金善明："论反垄断法解释权的规制"，载《法商研究》2015 年第 6 期。

❷ 吴从周：《台湾民法解释学之发展现况》、戴孟勇：《民法解释学在中国大陆的实务运用》，均载《中德私法研究》（总第 10 卷），北京大学出版社 2015 年版。

❸ 许中缘："论民法解释学的范式"，载《法学家》2015 年第 1 期。

❹ 韩逸畴："时间流逝对条约解释的影响"，载《现代法学》2015 年第 6 期。

❺ 张生："国际投资法制框架下的缔约国解释研究"，载《现代法学》2015 年第 6 期。

❻ 张卫彬："国际法院解释领土条约的路径、方法及其拓展"，载《法学研究》2015 年第 2 期。

益成为当今条约解释的重要方法，而系统解释尤其会成为条约解释的一种趋势。❶ 有学者对其中"发展的条约解释方法"给予了特别关注，认为该方法使得条约解释与适用符合解释时的客观情势。在世界贸易组织争端解决实践中，发展的条约解释方法与路径已经趋于成熟。发展的条约解释方法应当纳入体系性解释方法之中。❷ 还有学者将动态解释方法应用于钓鱼岛争端的分析之中。❸

结语：与法治进程同步发展的法律方法论

在 2015 年中，中国法治进程从理念到制度又有了新的发展和进步，逐步深化的法治进程已经成为当下社会中最受关注的热点问题之一，尤其是司法领域中的制度变革。在整体法治的谋篇布局之中，法律方法论作为立足于司法领域的重要理论，其对制度变革的推动以及对司法人员素质的提升，在本年度的成果中日益彰显。国外的相关学术史表明，法律方法论研究的发展程度和速度，与其相应的法治进程有着高度的一致，这一点对于中国法治进程来说也应当同样适用。虽然法律方法论并非万能，无法解决法治进程中的所有重大问题，但是，只要能够继续强化其面向实践的意识和功能，法律方法论与法治进程之间就能够形成良性互动。在法学理论研究中和司法实践过程中，提升方法论上的自觉，能够加速以上互动过程的展开。从本年度的研究成果也可以看到，不仅在善于抽象思维的法理学研究中逐步出现了以上方法论自觉的基本共识，而且在与司法实务联系密切的部门法领域，也有越来越多的成果自觉运用了法律方法论的理论资源进行分析，虽然未必一定以解释或者论证等名称出现。在可以预见的未来几年中，这种趋势可能成为法律方法论研究的"新常态"。法治新常态已经成为法学研究的重要背景，法律方法论的研究不仅要对此高度重视，更要积极适应和参与这一法治进程的新阶段，以期更好地发挥对法治实践的推动作用。

---

❶　吴卡："国际条约解释：变量、方法与走向"，载《比较法研究》2015 年第 5 期。

❷　孙南翔："论'发展的条约解释'及其在世贸组织争端解决中的适用"，载《环球法律评论》2015 年第 5 期。

❸　张卫彬："中日钓鱼岛之争中的条约动态解释悖论"，载《当代法学》2015 年第 4 期。

第六章 法律方法论学科的拓展
——2016 年中国法律方法论研究报告

在建设双一流的背景之下，法律方法论作为一个独立法学分支学科的属性日益提升，2016 年度中的丰硕成果能够作为佐证。在理论基础方面，法律方法论不仅探究了以法教义学为代表的历史渊源，还持续关注了法治建设的重大现实问题。在分支学科中，法律解释学强调了制度完善和综合解释方法的运用；法律论证理论仍然凸显着法律修辞的研究成果，并继续与中国法治特点相结合；法律逻辑学强调了作为方法论的形式逻辑。在部门法方法论的研究中，突出的特点是行政法方法论产生了较多成果。基础理论和分支学科的提升与完善，都充实着法律方法论作为独立学科的地位。

自从《统筹推进世界一流大学和一流学科建设总体方案》公布以来，国内高校对于双一流的关注就在持续升温。如何建设成为世界一流学科，这一课题对于国内法学研究者来说也同样是重大挑战。法学学科的整体建设需要各个分支学科的共同发展，而法律方法论已经展现出蓬勃发展的良好势头，在 2011 年中央政法委和教育部联合下发的《关于卓越法律人才培养的决定》中，明确提出法科教育应该重视实践环节的教学、开发法律方法论课程。2015 年中共中央办公厅、国务院办公厅联合下发了《关于完善国家统一法律职业资格制度的意见》规定今后的国家统一法律职业考试内容，增加中国特色社会主义法治理论，着重考查宪法法律知识、法治思维和法治能力，以案例分析、法律方法检验考生在法律适用和事实认定等方面的法治实践水平。这意味着法律方法论作为独立分支学科的属性不断增强。在建设双一流的背景下，作为分支学科的法律方法论，已经被越来越多的法学研究者所认识和认可，其作为法学独立分支学科也已经初步显现。运用法律方法论作为分析进路和基本立场，开始呈现出更多的自觉与主动。已经有部分高校在博士和硕士研究生招生中开设了法律方法论专业，就是对其独立学科属性的充分肯定。当然，法律方法论的独立学科属性并非是要取代原有的其他法学分支学科，而是在与其他分支学科结合的过程中展现自身独特的立场和理念。因此，法律方法论的学科体系呈现出"总—分"的特点，前者主要包括理论基础和理论体系，后者则体现为部门法方法论。2016 年中国法律方法论的研究成果，也可以分为以上三个方面。为了集中展现法律方法论的研究成果和学科属性，2016 年度研究报告将主要聚焦于法学类 CSSCI 来源期刊（包括扩展版）和集刊。

一、法律方法论的理论基础：从探究历史到关注现实

（一）历史探究

关于法律方法论的历史探究，近几年的突出特点是对法律教义学的挖掘及现实意义的展开。从发展历史来看，法律方法论的理论渊源最早可以追溯到古希腊和罗马时期，当时兴盛的诉讼活动提供了大量以技巧为主要表现形式的法律方法，特别是法律解释和法律修辞。在当代，法律方法论的理论渊源主要吸收了德国和美国学者的成果。尤其是前者，在术语概括和理论体系等方面贡献颇大，以至于很多德国法理学教科书中都将法律方法论作为重要章节进行讲授，法律方法论的理论基础也由此奠定。2016 年中国法律方法论的研究成果中，也有这个方面的介绍和分析。舒国滢教授在《德国 1814 年法典编纂论战与历史法学派的形成》一文中，回顾了萨维尼和蒂堡之间就法典编纂进行论战的历史。他认为，这一论战推动了历史法学派的形成和发展；同时，萨维尼以自己的学说阻却德国民法典在 19 世纪早期问世，为德国法学赢得了积蓄力量，实际上最终使德国法学家们（尤其是"学说汇纂派"的学家们）真正成长起来，在 19 世纪中后期完成"学说汇纂"体系（潘德克顿体系）的建构，使德国在政治统一后具备了编纂伟大法典的能力。法典不立，法学反而兴盛。❶ 这一点对于当前极受

---

❶　舒国滢："德国 1814 年法典编纂论战与历史法学派的形成"，载《清华法学》2016年第 1 期。

关注的民法典制定来说，也颇有借鉴意义。

对于"学说汇纂"体系的继续延伸和发展，舒国滢教授在《19世纪德国"学说汇纂"体系的形成与发展——基于欧陆近代法学知识谱系的考察》一文中进行了持续研究。对于法律方法论（法学方法论）的发展而言，其中普赫塔教授占有重要地位。普赫塔将学说汇纂学中的严格概念形式主义带到完全支配性的地位，它与优士丁尼法的教义学阐释的区别在于"概念建构、推释和体系论"，其目的不是解释"（古代）罗马的情形"，而是"用来适应现代的、德国的情形"，其所描述的是"一幅现代社会的法律划分的图景"。以普赫塔为代表的学说汇纂学的勃兴在法学家群体内部形成一种法学及法学方法论更新与建构（生产）体系的理论自觉与集体冲动，并在19世纪的德国学者中持续发酵。❶从理论形态上看，普赫塔有关一般法学的观点和方法论学说属于"法学实证主义"，普赫塔虽然在精神层次和观照能力与乃师萨维尼尚不可相提并论，但自19世纪30年代起，其在体系和概念建构上显示出的逻辑力和民法学方法上的影响力上均超过了萨维尼。❷

法律方法论的理论基础之一就是法教义学，在国内法学研究中对该理论的关注，从其与社科法学的争论中持续升温，表现为2014年以来国内涌现了大量以教义学为标签的论文。❸在此背景下，德国法学研究中关于法教义学的成果更多地被介绍。例如，拉德布鲁赫的《法教义学的逻辑》一文，系统介绍了其所认识的法教义学，认为法教义学可以被界定为关于实定法秩序之客观意义的科学，包括三个层级：法律学解释、建构和体系化。❹卜元石教授在《法教义学与法学方法论话题在德国21世纪的兴起与最新研究动向》中认为，德国法学界在坚持对法教义学进行研究的同时，也进行了深刻的反思；而德国的主流观点认为，法学方法与法教义学无法严格区分，二者对于与法律文

---

❶ 舒国滢："19世纪德国'学说汇纂'体系的形成与发展：基于欧陆近代法学知识谱系的考察"，载《中外法学》2016年第1期。

❷ 舒国滢："格奥尔格·弗里德里希·普赫塔的法学建构：理论与方法"，载《比较法研究》2016年第2期。

❸ 焦宝乾："我国部门法教义学研究述评"，载陈金钊、谢晖主编：《法律方法》（第19卷），山东人民出版社2016年版。

❹ ［德］拉德布鲁赫："法教义学的逻辑"，白斌译，载《清华法学》2016年第4期。

本打交道的实践工作都是不可或缺的。同时，德国对于法学方法与法教义学之间的关系直到今天也还没有给出一个令我们中国读者满意的明确答复。最重要的原因可能在于，法教义学的方法对德国法律工作者来说是不言自明的，是一种所谓传承的，却又缺乏明确表达的隐性知识。❶

　　国内法学研究逐渐强调了法教义学上的自觉，在德国法学中已经成为一种既定的背景知识。在这个意义上，从强调到隐性是一种发展的必经阶段，现在对法教义学的强调更多的是一种对依法办事的重视，当法学理论和实务不再特别强调法教义学的时候，依法办事很可能就已经蔚然成风。当然，同德国法学界一样，国内也有学者对法教义学进行了反思。刘涛博士在《法教义学危机？——系统理论的解读》中，从外部观察的视角探寻了法教义学在现代功能分化社会中的困境和出路，为法教义学与社科法学之争提供了有益的智识资源。❷

　　在法律方法论发展的脉络中，除了法教义学发挥着重要作用之外，其建立和展开的逻辑前提是，法治尊重法的一般性。这一问题尚未完全引起法律方法论研究者的重点关注，但是，对其研究已经初露端倪。西方国家借助法的一般性走向形式法治，进而提出对法治思维和法律方法的倡导；但是在中国，具有辩证特质的实质思维却消解了法的一般性。❸ 这也属于法律方法论发展的历史经验之一，值得中国法治在运用法律方法论时重点借鉴。在弘扬法教义学研究的背景之下，我们需要研究法律运用的推理方式。为树立法律推理的权威，就需要开展法律的一般性对法治意义的研究。这主要是因为，一般优于个别是三段论推理的理论预设，法的一般性是三段论推理展开的逻辑前提。因而对法教义学的强调，不仅是对法的一般性的尊重，更重要的是提供了法治实现的思维方式的路径。在实现法治的过程中，需要三段论式的思维方式。这是对司法规律或执法规律的尊重。在对司法规律的审视中，法律思维规则中的重要性被重新提起。

---

　　❶　卜元石："法教义学与法学方法论话题在德国 21 世纪的兴起与最新研究动向"，载《南京大学法律评论》（2016 年春季卷）。

　　❷　刘涛："法教义学危机？——系统理论的解读"，载《法学家》2016 年第 5 期。

　　❸　陈金钊、宋保振："法的一般性对法治中国建设的意义"，载《南京社会科学》2016 年第 1 期。

（二）关注现实

法律方法论强调为司法裁判和决策提供思路与参考，对法治实践中既存的各种问题保持高度关注，这种立场决定了其高度现实性的特征。在法治后发的中国语境下，法律方法论为法治实践（尤其是司法实践）服务，成为研究者经常持有的主张。例如，陈金钊教授认为，法治中国通过重视法治意识形态转变思维方式，来保障法治思维、法治方式和法治能力等水平的提升。这些方案都是推进法治实现的战略性思考，只是我们需要注意，在推进战略的同时也需要与战术配合。❶法律方法是实现法治战略的"战术"，西方是先有细腻的法律方法或技术，然后才出现了法治战略。然而在中国，首先是政治上开启了法治战略。法治战略中没有法律方法就难以推进法治，因而需要把法治战略与法律方法、技术结合起来。❷ 在微观层面上，法律方法是以法律思维规则为核心的法律运用方法，具有统合功能的法律思维能够协调多元规范之间的冲突，促成法律规范与其他社会规范的融贯，化解各种价值的冲突与矛盾。❸

具体到司法领域中，法律方法能够发挥重要作用，学者们的研究也对此高度关注。孙笑侠教授认为，在个案司法过程中，规则与事实的不对称关系虽然催生了法律方法的运用，但也把法律方法运用中的难题推给了法哲学。根据司法标准、司法主体与司法行为这三个要素，可以发现三对并存的基本范畴，即规则至上与结果导向、职业主体与民主参与、消极克制与积极能动。❹司法同时具备法理功能和社会功能，我们应当突出司法的法理功能，减少司法社会功能的扩大化误读；确定二者边界的考量因素之一就是法律方法。❺ 侯健教授的观点与前述立场有着内在一致之处，他认为司法过程中存在的反思平衡既可以看作一种思维过程，也可以视为形成判断的方法，还可以视为法律判断与其他要素之间关系的状态。法律判断过程通常并非只运用某种单

---

❶ 陈金钊："实施法治中国战略的意蕴"，载《法商研究》2016 年第 3 期。

❷ 陈金钊："法治战略实施的'战术'问题"，载《法学论坛》2016 年第 9 期。

❸ 陈金钊："多元规范的思维统合——对法律至上原则的恪守"，载《清华法学》2016 年第 5 期。

❹ 孙笑侠："基于规则与事实的司法哲学范畴"，载《中国社会科学》2016 年第 7 期。

❺ 孙笑侠："论司法多元功能的逻辑关系——兼论司法功能有限主义"，载《清华法学》2016 年第 6 期。

一的方法，而是涉及诸多方法的有意无意和综合的运用。反思平衡代表着诸多具体法律方法的集合。❶ 如果将视野进一步聚焦，这几年在国内法学研究中出现了不少借助于法律方法的理论资源研究案例指导制度的成果，这也是法律方法论直接关注法治现实的集中表现。❷

值得关注的是，在 2016 年中，法律方法论在理论基础方面的研究有了一定扩展，比较典型的是在立法和地方法治中出现了方法论的理论探索。例如，刘风景教授认为，长期以来，法释义学刻意构建、维持着一种只有审判方法的理论体系，无视或轻视立法问题。立法释义学的特征是以维护法律稳定性为基调，以法律实现为目标，以立法技术为主要内容。在我国，构建立法释义学的主要理由是立法的先导地位，法治系统内部的协调一致，法律创制内在地需要法释义学。❸ 葛洪义教授则扩展了"方法论"的内涵，他认为作为方法论的地方法制，则强调给予分散、权利、地方、边缘、法制、自下而上等更为积极的关注，从中挖掘法治发展的细节因素。❹ 推动法治中国建设，需要抓住地方法治实践这一关键点，把法治建设的着力点放在地方和基层。❺

法律方法论研究对现实的关注主要表现在，从方法论的角度积极探寻法治思维、法治方式的本身的完善以及对现实思维方式改造的意义。指明在有权力的主体中形成"像律师那样思考"对法治的积极意义。很多研究者意识到，法治思维虽然属于政治思维，但法治思维的基本走向不是偏向政治权力，而是要限制权力。法治思维的方法论基础是法律思维。全面推进法治中国建设离不开对法律、法治修辞的研究。法律方法论研究需要解释法治话语在法治战略中的地位。另外，对现实关注还表现在对案例指导制度的法律方法论角度的研究。从以上分析可以看到，法律方法论在法治战略中具有十分重要的地位，是

---

❶　侯健："法律判断过程中的反思平衡"，载《清华法学》2016 年第 5 期。

❷　刘克毅："法律解释抑或司法造法？——论案例指导制度的法律定位"，载《法律科学》2016 年第 5 期；曹志勋："论指导性案例的'参照'效力及其裁判技术"，载《比较法研究》2016 年第 6 期；周翠："民事指导性案例：质与量的考察"，载《清华法学》2016 年第 4 期；孙光宁："指导性案例裁判要旨概括方式之反思"，载《法商研究》2016 年第 4 期。

❸　刘风景："立法释义学的旨趣与构建"，载《法学》2016 年第 2 期。

❹　葛洪义："作为方法论的'地方法制'"，载《中国法学》2016 年第 4 期。

❺　葛洪义："多中心时代的'地方'与法治"，载《法律科学》2016 年第 5 期。

构建和完成法治蓝图的重要手段与方式。虽然法律方法论并非像创设制度一样对法治进程发挥直接的作用，但是，缺少了方法论的支撑，法治建设的很多具体工作和任务都难以落实与贯彻，尤其是在司法领域之中。掌握了法律方法论的法治实践者，能够透彻理解法治的宏观意图和微观操作，也能够真正践行法治思维。在最近几年的法律方法论研究中，都存在着对法律思维规则的重视，虽然这个方面的研究成果有待进一步细化和检验，但是，其对法治建设的巨大价值已经得到了充分肯定，法律方法论的研究者也应当在此方面继续努力。

二、法律方法论的理论体系：多个分支学科的共生发展

只有在发展过程中具备比较完备的理论体系，独立的学科才能被认可和确定。在近代法理学的发展过程中，分离命题就具有这样的历史意义。对于法律方法论来说，从 20 世纪 90 年代开始，以法律解释学的发展为开端，法律方法论自身的理论体系经过学者们的不断探索，已经初具规模。更重要的是，结合中国的法治进程，国内相关研究探索形成的法律方法论理论体系，融合了德国和美国研究的成果，使得法律方法论的研究呈现出中国独有的一些特征。

（一）法律解释学——解释规则的整理与解释方法的综合运用

法律解释方法在法律方法论的体系中，具有最为悠久的历史和完备的体系，也一直是学者们关注的传统重点领域。在 2016 年中，法律解释学的研究成果可以在本体、技术和制度三个层面进行概括。

在本体层面上，谢晖教授对其《论解释法律与法律解释》一文进行了扩展，审视了解释学法学和法律解释学之间的区别，认为两者无论在研究对象、学科分类、社会（学科）功能以及解释特征上都是明显不同的。[1] 这一成果进一步扩展了法律解释学的范围，在法哲学层面上继续为法律解释学正本清源提供了重要的思路。同样借助于哲学解释学视角，李广德博士强调了法律文本理论对法律解释活动的重要影响，这样可以在交叉学科视野下继续展开法律解释学的研究。[2] 在

---

[1] 谢晖："解释学法学与法律解释学"，载《法学论坛》2016 年第 1 期。
[2] 李广德："法律文本理论与法律解释"，载《国家检察官学院学报》2016 年第 4 期。

学科交叉的视角下，陈坤博士分析了语言哲学中的三种所指理论并不适合于法律解释，在法律解释又应当明确规则中词项所指的背景下，一般法律词项的所指是由立法意图、客观知识与语言惯习共同决定的。❶ 在法律解释学的研究中，积极吸收其他学科的成果，已经成为一种常态，主要是语言学、符号学、诠释学等。

在技术层面上，法律解释的大多数具体方法已经得到了充分阐释，这个方面的成果在 2016 年度中较少；相应地，学者们更多地关注法律解释方法的应用问题，尤其是在司法过程中的综合运用。文义解释在适用上的优先性已经得到普遍认可，徐明教授认为传统的文义解释方法主要是语义分析，具有不少局限性，应当引入和强化语用学分析法。❷ 此外，合宪性解释方法在 2016 年中也持续受到关注，例如，黄晓亮博士考察了世界上主要存在的 4 种死刑合宪性解释的路径，并提出以人权作为死刑合宪性解释的立场对于形成一种尊重生命和人格的文化，引领公众对死刑树立起理性的认识发挥着不可替代的作用。❸ 在 2015 年的刑法学研究成果中，也多次出现了合宪性解释的身影，二者的结合原因大致在于刑事司法对罪刑法定、谦抑性和法律价值判断的强调。白斌博士也借助于合宪性解释方法，探讨了刑法中对"假药"的相关规定在一定程度上违背了宪法，不利于传统医药的发展。❹ 杜强强博士则在更多部门法领域中分析了合宪性解释方法的实践，认为最高人民法院虽然不赞成直接援引宪法，但是其通过文义转换等方式，在实质上运用了合宪性解释方法，进而实现了个案正义。这种解释方法对于我国司法实践来说具有重要价值。❺

除了以上专题研究某一具体解释方法之外，2016 年度中对于法律解释方法的综合运用成为一个显著特点。曹磊博士对于法官运用多种

---

❶ 陈坤："所指确定与法律解释——一种适用于一般法律词项的指称理论"，载《法学研究》2016 年第 5 期。

❷ 徐明："文义解释的语用分析与构建"，载《政法论丛》2016 年第 3 期。

❸ 黄晓亮："死刑合宪性解释：从立场到路径的比较与反思"，载《法学论坛》2016 年第 1 期。

❹ 白斌："传统医药在现行法秩序中的困境及其突围——以'假药'的合宪性解释为例证"，载《华东政法大学学报》2016 年第 1 期。

❺ 杜强强："合宪性解释在我国法院的实践"，载《法学研究》2016 年第 6 期。

法律解释进行了细致的实证调研。❶ 魏治勋博士借助于法律工程思维，提出了对法律解释方法体系进行整合的方案。❷ 宋保振博士生则具体针对了指导性案例 32 号，运用多种解释方法进行了分析，认为该案的裁判结果能够形成融贯的解释论证系统，其背后显现的是对法律解释规制进行细致的研究的必要性。❸ 在多种法律解释方法的背后，存在着运用的宏观指向，后果取向就是其中之一；杨知文博士认为，后果取向是把对裁判的影响或后果预测纳入法律含义的辐射范围，目标是要探明经得起某种后果评价的法律意旨；从具体根据和操作形式上看，后果取向法律解释的运用方法可以厘定为基于禁止性后果而为的解释、基于积极后果而为的解释和基于优势后果而为的解释三种路径；对这种解释思维和方法的运用关键是要秉持法律人应有的法治立场。❹ 从以上的研究成果可以看到，随着法律解释学在国内研究的持续深入，单一具体的解释方法已经不再成为研究的重点，如何将多种解释方法融入司法过程之中，如何通过多种解释方法的运用来形成优质裁判结果，成为法律解释在技术层面上发展的主要方向。

在制度层面上，法律解释学的研究仍然聚焦于司法解释制度。世界各国的最高司法机关都会有特定的方式对各级法院产生影响，利用判例是主要方式，而发布司法解释这种规范性文件，则几乎成为中国司法领域中独有的方式。虽然以往对司法解释的研究成果也有不少，但是，在法治进程和司法改革都存在着波谲云诡因素的背景下，多种创新司法制度都和以往的司法解释制度之间产生着相互影响。因此，学者们也从新的视角重新审视司法解释制度。王成教授认为，最高人民法院的司法解释存在着效力不明、游离于法律解释之外等缺陷，引发了法律规范适用的冲突，立法机关和最高人民法院都应当就此缺陷

---

❶ 曹磊、宋保振："法官运用法律解释方法的实证分析"，载陈金钊、谢晖主编：《法律方法》（第 20 卷），山东人民出版社 2016 年版。

❷ 魏治勋："法律工程视野中的法律解释方法体系建构"，载《法学论坛》2016 年第 5 期。

❸ 宋保振："法律解释方法的融贯运作及其规则——以最高院'指导性案例 32 号'为切入点"，载《法律科学》2016 年第 3 期。

❹ 杨知文："后果取向法律解释的运用及其方法"，载《法制与社会发展》2016 年第 3 期。

进行制度充实与完善。❶ 同样针对最高人民法院的司法解释，徐凤副教授认为脱离个案的抽象司法解释有侵犯和僭越立法权之嫌，且与立法机关"宜粗不宜细"的原则性立法形成恶性循环；最高人民法院的抽象司法解释有继续存在的必要，但应尽量抑制和减少抽象司法解释活动，加大指导性案例的供给。❷ 孙谦大检察官主要分析了最高人民检察院的司法解释在本质上体现了法律监督属性，具有体制合理性、功能正当性和实践必要性。❸ 此外，目前法律解释制度的主体包括立法机关和司法机关，还有学者将二者进行统筹考虑之后提出制度完善意见。杨建军教授认为，将来应当在增强立法解释有效性的同时，合理规范"立法性"的司法解释，建立良性互动的法律解释体系，进一步引导和规范地方机关的法律解释，加强法律解释的规范化管理。❹ 刘风景教授则建议，在司法解释的诸形式中，对"规定"来说，实体性的应予废除，程序性的可以保留，"批复"应逐步被指导性案例所替代，"解释"可以保留，但其内容与体例都需改变。全国人大常委会应明确《立法法》第 104 条与《关于加强法律解释工作的决议》的关系，强化对司法解释的备案审查，加强法律解释，提高立法质量。❺ 结合以往关于法律解释制度的研究成果，学界主流的意见倾向于改造现有的司法解释制度，不但应当准确确定其效力，更应当减少以规范性文件的方式规定抽象内容，同时强化指导性案例的作用，并在个案中赋予地方法院和法官更多的解释权力。在员额制、司法责任制、司法职业保障机制和案例指导制度等创新司法制度的共同作用下，司法解释制度的改造和完善比以往更具有必要性与可行性。

（二）法律修辞学（法律论证理论）——西方理论与中国实践的融贯

法律论证理论作为战后新兴的研究领域，备受法律方法论学者的重视，该理论与批判性思维等论域密切联系。但是，在这一主题之下的研究成果比较分散，尚未形成如法律解释方法那样操作性较强的成

---

❶　王成："最高法院司法解释效力研究"，载《中外法学》2016 年第 1 期。
❷　徐凤："我国法院司法解释制度的反思与完善"，载《法学杂志》2016 年第 5 期。
❸　孙谦："最高人民检察院司法解释研究"，载《中国法学》2016 年第 6 期。
❹　杨建军："现行法律解释机制的完善"，载《政法论丛》2016 年第 2 期。
❺　刘风景："司法解释权限的界定与行使"，载《中国法学》2016 年第 3 期。

果。虽然复杂的学理设计能够细致深入分析司法过程，但是，过于复杂而缺少明确步骤的成果容易使得司法者望而却步，难以发挥直接的影响效果。这一点对于强调实务、尚未与理论界融合成紧密共同体的中国司法界来说，尤其如此。在经历了几年的研究热潮之后，专门论述法律论证的论文成果偏少。比较有代表性的是杨洪教授的《司法论证的逻辑结构与可能——以阿列克西法律论证理论为例》，该文基于阿列克西论证理论中关于内部证成和外部证成的区别，分析了"药家鑫案"中的法律论证形式和内容。❶ 由此可见，如何使得法律论证理论更"接地气"，与中国司法理论进行深度融合，是法律论证研究者所面对的重要课题。

如果将外部证成和内部证成的研究视野进一步扩大可以看到，强调利用法律之外的资源进行证立的外部证成，与中国传统文化有着很多契合之处，例如，"法律不外乎人情"；但是，强调严格运用法律的内部证成，则在目前法治进程中尚未全面贯彻。如何抵御法外因素的不当干扰，在司法过程中严格依据法律进行裁判，是法律方法论能够给法治建设作出的重大贡献，这一点当然不仅仅限于法律论证理论的研究。法律方法的运用是法律思维的主要内容，从法律论证的角度来看，法律思维的特征正是论证思维，强调命题或者结论都必须建立在一定的理由之上，并且具有融贯性、可废止性或者可接受性等特征。这个方面的研究虽然在前几年的法律论证基础理论研究中有所涉及，但是其深化研究成果却比较缺乏，应当引起法律方法论研究者的重视和继续关注。

法律论证的主要进路包括逻辑、对话和修辞；其中，对话方法强调程序，而逻辑方法与法律推理研究在很多方面重合。相应地，法律修辞的研究成为近三年法律论证理论中发展特别迅速的分支，全国性的法律修辞学专题会议也已经多次举办。从往年中国法律方法论研究报告中也可以看到，基于法律修辞视角的分析已经不仅仅限于法律论证的研究，而是扩展到多个部门法之中，这一趋势在 2016 年度的成果中也有所体现。谢晖教授延续了对制度修辞的研究，认为法律在实质

---

❶ 杨洪："司法论证的逻辑结构与可能——以阿列克西法律论证理论为例"，载《法学》2016 年第 4 期。

上是基于价值、事实以及与此相关的利益的博弈结果或博弈的规范表述，是一种制度修辞；从这一视角可以帮助我们反思法律信仰、法律拟制和法律虚拟等问题。❶ 张西恒博士基于新修辞学基本原理和立场，对"司法修辞就是虚饰"命题进行了反击。❷ 部门法中运用修辞视角的代表性成果为周林刚博士的《中国宪法序言正当化修辞的时间意识》，该文分析了历次宪法文本序言中对时间维度的表述，提取了其中能够进行正当化证明的因素，对于宪法文本乃至其他法律文本的完善都有借鉴意义。❸

（三）法律逻辑学（法律推理理论）——逻辑与法律运用的有机结合

对于具有强烈法教义学属性的法律方法论来说，逻辑的运用一直备受推崇，逻辑方法也贯穿于法律方法的整个理论体系之中，尤其是直接表现在法律推理理论之中。同时，中国司法从传统到现代的发展中，逻辑方法的运用也有着不同的特点。2016 年中国法律方法论研究在法律逻辑学方面的主要成果可以分为两个方面。（1）挖掘传统司法中的逻辑因素。如陈小洁教授的《清代司法判例情理表达的内在价值及现代启示》：在与人情、天理的复杂关系中，古代司法判例灵活地处理了律法背后的逻辑问题；而当代司法中强调逻辑有余而情理因素略显不足，实现二者的结合才能更好地处理案件。❹ 此外，在微观层面上探讨传统司法中对类推（比附）的适用，也是近几年中的重要话题之一。❺（2）现代逻辑在司法过程中的引入和分析，是目前法律逻辑学更为关注的内容，在 2016 年度也产生了不少成果。雷磊博士从逻辑的角度分析了法律规范之间的冲突问题，在分析凯尔森相关理论基础上，他认为，逻辑只适用于语义学规范的领域，规范冲突可以被直接呈现或还原为逻辑矛盾的两种基本形式，即道义内部矛盾（反对性

---

❶　谢晖："从制度修辞视角看法律信仰"，载《北方法学》2016 年第 6 期；谢晖："论法律拟制、法律虚拟与制度修辞"，载《现代法学》2016 年第 5 期。

❷　张西恒："司法就是说谎？——新修辞学对司法虚饰命题的反击"，载陈金钊、谢晖主编：《法律方法》（第 19 卷），山东人民出版社 2016 年版。

❸　周林刚："中国宪法序言正当化修辞的时间意识"，载《中外法学》2016 年第 3 期。

❹　陈小洁："清代司法判例情理表达的内在价值及现代启示"，载《法学》2016 年第 11 期。

❺　白雪峰、陈加奎："比附援引法律制度的历史考察：对于重构我国现代类推制度的启示"，载《河北法学》2016 年第 2 期。

矛盾）与道义外部矛盾（对立性矛盾）。❶ 此外，对于从一般法律规范到个别法律规范的逻辑推断，雷磊博士这一过程之所以存在，原因是前者在语义上蕴含着后者，这使得作为前提之一般法律规范的逻辑值可以传递给作为结论之个别法律规范。逻辑推断对于司法裁判具有理性拘束与评价的作用。❷ 现代逻辑学中对于推理形式的研究比较全面，多种推理形式也逐渐受到了学者的重视。例如，齐建英博士的论文《论一般法律会话含义推理及其有效性》基于会话结构中的合作原则，分析了作为法律推理方法的一般会话含义推理；这一推理形式的有效性以逻辑有效性为基础，以程序有效性为核心，以语言有效性为前提。❸ 汪诸豪等翻译了艾伦教授的《司法证明的性质：作为似真推理工具的概率》则借助于贝叶斯分析的概率论，对似真推理进行了分析，并认为它不能被简化为数字和数学公式。❹

法律方法论对法律逻辑学的研究中，应当明确区分方法论和认识论，特别应当强调重视形式逻辑的运用，进而形成符合逻辑要求的裁判结果。这一点与上文中强调法治中的内部证成是一致的。以往受到逻辑思维的影响，法律方法论的研究在一定程度上并没有将方法论和认识论进行细致区分，这一点在最近几年的研究成果中逐渐得到了改善。从法治要求的角度来说，辩证思维存在着不小的局限性，更应将其作为认识论来对待。要将中国法律方法论的研究继续引向深入和全面，就应当自觉减少辩证思维的消极影响，严格从方法论的角度展开细致分析。

（四）其他法律方法——通过完善司法决策推进法治

法律方法论的以上几个分支学科，受到了更多学者的关注，相应的成果也更加丰富。除此之外，法律方法论还有一些其他的分支或者说具体的法律方法。虽然关注度并不太高，但是对于完善整个理论体系来说也是相当有必要的。（1）法律发现方法（法律渊源理论）。马

---

❶ 雷磊："法律规范冲突的逻辑性质"，载《法律科学》2016 年第 6 期。

❷ 雷磊："走出'约根森困境'？——法律规范的逻辑推断难题及其可能出路"，载《法制与社会发展》2016 年第 2 期。

❸ 齐建英："论一般法律会话含义推理及其有效性"，载《法学论坛》2016 年第 2 期。

❹ 艾伦："司法证明的性质：作为似真推理工具的概率"，汪诸豪等译，载《证据科学》2016 年第 3 期。

驰博士认为应当从认识论的角度重新审视法律渊源，法律渊源在性质上仍然属于法律，它是法律认识中的特定阶段，在法律认识中呈现出层级化的特征。❶ 王利明教授专门论述的作为民法渊源的习惯，强调新民法典中应当有习惯的一席之地，在适用中应位列规则之后，原则之前。❷ 在中国传统社会中，习惯一直发挥着法律渊源的作用，武乾教授对清代江南民间慈善习惯法进行了细致分析，认为这些习惯法推动了江南地方慈善立法的创新，而且初具了社会法的雏形。❸ 同样是分析习惯法作为法律渊源，宫雪助理研究员以民事执行制度的变迁为视角，探讨了英国历史上的习惯法对普通法的深远影响。❹ （2）漏洞补充方法。蔡元培博士研究了我国审查证据证明力的"印证模式"，认为该模式存在诸多漏洞，填补的方式是将其与心证相结合，使得主观判断和客观判断相结合。❺ （3）利益衡量方法。王虹霞博士分析了普通法系中法官在个案中进行利益衡量的实践，认为其中的利益可以分为由法律的确定性所服务于的社会利益和由正义所服务于的社会利益；判定利益的优先性仍然需要遵循特定标准，包括法律标准和社会标准。❻ 韩焕玲博士分析了离婚案件中涉及的物质、情感和责任等复杂利益关系，提出了在此类案件中进行衡量所应当遵循的原则。❼

　　从以上对于法律方法论理论体系研究的现状可以看到，法律解释、法律论证和法律推理仍然占据着主要地位，其他方法则关注度较低。特别需要指出的是，从比较的视角来说，国外法律方法论的研究成果中，并不对以上理论体系作出特别严格的区分，解释、论证和推理经

---

❶　马驰："法律认识论视野中的法律渊源概念"，载《环球法律评论》2016 年第 4 期。

❷　王利明："论习惯作为民法渊源"，载《法学杂志》2016 年第 11 期。

❸　武乾："清代江南民间慈善习惯法与传统法源结构"，载《法学》2016 年第 12 期。

❹　宫雪："英国法中的习惯法渊源——以民事执行制度的变迁为视角"，载谢晖等主编：《民间法》（第 17 卷），厦门大学出版社 2016 年版。

❺　蔡元培："论印证与心证之融合——印证模式的漏洞及其弥补"，载《法律科学》2016 年第 3 期。

❻　王虹霞："司法裁判中法官利益衡量的展开——普通法系下的实践及其启示"，载《环球法律评论》2016 年第 3 期。

❼　韩焕玲、赵玉增："试论离婚诉讼中的利益衡量"，载陈金钊、谢晖主编：《法律方法》（第 20 卷），山东人民出版社 2016 年版。

常同时出现在同一成果之中，诸如"解释性论证""论证式推理"等。● 国内法律方法论的情况与上述不同，比较细致区分各个分支部分。个中原因大致在于，国内法学研究受到了系统论的深刻影响，法律方法论的体系建构也类似于部门法的体系建构；西方学者更多地是以问题为中心，通过综合运用多种法律方法来透彻分析问题。从建构独立学科的角度来说，在以上两种倾向中，过于严格的区分法律方法论的各个分支，并不利于个案问题分析的全面；强调这些分支部分之间存在区别，有利于形成法律方法论独特的学科体系，有利于国内法学研究和实务界更好地接受与认可法律方法论的学科地位。由此，在面对不同层次的研究主题时，法律方法论研究者应当采取不同的态度：个案分析时强调实用主义，任何可资使用的方法皆可"物尽其用"；在从宏观上探讨法律方法论的整体结构和走向时，则需要强调诸如解释、论证和推理之间的区别。这种研究方式能够推动法律方法论研究价值的最大化。

三、部门法方法论：法律方法论分析视域的扩展与延伸

作为独立学科，法理学研究的是各个法律部门中的共性问题、一般问题。作为法理学的一个分支，法律方法论也带有此种特点。从近几年研究现状来看，越来越多的部门法研究成果中渗透着法律方法论的精神，越来越多的部门法研究者以更加积极的态度运用法律方法论作为分析工具来处理和解决部门法中的问题，经常能够取得良好效果。

（一）宪法法学方法论（宪法解释学）：释宪机制的完善及其个案化

宪法学的研究呈现出解释学、政治学和社会学等诸多视角的分野，其中高度关注宪法文本的倾向带有明显的教义学色彩，经常以宪法解释学的名称出现，也是宪法学研究中自觉运用法律方法论程度最高的分支流派，在 2016 年中产出了不少成果。上官丕亮教授充分肯定了宪法解释的价值，认为广大司法者和行政执法者在适用法律处理具体案件时，应当开展"依宪释法"，即依照宪法的规定及其精神来解释所

● 阿迪奥达托："法律论证中的修辞三段论"，王伊林译，载陈金钊、谢晖主编：《法律方法》（第 20 卷），山东人民出版社 2016 年版。

要适用的法律条款，使宪法在法律适用中得以间接实施。❶作为解释的对象，宪法本身应当具有法律性（规范性），陈端洪教授认为凯尔森的基础规范理论只是在形式逻辑上预定了宪法的效力，人民集会的假定可以解释宪法效力的起源。❷刘国博士分析了对解释宪法机制产生影响的主要因素，包括政治制度、法律传统和思想文化；对于我国人大常委会解释宪法来说，需要平衡其政治合法性功能和现实有效性价值。❸翟国强研究员从宪法解释的角度，对设立跨行政区划人民法院及其职权定位等问题进行了探讨，需要立法机关根据宪法对现行的法院组织法进行修改和完善。❹汪进元教授分析了利用宪法进行个案解释的基础问题，认为案件事实给定了求证的起点和目标，既定规范预设了求证的方向和边界，技术规范指明了求证的路径与方法。提高宪法规范的可适用性、推进技术规范的法律化以及释宪程序的民主化等，是控制恣意释宪的主要途径。❺

（二）行政法学方法论：部门法方法论研究的突升领域

在前几年的法律方法论研究中，与行政法学相关的成果很少；这种情况在 2016 年度中有所改变，行政法学中直接使用法律方法论作为研究工具和视角的成果明显增多。例如，叶金育博士肯定了国家税务总局具有一定的法律解释权。❻与之相关，曾远博士生以立法意旨作为税法解释类型化的标准。❼对于行政案件中的解释，于立深教授认为对于其中的不确定法律概念，应当行政解释、技术标准、裁量基准、专家意见使不确定法律概念的解释进一步法定化，主张常识性的经验判断与专业论证相结合，注重不同文化形态和政府规制目标下的不同

---

❶　上官丕亮："法律适用中的宪法实施：方式、特点及意义"，载《法学评论》2016 年第 1 期；上官丕亮："法律适用中宪法实施的正当性、合法性与可行性"，载《法学论坛》2016 年第 2 期。

❷　陈端洪："宪法的法律性阐释及证立"，载《清华法学》2016 年第 2 期。

❸　刘国："释宪机制的影响因子及其中国构造"，载《中国法学》2016 年第 1 期。

❹　翟国强："跨行政区划人民法院如何设立？——一个宪法解释学的视角"，载《法商研究》2016 年第 5 期。

❺　汪进元："宪法个案解释基准的证成逻辑及其法律控制"，载《中国法学》2016 年第 6 期。

❻　叶金育："国税总局解释权的证成与运行保障"，载《法学家》2016 年第 4 期。

❼　曾远："论税法解释类型化方法"，载《现代法学》2016 年第 1 期。

理解。❶ 黄琳博士生以指导性案例 40 号为例，分析了行政机关作出的解释违背了立法原意，因此应受到司法机关的否定评价。❷ 李振涛博士结合了新型行政诉讼案例，论证了目的解释有利于缓解资本市场新型案件与相对稳定的制度设计之间的紧张关系，并建议在内幕交易等新型案件的司法应对中引入目的解释方法。❸ 黄娟博士提出了行政赔偿诉讼中混合过错的认定及其解释方法。❹ 行政法解释涉及司法机关、立法机关和行政机关等多个主体，其研究具有多层次的特点；特别是涉及行政行为的解释，问题更加复杂多样。相比于以往，行政法学的研究中更加重视了法律方法论的引入，使得法律方法论与部门法的结合又有了新的扩展领域。

（三）刑法方法论（刑法解释学）：教义学基础与解释立场的交织

由于推出罪刑法定原则，刑事法律的研究一直比较严格充分地体现在法教义学的特征，自然与法律方法论的结合也非常丰富，2016 年的研究成果也继续证明这一点。很多研究专门罪名的论文直接以教义学为标题，含有非常丰富的法律方法论理论应用。❺ 除此之外，刑法方法论主要是就刑法解释的名称展开相关研究。例如，同样是针对如何限制解释兜底条款的问题，王安异教授认为，鉴于兜底条款较低的可预测程度，对具体问题应采用各种解释方法，遵守这些方法的位阶，

---

❶ 于立深："行政事实认定中不确定法律概念的解释"，载《法制与社会发展》2016 年第 6 期。

❷ 黄琳："违背立法原意的行政解释之司法修正——以孙立兴案为分析对象"，载《政治与法律》2016 年第 2 期。

❸ 李振涛、刘园园："目的解释如何展开？——以杨某诉中国证监会的行政诉讼判决为分析对象"，载陈金钊、谢晖主编：《法律方法》（第 19 卷），山东人民出版社 2016 年版。

❹ 黄娟："行政赔偿诉讼中混合过错的认定与解释方法"，载陈金钊、谢晖主编：《法律方法》（第 20 卷），山东人民出版社 2016 年版。

❺ 周啸天："身份犯共犯教义学原理的重构与应用"，载《中外法学》2016 年第 2 期；王霖："网络犯罪参与行为刑事责任模式的教义学塑造"，载《政治与法律》2016 年第 9 期；卢勤忠："涉典当犯罪的法教义学分析"，载《法学》2016 年第 3 期；贾文超、王瑞君："危险方法的刑法教义学分析"，载陈金钊、谢晖主编：《法律方法》（第 20 卷），山东人民出版社 2016 年版；李翔："虚假诉讼罪的法教义学分析"，载《法学》2016 年第 6 期；陈兴良："贪污贿赂犯罪司法解释：刑法教义学的阐释"，载《法学》2016 年第 5 期；马春晓："使用他人许可证经营烟草的法教义学分析——以集体法益的分析为进路"，载《政治与法律》2016 年第 9 期；刘军、管亚盟："刑法扩张的法教义学反思"，载陈金钊、谢晖主编：《法律方法》（第 19 卷），山东人民出版社 2016 年版。

予以层层解析，以防出于抽象目的或政策而进行随意解读。❶ 蔡道通教授则专门针对经济犯罪中的兜底条款，认为必须采取最严格的解释立场，以维护基本的刑法安全与市场主体的经济自由；对于立法与司法解释涉及的已经远离 "文本" 含义射程的 "其他" 内容，应当自解释施行后才具有效力。❷ 再如，多种解释方法如何在刑法中适用，2016 年度中学者们也展开了继续研究。对于目的解释方法，王祖书博士认为，其功能不是补充刑法漏洞，而是承载刑法价值评价。❸ 对于合宪性解释方法，陈璇研究员认为可以将其用于对正当防卫限度的判断，也符合比例原则的要求。❹ 孙谦大检察官则运用了多种解释方法分析了援引法定刑的刑法解释如何在个案中展开。❺ 肖志珂博士则反思了刑法解释方法之间的位序关系。❻ 蒋太珂博士提出了应当将建构刑法解释方法规则视为独立于实质解释与形式解释的第三条道路。❼

此外，对于刑法解释的整体定位和走向，学者们也提出了颇有见地的观点。劳东燕博士认为，正在转向功能主义的刑法解释论具有目的导向性、实质性、回应性与后果取向性的特点。由于倡导司法能动，功能主义的刑法解释论有助于解决风险社会背景下刑法体系的自我演进问题。❽ 刘艳红教授分析了刑法解释中的实质解释立场，认为，它更注重严格控制解释的尺度，要求行为必须达到值得刑罚处罚的法益侵害性才能被认定为该当于客观违法构成要件，必须达到值得刑罚处罚的非难可能性才能被认定为该当于主观有责构成要件。❾ 张建军博

---

❶　王安异："对刑法兜底条款的解释"，载《环球法律评论》2016 年第 5 期。

❷　蔡道通："经济犯罪 '兜底条款' 的限制解释"，载《国家检察官学院学报》2016 年第 3 期。

❸　王祖书："刑法目的论解释的功能界定"，载《北方法学》2016 年第 2 期。

❹　陈璇："正当防卫与比例原则——刑法条文合宪性解释的尝试"，载《环球法律评论》2016 年第 6 期。

❺　孙谦："援引法定刑的刑法解释——以马乐利用未公开信息交易案为例"，载《法学研究》2016 年第 1 期。

❻　肖志珂、赵运锋："刑法解释方法位序检讨"，载陈金钊、谢晖主编：《法律方法》（第 19 卷），山东人民出版社 2016 年版。

❼　蒋太珂："刑法解释论的第三条道路——刑法解释规则的建构"，载陈金钊、谢晖主编：《法律方法》（第 20 卷），山东人民出版社 2016 年版。

❽　劳东燕："能动司法与功能主义的刑法解释论"，载《法学家》2016 年第 6 期。

❾　刘艳红、冀洋："实质解释何以出罪——以一起挪用 '公款' 案件为视角的探讨"，载《法学论坛》2016 年第 6 期。

士倡导突破传统刑法解释观，控、辩、审三方通过参与、博弈，不断消除前见，实现"视阈融合"，并最终达成一种经由法官统合的共识性理解。在达成共识性的解释结论时，解释者既要保证解释结论形式的合法性，又要保证解释结论实质的合理性以及合目的性。❶ 当然，刑法解释自身也存在着一定风险，左坚卫教授认为，如果解释者忽视对刑法人权保障的功能，就有可能出现压制人权的风险，需要将刑法解释权还给法官并限制其自由裁量权。❷

（四）民法方法论（民法解释学）：民事法律问题的解释论分析

与刑法学研究类似，民法方法论多是以民法解释学的名称展开研究，以梁慧星教授的《民法解释学》为代表。在 2016 年的研究成果中，也有一些直接以教义学作为研究视角的论文，比较有代表性的是对意思表示的解释，赵毅博士从古罗马法教义学出发，专门研究了如何对"意思"进行解释。❸ 崔建远教授则分析了民法典总则草案中的意思表示解释规则，认为应增设以法律的任意性规范、可推断的意思表示、补充（性）解释的解释规则以及沉默表示着何种意思的解释规则。❹ 针对意思表示中的"知道与可以合理地期待知道规则"，张金海博士认为表示的客观文义具有初步的优先性。表意人如欲胜诉，需要举证他的意思不同于客观含义，并且受领人知道或者可以被合理地期待知道他的意思。前期的磋商、当事人之间确立的习惯做法以及缔约后的行为是适用该规则时的主要参考因素。❺ 此外，民法解释学的研究还对体系解释方法有所关注，许中缘教授以民法典为背景分析了如何运用体系解释说明《合同法》第 51 条的含义❻；陈永强教授则批判了法释〔2012〕8 号第 10 条，认为该条规则是以单一要素为基础的解

---

❶ 张建军："互动解释：一种新的刑法适用解释观"，载《法商研究》2016 年第 6 期。

❷ 左坚卫、王帅："论刑法解释的人权压制风险及其纾解"，载《法学杂志》2016 年第 3 期。

❸ 赵毅："'意思'的诞生——基于罗马法教义学的考察"，载《北方法学》2016 年第 6 期。

❹ 崔建远："意思表示的解释规则论"，载《法学家》2016 年第 5 期。

❺ 张金海："论意思表示解释中的'知道与可以合理地期待知道规则'"，载《政治与法律》2016 年第 4 期。

❻ 许中缘、黄学里："民法典视角下《合同法》第 51 条的体系解释"，载《法学论坛》2016 年第 5 期。

释，应当结合多种要素进行综合解释。❶

结语：法律方法论成为独立学科的期待与可能

法律方法论已经成为最近十几年中法学研究的理论增长点之一，将其列为独立法学学科有着比较充分的理由。一方面，在建设双一流的背景下，能够与国际相关学科直接对话交流的学科具有先发优势。战后国际法理学研究中出现了对法律方法论的明显关注，多次世界法哲学大会都以法律方法论或者其分支理论作为会议主题。由于研究体系的差异，国外学者并未直接将法律方法论列为独立的法学学科。但是，德国和美国等法治先进国家的法学理论中已经出现了大量关于法律方法论的研究成果，这些经验都证明了法律方法论的巨大理论与实践意义，将其列为独立的法学学科是相当有必要的。另一方面，从前述研究现状和发展趋势可以看到，法律方法论已经初步具备了成为独立学科的一些基础条件，包括扎实严谨的理论基础，丰富全面的理论体系，以及在部门法中的普遍扩散和影响，这些已有成果既有和法学理论学科类似之处，同时又在很多方面超越了单纯的法理学研究。从以上意义来说，将法律方法论列为独立学科还是相当值得期待的，这不仅有利于推动法律方法论研究，更有利于丰富中国法治理论及其与世界法学研究的交流，树立中国法学理论的独立与自信。

---

❶　陈永强："特殊动产多重买卖解释要素体系之再构成"，载《法学》2016 年第 1 期。

第七章　全国法律修辞学研讨会介绍及研究综述

一、当法律成为修辞——第一届全国法律修辞学研讨会综述

本次会议围绕修辞学与法律修辞学、逻辑学与法律修辞学、语言学与法律修辞学、法学与法律修辞学等主题，从不同学科、不同维度对法律修辞学的基础理论问题与相关交叉热点、前沿问题进行了深入的探讨。可以说，法律修辞学是一门需要我们认真对待、认真研究的新兴学科。近几年来，法律修辞与法律修辞学研究逐步兴起，司法判决需要认真对待并强化法律修辞。同时需要警惕司法判决反对过度修辞。法律修辞是法律方法的重要基础支撑与组成部分，在把握既有司法传统与运作现实，综合运用多学科的知识与方法的基础上努力探索在法律方法理论体系中自洽的位置等结论。

2011 年 5 月 14～15 日，由中国政法大学、南开大学、吉林大学、山东大学威海分校主办，山东大学法律方法论研究中心、山东省法学会法律方法论研究会承办的第一届全国法律修辞学研讨会在山东大学（威海）法学院隆重召开。来自中国政法大学、中国社会科学院、福建师范大学、南开大学、华中师范大学、对外经贸大学、西北政法大学、西南政法大学、中南财经政法大学、延安大学、山东大学威海分校、山东理工大学、山东政法学院、青岛科技大学等高校及实务部门，专业涉及法学、修辞学、逻辑学、语言学等学科领域的专家学者 30 余人，齐聚山东大学威海分校法学院，围绕着法律修辞学这一研究新领域进行了研讨。本届研讨会共分为"修辞学与法律修辞学""逻辑学与法律修辞学""语言学与法律修辞学"和"法学与法律修辞学"四个单元。各个单元分别包括主题发言、评议人评议、自由提问和点评

人总结等环节。❶ 现就会议内容综述如下。

（一）修辞学与法律修辞学

舒国滢在主题发言中首先从词源学角度对修辞之源、概念之辨进行了翔实、细腻的梳理与考证，并指出"通过对西方古代'修辞学'之历史线路图的简单勾勒，我们可以看出：尽管从考拉克斯到西塞罗的四个世纪里，古希腊、古罗马有众多学者在从事'修辞学'的事业，但他们对修辞学的使命、目标和用途的理解并不完全一致，甚至修辞学概念本身的定义也存在争议"。其次，在对修辞主旨的追问中，以对修辞的拥护与反对的争论为线索进行论述，其争议的原因在于，无论拥护派还是反对派都关注的是"修辞学之实践"，而非关注"实践之修辞学"。最后，在关于"意见"与"修辞学"当中，一方面对修辞学（术）与辩证法（术）的历史纠葛进行了较为详尽的考察，认为从论证和推理的角度看，修辞学也可以理解为通过言说和相互言说的推理技术；另一方面对"意见"与恩梯墨玛（修辞式三段论法）、"开题"与"开题术"、修辞论证的五大步骤（或法则）等也进行了论述与阐释。谭学纯在主题发言中对修辞学的学科归属问题进行了剖析与论证。首先，对目前学界关于修辞学的学科归属问题进行了归纳总结，认为或倾向于交叉学科或倾向于跨学科。谭学纯首先对"交叉"与"跨"的语义进行了分析。认为"交叉"是有相同的、有不同的、有相重。"跨"是指"超越……界限"。修辞学科的交叉性质与修辞学的跨学科视野是两个有区别的概念。把跨学科归为修辞学的学科属性有待商榷的。从学科性质看，修辞学属于交叉学科，就其研究视野来看，具有跨学科的视野。共享跨学科的资源、共享跨学科的平台。同时从全球化背景与本土传统的修辞来看，修辞学也具有交叉学科的性质。文章通过多方面的考察与论述，认为修辞学具有交叉学科的属性，而跨学科则是其具有的研究视野、研究方法与学术领域。刘文科在主题发言中首先提出理解法律、政治与修辞的基本性质是理解三者相互关系的重要前提，并对三者的基本性质进行了论述分析。在法律与政治的关系上，认为法律解释上的形式主义和实质主义是政治上程序民

---

❶ 本综述内容根据会议速录整理，并通过会议录音进行校对，但未经作者本人审阅，当然一切文责自负。

主与实质民主的表达与延伸。因此，法律解释与政治理解紧密相连。政治理解统领着法律解释，有什么样的政治理解，就有什么样的法律解释。在修辞与政治的关系上认为，修辞与政治的关系问题是政治修辞的首要问题。政治修辞是政治权力合法化的必要途径，并普遍存在于政治过程之中，发挥着重要功能。法律规范与法律事实都需要修辞。无论是立法还是司法，均离不开修辞，只是修辞在法律规范和法律事实之中的作用方式和作用程度不同而已。王彬在主题发言中谈到修辞学的当代复兴使法律修辞学从说服的技艺发展为实现裁判合理性的方法论，法律修辞学以关系本体论的法概念论作为理论前提，以论题学为思维方式，在知识属性上，体现了分析学与诠释学在法律论证理论上的融合。法律修辞学是作为规范性的法律方法论，适应司法民主化的发展趋势，并使司法中的价值判断活动规范化，但是，法律修辞学在法律论证中的作用是有限度的，必须警惕修辞在司法过程中的负面作用。

以上发言基本上都是围绕着法律修辞学的基本理论问题而展开探讨的，之后山东大学威海分校彭中礼博士分别对该单元四位发言人的发言进行了富有建设性的评议。在自由提问环节，山东大学威海分校焦宝乾教授就相关问题与四位发言人进行了交流对话。社科院法学所刘作翔教授作了点评。在点评中指出本单元主要是讨论一些基本问题，但很容易陷入新八股的陷阱中，如果我们将法律修辞定义为论辩或对话之术。论辩与修辞到底是什么关系？这个问题，我们还需要做很多的阐释工作，语言问题是一个世界性的问题，而且语言问题目前是无法克服的，有时候仅局限于辞源的理解上，而忽视了问题本身。谭教授的发言给我们法律修辞学的研究提供了合法性的证明，指出法律修辞学是一种交叉学科，且是跨学科的视野。提出修辞语言、修辞诗学、修辞哲学三个进路。总之，这些基本问题还是需要深入研究的。

（二）逻辑学与法律修辞学

武宏志在发言中的主要观点包括古希腊的法律修辞学刺激了辩证法的诞生，辩证法的论证工具——辩证推理同时也是逻辑学的一类研究对象。亚里士多德于分析性推理之外创立了论式理论系统，这种理论继而成为改造旧修辞学的利器。西塞罗在法律语境中将论式理论和修辞学紧密结合起来，形成了高于古代法律修辞学的新形式。昆体良、波伊提乌及其后的辩证法、修辞学和逻辑通过论式学说纠结在一起。随着论式理论阐释角度的变化，法律修辞学和法律辩证法齐头并进，而辩证法甚至成为逻辑学的别名。现代论式学说的复兴，以承认分析性推理和论式性推理或辩证推理的区别为出发点。法律论证三学科——法律修辞学、法律辩证法和法律逻辑的互动发展，表明一种全面的法律论证理论有必要反映这三个学科的不同视角和规范，并汲取它们的精华。张传新在发言中指出文章试图通过对法律推理过程及其特点的分析，论证修辞与逻辑的统一性，即逻辑也是修辞，是最具说服力的一种修辞；修辞也是逻辑，是在无法直接进行演绎推理时所备选的逻辑。在司法过程中，逻辑是修辞的基础，修辞是为了确立逻辑推理的前提条件。文章首先从修辞与逻辑的历史纠葛谈起，对于两者的关系作了一个系统的分析，并指出逻辑与修辞在司法中的重大价值；逻辑也存在局限与不足：第一，修辞学术可能被滥用；第二，修辞术与真、正当性、合理性等没有必然的联系；第三，修辞可以使较弱的观点变得更加有力；第四，现代修辞理论存在自身理论的不足。最后又提出，修辞与逻辑在法律推理中的统一，法律思维的核心是法律推理。

逻辑学与法律修辞学存在着密切的联系。本单元主要侧重于对逻辑学与法律修辞学的相关问题进行研讨。山东大学威海分校赵维贞博士生对主题发言作了细致、独到的评议。在自由提问环节，与会代表就逻辑学与法律修辞学的相关问题进行了探讨交流，最后，中南财经政法大学张继成教授对本单元的讨论作了精彩的总结点评。

（三）语言学与法律修辞学

廖美珍的发言融理论梳理与实证考察于一体，首先对国内外的相关礼貌原则进行了梳理与介绍，之后对法庭话语礼貌现象进行了分析，包括不给面子是规则、给面子是例外；面子威胁行为多；赤裸裸的面子威胁行为多；面子与法庭礼貌行为原则、法庭礼貌行为与目的原则等方面。最后的结论是适合西方日常话语互动的礼貌原则和面子理论不适合中国法庭话语。法庭话语是以利益冲突为特征的话语，利益原则高于礼貌原则，不给面子是规则，给面子是例外。法庭的礼貌待遇与法庭角色相关密切，被告人的礼貌待遇最差，法官的礼貌待遇最高，并认为最适合法庭话语的是目的原则。刘风景在发言中首先对法律隐喻的基本内涵作了界定；其次，对法律隐喻的分类作了论述；最后，关于法律隐喻的存立依据，认为包括唯理主义的"非理性"，感性是法律的内在因素，法学须接纳隐喻方法等方面。之后对法律隐喻的功能进行了评价，首先法律隐喻的先天性缺陷：认识片面、界限模糊、情感滥用、概念偷换。当然法律隐喻也是具有非常重大的价值，法律探源的可靠进路、法学分析的崭新视角和中华法学的深层契合。最后提出了法律隐喻的运用方法：预设价值、依托语境、关注本体、借"熟"释"生"。法律隐喻是法学家们从其他学科当中汲取理论营养，而逐渐形成的一个有效研究工具。张清在发言中指出律师辩护是一门综合艺术，辩护的语言也就应具有艺术性，体现辩护的艺术。辩护人发表辩护词的目的是劝说。因此，刑事辩护词可以而且应当运用艺术性语言来体现辩护的艺术，实现辩护的目的。文章主要从艺术性语言的角度，具体来说，从形式多变、情感渲染和修辞运用三个方面，运用了大量鲜活的案例对刑事辩护词的语料进行研究分析，挖掘其中的艺术手段及其对劝说目的所发挥的作用。如果说第一单元主要侧重于法律修辞学基本理论问题的研讨的话，那么本单元则更多地关注法律修辞学应用层面的相关问题。山东大学威海分校沈寨博士生对三位发言人的发言分别进行了精彩的评议。在自由提问环节，山东大学威海分校张传新副教授、厉尽国副教授和郝书翠副教授针对主题发言，分别提出相关问题，并与发言人进行了探讨。

（四）法学与法律修辞学

陈金钊在发言中首先指出法律修辞学是法学近些年知识增长的亮点。法律方法论主要是三种方法即解释的方法、逻辑的方法与修辞的方法。法律修辞学是法律方法论研究的基础性学科。"把法律作为修辞"是法律修辞学研究的核心问题。在发言中主要提到：第一，"把法律作为修辞"与法律修辞的方法，从直观的角度看，我们可以"把法律作为修辞"分为两种：一是把"法律"这一概念作为限定性修饰与其他的语词搭配，出现了大量的法律术语或者法律概念。二是把更加具体、细致的专业化的法律语词作为构成言说的修辞。法律修辞方法主要是指在将法律作为修辞（法律术语或法律概念）时的运用方法。第二是"把法律作为修辞"的问题指向问题，"把法律作为修辞"就是要在完成"去西方化""去政治化"和"去哲学化"任务的基础上，为社会主义法治建设服务，为今后中国进入法治时代进行思维方式转变和实现途径等方面的准备。第三是法律修辞方法对实现司法公正的意义。包括法律修辞方法中不能缺少正义的法律价值语词。侯学勇在发言中谈道，在传统的观点，法律规范是抽象的，要加以适用，必须经过法律解释的过程，这是一种法律发现的过程。司法过程中，并不是简单的演绎推理得出一个结论，而是在很多因素的作用下得出一个司法结果，并且要加以证明，从这一方面来讲，我们的司法判决是结论先导型的。法官作出一个裁判结果，一个重要的任务是要将这种结论加以证立。从发现的意义上的解释适用，是得不到现在意义上的正义。单纯依靠解释，很难证立法律解释的适用结论，一定要借助其他的一些方法的适用。李晟在发言中指出传统社会中的法律修辞主要特点表现为修辞的文学性非常突出，西方表现在口头演说中，但在中国修辞的文学性表现在书面表达中。在传统社会向现代社会变迁的过程中，修辞的变化表现在修辞学的兴起推动了法律与修辞更加紧密的结合，古典修辞学侧重的是选择恰当的词语加以说服，而现在修辞学侧重论证基础上的说服，强调语言使用和逻辑的关系。修辞的精确性和理性在法律领域的表现主要为：一方面在于来自其他学科的专业化表达被引入法律修辞之中；另一方面在于无论在法律内部还是在法律外部都强调以专业术语为核心。法律修辞的变迁不是由修辞学本身的理论逻辑所决定的，而是社会变迁的产物。杨贝在发言中提到，作为一门哲学学问，修辞学可以为人们的生活提供基础性指引。法治的四个维度：民主之治、理性之治、理由之治与规则之治，这四个维度都指向了修辞学。作为民主之治的法治离不开修辞学，修辞学帮助公民有效表达行动，修辞学帮助公民社会达成共识的实现。作为理性之治的法治离不开修辞学。法治的实质理性可以通过修辞学探寻。作为理由之治的法治需要修辞学的支持。在修辞学的指引下，法治社会成员能够更为准确地选取最具说服力的理由并以最为适当的形式加以提出。作为规则之治的法治离不开修辞学。作为与法律正义并行而提出的衡平正义，是与法律正义并行的，是对法律的校正。武飞在发言中谈到，立法修辞是一种提升立法质量的方法行为，并没有使其成为一种本体的生存方式和状态，即区别于本体论的修辞学。为了使立法修辞的内涵更加明晰，可以将立法修辞与相近概念立法技术进行基本的区分。立法的权威可以分为两个层面，一是立法者作为法律制定者的权威；二是立法内容的权威性。通过修辞，提升立法质量，继而使人们在更大范围内接受法律的规则，这是立法修辞重要的价值所在；对立法权来说，提升立法质量的修辞学进路也符合它作为一种民主权利的性质和要求。

本单元着重探讨法学与法律修辞学的基本理论问题，山东大学威海分校戴津伟博士生对五位发言人的发言进行了精彩、幽默而不失严谨的点评。在自由提问环节，与会代表就相关问题进行了提问交流。西北政法大学杨建军教授对该单元进行了点评。

在会议闭幕式上，山东大学威海分校法学院焦宝乾教授对本届法律修辞学研讨会作了精彩、幽默的学术总结。认为本次研讨会的成功举行具有重要意义，同时分析了本次研讨会的特色和不足，展望了法律修辞学会议这个学术平台对各人文社科领域的重要研究前景。本届会议对于其正在主持研究的国家社科基金"法律修辞学理论与应用研究"项目，也是个重要推动。近年来，山东省人文社科重点研究基地"法律方法论研究中心"非常关注法律方法的基础理论建构研究。本届研讨会在我国首次较为集中地对法律方法论的理论基础之一——法律修辞学做了系统而深入的研讨，有力地促进了我国法律方法论研究。

（五）展望与反思——法律修辞（学）的限度

法律修辞学（Legal Rhetoric）是 20 世纪六七十年代以来在欧美法学界逐渐兴起并取得一定影响的法学理论，其产生的背景是 20 世纪修辞学的复兴以及"充分的论证"成为法律判断正当性的重要依据。陈金钊指出，"法律修辞学与传统法律方法论没有太紧密的关系，甚至以形式逻辑为主要方法的法律方法论还排斥在法律应用中的修辞。但是自从非形式逻辑研究兴盛以来，法律修辞学的地位迅速攀升，并且促生了法律论证方法向纵深发展。"[1] 在当下的中国，我们必须正视司法裁判中修辞论证的缺位，因此，在当下及今后相当长一段时间内的中国，都应强化法律修辞在司法裁判中的应用。"修辞论证中的法律修辞问题研究是在随着法律论证方法进入法学界的。修辞论证（论辩）是一种重要的法律论证方法。在司法实践中，这种方法具有广泛

---

[1] 陈金钊："法律修辞（学）与法律方法论"，载《西部法学评论》2010 年第 1 期。

的实际应用价值。裁判中的事实问题还是法律问题，均涉及修辞论证方法的运用。具体而言，法律中的修辞论证包括以理服人、以辞服人、以情感人、以德/势服人等策略。因而，修辞论证在当代政治与法律话语中具有举足轻重的地位。"❶ 但是，我们也必须正视，法律修辞运用的一个重要前提是要充分重视逻辑思维规则在司法判决中的基础性作用。"古典修辞学重在对修辞术进行研究，重在选择使用什么样的语词进行说服，而现代修辞学重在论证基础上说服，强调了语词使用与逻辑的关系。"❷ 法律修辞如果运用合理，则能够弘扬正义、传播真理；反之则会带来邪恶乃至恐怖的后果。法律修辞在增强司法判决说理性，强化司法判决正当性与可接受性的同时，在一定程度上还可以维护法律的确定性。但过度的法律修辞则可能对法律的确定性、司法判决的权威性带来危害。陈金钊也指出，"法律修辞对法治建设来说具有正负两个方面的作用。"❸ "可以说，法律修辞在司法中有广泛使用，不过，同时也要对修辞方法使用的限度与弊端予以警惕。法官修辞的运用有助于更好地解决纠纷，但也可能削弱司法权威。法官修辞只是帮助法官适用法律的一种有效形式，不能替代法律成为决定司法过程的因素。"❹ 以"邓玉娇案"为例。模糊语言、挑选和类比等修辞策略的运用，使"邓玉娇案"在社会讨论中形成了不同的版本。每一个版本的叙述均没有偏离"邓玉娇刺死邓贵大、刺伤黄德智"这一核心事实，但是却导向截然不同的结论。作为案件事实形成的潜在推动因素，修辞所扮演的角色不是简单的语言装饰，而是参与案件事实的建构。案件事实的演变及其最终形成，正是在修辞的运作中维系下去的。从某种程度上理解，修辞也左右着我们对案件事实的认知，其中隐含的陷阱也需要警惕。

　　过度修辞是法律修辞对法治所可能产生的负面作用之一，法律修辞也是有限度的，有其适用边界的。但是，几乎可能肯定的是，肯定

---

❶ 焦宝乾："法律中的修辞论证方法"，载《浙江社会科学》2009 年第 1 期。

❷ 陈金钊："探究法治实现的理论——法律方法论的学科群建构"，载《河南省政法管理干部学院学报》2010 年第 4 期。

❸ 陈金钊："法律修辞（学）与法律方法论"，载《西部法学评论》2010 年第 1 期。

❹ 焦宝乾、陈金钊："法治迈向方法的时代 ——2010 年度中国法律方法论研究报告"，载《山东大学学报》（哲学社会科学版）2011 年第 2 期。

会有司法判决中过度修辞现象的存在，这就是我们运用法律修辞所必须付出的成本，借用经济学的话语，我们要努力追求这种成本最小化，这就如同我们推行法治建设一样，一味地追求实行法治所带来的种种便利，而忽视践行法治所需要付出的成本的法治浪漫主义是不现实的。我们需要的是坦然面对、艰难揭示与努力克服。

总体看来，法律修辞学是一门需要我们认真对待、认真研究的新兴学科。近几年来，法律修辞与法律修辞学研究逐步兴起，司法判决需要认真对待并强化法律修辞。同时需要警惕的是，司法判决反对过度修辞。法律修辞是法律方法的重要基础支撑与组成部分，法律方法体系中的法律修辞应该结合中国的问题意识，强化其追求法治、维护法治的立场，注重修辞的具体语境，把握既有司法传统与司法运作现实，综合运用多学科的知识与方法，努力在法律方法理论体系中探索自身恰当的位置。

二、研究的拓展和丰富——第二届全国法律修辞学研讨会综述

2011 年 12 月 10 日，南开大学法学院主办的第二届全国法律修辞学研讨会在天津召开。来自南开大学、中南财经政法大学、山东大学、中国社会科学院法学研究所、中山大学、北京理工大学、延安大学等高校的 40 多位专家学者参会。第二届全国法律修辞学研讨会开幕式由南开大学法学院刘风景教授主持会议，南开大学法学院党委书记夏静波、山东大学威海校区副校长陈金钊教授和中南财经政法大学法学院张斌峰教授分别致辞。刘风景教授表达了对与会代表的感谢，并期待这次的法律修辞会议能够成功的进行并圆满的结束。陈金钊教授就其对于法律修辞学的观点作了简洁而深入的阐述。陈金钊提出，应当把法律作为修辞，为法律人争取自己的话语权，实现把法律作为修辞的这种立场层面转变为让法律成为修辞的目标层面。在应对"我爸是李刚"这样的政治性言论或者其他来自网络、公众的暴力性语言时，法律人不至于因为找不到与之抗辩的法律言论而躲在角落里。因此，我们必须有一种法律人应有的言论，既具有说法性、说理性，又具有震撼力，真正展现法律应有的尊严和权威，这也是法治的必然要求。可见，法律修辞学对于法律人、法治建设的意义不言而喻。

紧接着的会议研讨阶段从法律修辞学的基本理论、司法中修辞的运用和局限性、修辞与逻辑的互动、广义的法律修辞学四个单元展开。以下就会议中的主要内容予以综述。

（一）法律修辞学的基本理论

　　会议的第一单元由中国社会科学院法学所刘作翔教授主持。首先由北京理工大学法学院谢晖教授做了题为《法律制度的修辞之维》的发言。他认为法律制度不仅具有逻辑之维，也具有修辞之维，修辞是法律逻辑的起点。并指出法律有一个重要的需求即求真、向善。然而在演绎逻辑中，大前提不真，结论必然不为真；在归纳逻辑中，穷尽事实不够，结论必然不为真，所以绝对的求真是不可能的，因此需要法律修辞这一艺术。谢晖教授还从无罪推定原则出发解读制度性修辞，认为无罪推定的制度性修辞便于司法的可操作性。并且把无罪推定原则的价值（修辞）维度推导到技术（逻辑）维度时，才能实现实践运用的价值（修辞），由此被公众普遍接受。青岛科技大学法学院姜福东副教授在点评中认为，把法律修辞作为起点，体现科学理性的向度，是科学修辞学的引入；强调言语的交往性和创造性，实现法律人与社会公众之间的情感、价值的共鸣；此外，从无罪推定的微观层面研究其语言维度、价值维度、技术维度，这些都深化了修辞本身的内涵和地位。

　　中南财经政法大学法学院张斌峰教授发言题目为《语用学视野下的法律修辞学》，从语用学视野下对法律修辞学进行了探讨。他认为修辞是使用语言的技术，修辞的过程就是通过语言的表达实现最佳的说服力、表达力和恰当性。针对中国情境下政治修辞强、法律推理倒置等情形，张教授强调当代哲学的语用学转向；推进着修辞学和法律修辞学的语用学转向，从而提升法律修辞学的规范性和自主性。渤海大学法学院吴永科教授对此作了点评，指出法律修辞的有效性由其优越性、实践性和价值性体现。张教授从语用学的角度出发，考量语境的关联性，强调法律修辞的艺术性服务于有效性，从多元化的研究维度进行了思考。吴教授也提出了对法律修辞学与法律应用学的关系问题的思考。

　　华中师范大学外国语学院廖美珍教授发言题目是《中美法庭判决词修辞对比研究》，认为当下有比较法学、比较语言学，而无比较法律语言学，于是对中美刑事法庭审判中问话的数量和类型的对比进行了研究。通过数字比对，寻找异同点。分析得出相同点是问话是法庭中的重中之重，区别在于中国的问话针对的是被告，而美国的问话针对的是证人，而被告人没有证明自己有无罪的责任、义务。控辩双方的问话量在中美也有很大差距。在点评中，天津科技大学外国语学院的郑东升以中美刑事审判中的问话修辞为研究对象，利用相关的数据进行调查分析，从细节上对中美审判的司法问话修辞进行比对，突出话语权的重要性。

本单元最后由中南财经政法大学硕士生徐梦醒做了题为《修辞论辩的新走向》的发言。她从佩雷尔曼的"普遍听众"到哈贝马斯的"交往理性"为出发点，从中寻找共通的、能够达成共识的基础即认同以及互为认同的过程，这种尝试有助于为修辞学在法律论辩领域寻找有效地规则之治的合理定位，提升法律主体对于话语象征性内涵的领悟。评议中，南开大学法学院贾敬华副教授对徐梦醒的论文水平给予了肯定和鼓励，指出文章从修辞学的基本原理出发能够以小见大，发现问题并寻找解决问题的突破口，指出交往双方只有在地位平等的情况下，才能说服听众，由此提升可接受性从而达成共识，获得宏观的正义。

（二）司法中修辞的运用和局限性

研讨会第二单元由南开大学法学院副教授朱桐辉主持，侧重就修辞的运用以及实践运用中的局限性进行研讨。南开大学法学院王彬、徐州师范大学法政学院沈寨和石家庄经济学院法学院孙日华分别发言。王彬发言的题目是《裁判事实认定中的叙事与修辞》。他检讨了诉讼法学上的客观真实论与法律真实论，由此探讨了将修辞学与叙事学的理论与方法运用到事实认定的必要性与可能性。认为后现代主义法学打破了传统法学事实认定上的神话，使我们直面现实。对于司法裁判中的事实认定，是在特定的诉讼程序中通过当事人的叙事建构的，而不可能完全重现过去发生的客观事实，也正是在叙事的过程中的语言应用及语言行为表现出修辞及其效果。客观真实论和法律真实论只关注诉讼主体对事实的主观认识，而忽视了在诉讼过程中语言形式的选择、运用所架构的案件事实，由此强调裁判事实的形成更需要借助于修辞的力量。并以"许云鹤案"为例，对法内叙事、法外叙事和叙事策略进行了详细探讨。山东大学（威海）法学院焦宝乾教授在点评中，首先肯定了文章的哲学功底及理论基础。指出其不足在于，文章开端问题意识还不够明确；"修辞"与"叙事"等关键词的使用及用法还有一定问题；研究中本应突出案例分析，但本文处理得不够好。案例应当穿插在各个标题下予以恰当分析，突出研究的重点和实践意义。

徐州师范大学法政学院的沈寨就她的论文进行了系统的阐述，主要从西方修辞学发展的历史出发，对修辞负面效果进行限制的先后的理论观点即修辞真理观、修辞伦理观、修辞论辩观进行了论述。修辞真理观为理性的法律修辞提供了方向指引，修辞伦理观为理性的法律修辞提供了内部约束，修辞论辩观为理性的法律修辞提供了外部制约，使法律修辞约束具有了制度化的维度。对此中国社会科学院法学所冉井富副研究员作了点评，表达了自己的观点并对文中某些句子的表述提出了自己的建议。

孙日华以"劫人质救母案"为切入点，指出法官从当事人那里获得的不同版本的叙事故事，进行剪裁和抉择，从中获得裁判的公信力。从证据到案件事实再到裁判是一个叙事过程，大众、媒体、当事人以及法官通过对证据的选择、叙述将分散、凌乱的事件得以整合。至于法官最后会以什么样的判决展示也是一个叙事的过程。虽然叙事可以展现事物的本来面目，但是由于叙事主体会掺杂自己的情感、选择利己的语言等，因此叙事并不是挖掘真相的救世主。这需要法官在整合当事人叙事和大众叙事后作出判决。对此，南开大学法学院宋华琳副教授对此也进行了点评，指出叙事既然有内部叙事和外部叙事之分，应当明确法律叙事与裁判之间的关系。对司法裁判中的叙事的研究，就是把司法裁判中的小前提的认定独列出来，研究其中的修辞技巧、效果和影响。裁判事实所反映的客观事实既有或然性又有必然性，是否最大限度地趋近于客观真实，主要取决于言语活动本身的可信度，而这种言语活动本身的可信度又是通过叙事策略和修辞技巧达至的。

（三）修辞与逻辑的互动

下午进行的第三单元以"修辞与逻辑的互动"为主题，由天津商业大学法学院吴春雷教授做主持。首先由中山大学逻辑与认知研究所熊明辉教授做了题为《法律修辞的论证视角》的发言。他通过精心准备的 PPT，主要梳理、介绍了西方法律修辞学的历史演变。鲁东大学汉语言文学院王东海教授做了点评，指出语言学界研究的专业术语语言形式和语言内容，语言形式主要是法律表达的句型，语言内容主要是通过或然性推论达成必然性推论，实现言说者和听众的共识。

接下来延安大学 21 世纪新逻辑研究院武宏志教授发言题目是《Enthymeme 的真义与特性》。指出对 enthymeme 的误解使得其变成了省略三段论，最终被形式逻辑理论完全销蚀。事实上，enthymeme 的本质是基于废止规则的或然论证。它的"简短"这一特征是由论证者和听众之共识的内在本质决定的。修辞、论证、逻辑是从三面进行论辩的问题，发现 enthymeme 的重要意义，将逻辑学、修辞学和辩证法三个视角结合起来，为法律论证理论提供更为全面和现实的基础。山东大学（威海）法学院的戴津伟博士生进行点评。他认为论证是运用语言技术来说服是不确定性的推理，修辞不仅仅是语言的使用，也是逻辑推理的依据，获得可接受性的即众所周知的大前提。教义学强调法律概念、逻辑，而有时没有共识，带着这样的疑问与武宏志教授进行了探讨。武教授指出这是由于机械的逻辑三段论有时是完整的三个要素，但偶尔会只有两个，这就是省略三段论。要获得共识就需要有公认的大前提，需要法律论证来解决，这不是修辞本身存在的问题。

山东大学威海分校哲学与社会发展研究中心的夏卫国博士发言题目是《广义逻辑学视阈中的法律修辞论证模式》。从 20 世纪西方修辞学理论演变来看，代表性的法律修辞论证模式主要有基于结果的图尔敏司法论证模式、新修辞学司法论证模式以及基于过程的哈贝马斯的交往理性司法论证模式。这些都属于非单调应用逻辑，研究面向司法领域中演绎与归纳推论在其中的作用机理，以及逻辑因素与非逻辑因素的相互作用机理。由此可以作为法律修辞论证的基本原理，以此合理性结构来规范法律修辞的其他技巧，以期深化法律修辞学与逻辑法律方法的关系。对此西北大学法学院傅强博士做了点评，应缓和逻辑与修辞之间的关系，法治构建不是法治修辞，指出应恰当地运用修辞获得判断的合理性。

（四）广义的法律修辞学

第四单元由南开大学何红锋教授主持。本单元发言分别从不同的部门法角度探讨了法律修辞中的一些问题。华侨大学法学院王康敏发言题目是《教育公平的话语修辞与制度逻辑》。他以目前被随意应用的修辞性口号"教育公平"为思考的出发点，指出法律人视角的缺失使得当前关于教育公平的讨论缺少制度规范的意涵，难以实现实质性教育的公平。文章从高校招生为切入点，运用法律社会学和法律解释学剖析教育公平的内在制度逻辑，强调法律作为"远离激情的理性"能够基于规范和正义成为克服自私、偏执与浪漫的思考工具。对此，南开大学法学院李晓兵副教授进行了点评。

同济大学法学院刘忠的题目是《由隐喻获得修辞：中立第三方理论批评》。认为在司法审判中控、辩、审三方组成一个裁判方居中，控辩对抗的诉讼结构，处于三角形顶点的是被设计为中立第三方的法院，从法院实际权力运行状态，即纠纷的终局裁判权、一般性规范的发布权、裁决的独占强制执行权来看，法院并不当然的具有中立第三方的独立、消极、中立、被动的角色特征。指出我们应当站在被观察者的角度，参与观察、切实体验。南开大学法学院王强军进行了点评。

最后由中南民族大学法学院的聂长健博士做了《孔子的法律修辞学的研究》的发言。他强调积极、乐观的修辞意识，简洁、明快的修辞特色，拒绝"以辞害意"的修辞见解，娴熟运用的修辞方法，使法律威严又慈祥、通俗又脱俗、典雅而不张扬、公正不失情怀，可更好地为人们所认可和接受。指出最好的文字表达最好的思想，"说好"话而不是说"好话"。对此湖南省委党校彭中礼讲师做了有针对性的点评。

四个单元主题发言及研讨之后，会议进入自由讨论阶段。南开大学汉语言文化学院王泽鹏教授主持了这个阶段。与会代表对相关的议题进行了激烈、活泼的讨论。

紧接着在闭幕式上，南开大学法学院李晟博士将本次的法律修辞学会议精辟地总结为五个丰富性即：研究者的丰富性；代表学科的丰富性；研究对象、内容的丰富性；法律中和法律外修辞研究的丰富性；研究立场的丰富性。南开大学法学院刘风景教授对会议作了最后的总结并宣布第二届全国法律修辞学研讨会的举办圆满成功。中山大学将承办第三届全国法律修辞学研讨会，熊明辉教授做了热情、洋溢的致辞，向与会代表发出了诚挚的邀请。

第二届全国法律修辞学研讨会与第一届会议相比有许多新的探索

和拓展，也为未来的研究垫下了基石。与第一届全国法律修辞学研讨会相比较，文章数量有一定增加，参与人员数量也有增加。从研究人员的专业来看，既有法律理论界的学者、部门法研究者，又有实务界的法官、律师。

当然，法律修辞学的研究还处于初级阶段，我们的探索之路才刚刚开始，在法律修辞会议中也提出了许多未能解答的问题与疑虑。在理论层面，法律修辞学到底是什么？如何对其进行定位？大家从不同的学科、不同的视角都对法律修辞学做了一定的研究，但是它的核心点在哪里？对于初学者，应如何掌握研究的要领并进行深入探索呢？修辞学与语言学的关系是什么？如何架构它们之间的联系？面对特权修辞，面对舆论风暴的大肆渲染对司法裁判的不良影响，如何予以规制？以怎样的法律修辞予以答复呢？这也是突出法律人的价值和意义的关键点。法官如何在不同的叙事主体中找到事实真相，理性架构自己的判决说辞，增强判决结果的可接受性等。这些还需要人们进一步研究。

三、法律话语权的争夺——第三届全国法律修辞学研讨会综述

2012年11月23～26日，由教育部人文社会科学重点研究基地中山大学逻辑与认知研究所、中山大学法学院和广东省高等学校人文社会科学重点研究基地中山大学法学理论与法律实践研究中心共同主办的第三届全国法律修辞学研讨会在中山大学隆重举行。本届研讨会以"法律论证与修辞"为主题，来自中国社会科学院、中国政法大学、南开大学、中山大学、山东大学、中南财经政法大学等高等院校，以及广东省高级人民法院、安徽省人民检察院、广州市白云区人民法院等司法实务部门的70多位专家学者齐聚羊城。会议内容涉及法理学、法哲学、逻辑学、修辞学及司法实务等诸多领域，是目前影响最大的一次法律修辞学年会。本届研讨会依据其内容可分为法律修辞学与法学、法律修辞与法律逻辑、法律修辞与法律论证、法律修辞与法律语言四大块。现将主要内容综述如下。

（一）法律修辞学与法学

法律修辞作为近几年来法学知识增长的亮点，由于研究队伍的增

强壮大和研究领域的深入拓宽，一些基本的理论观点已为学界所接受。如不再将法律修辞仅仅理解为只是语言的修饰及文章的布局、风格或演说的修辞学，而主要是那种作为实践哲学分支、以正当选择和行动程序为目的的修辞学，它更多的是一种能力而非技巧。具体到论证理论领域，修辞的方法也已经成为与逻辑方法和对话方法并列的基本方法之一，如果说对话方法搭建了整个法律论证过程的平台，逻辑方法侧重于保障论证的真实，那么，修辞方法则是"言说者—受众"关系发展过程中的具体内容，这体现在此次会议中就是，和前两届相比，理论研究的内容明显减少，而更多的关注于法律修辞和其他法律方法的关系及其在司法实践中的运用。此研究转向表明法律界已对法律修辞有了一些了解并达成了一些基本的共识，然而这并不否认当前基本理论问题研究的重要性。因为从总体来看，我国的法律修辞学研究才刚刚起步，甚至从基础理论研究的角度来看还没有起步。作为一个新兴的研究领域，它有怎样的外延和内涵？法律修辞学的研究对象、研究方法又是什么？它又有怎样的规则和特征？其产生与存在的社会制度和哲学依据又是什么？这些未经证立的理论问题的存在注定学界当前的研究还很大程度上是建立在译介基础上的"公说公有理，婆说婆有理"，且很难有学者为法律修辞梳理出一条清晰的研究脉络或者说完成此项浩繁的工作还为时过早，但这不影响法律人在法律修辞探索中的执着。

就法律修辞学的基本理论问题以及与法学的关系方面，在本次研讨会上山东大学陈金钊教授、中国政法大学舒国滢教授、北京理工大学谢晖教授等学者分别阐述了自己的观点，为法律修辞学渊源、特点、体系及地位等基本理论问题的厘清提供了理论借鉴。

陈金钊教授对法律修辞（学）的定位和态度是"把法律作为修辞"，把法律作为修辞针对的是过度张扬的政治话语和道德言辞对人们思维方式的影响，强调法律思维方式的构建。在《把法律作为修辞——我要给你讲法治》的开场报告中，陈金钊教授从宏观方面阐明了其一贯的法治立场及对法治与政治关系错位的担忧、对当前对待法治持有的一种"防范"心态的关心以及对法治与革命正在进行一场"建设赛跑"的忧虑。他强调讲法治重要的是法律思维方式的培养，而讲法治的表达方式则是把法律作为修辞，在法律思维决策中讲法说理，而不是"一方面想利用法治来强化管理的功能，想使权力更有权威；而另一方面又表现为不愿意接受规则和程序的约束"❶，其犀利的文笔及敏锐的眼光紧扣中国的法治建设。

舒国滢教授题为《亚里士多德论题学之考辨》的主题发言则体现了其渊博的学识和严谨的学风。舒教授通过对"论题学"性质及对象的考证及其对亚里士多德《论题篇》中相关概念的考证指出：亚里士多德的修辞学是以说服听众为目的的，是辩证法的对应物也是伦理学的一分支，而所谓的"属于技艺本身的说服模式"即后来的"开题术"其核心则是 enthymeme（修辞三段论）。因此，我们不能将亚里士多德的论题学统归为"修辞学"，而是应分为"辩证论题学"和"修辞论题学"，舒国滢教授通过对源问题的考究，为今后学界对法律修辞学的研究提供借鉴和依据。

谢晖教授作了《文化革命、政治革命与制度修辞》的主题发言，提出法律和法治本身就是一种制度性修辞；印大双教授则从法律推理的角度对法律修辞同样关心的价值问题进行分析，他指出在法律事实、法律规范、法律价值组成的系统化论证进程中，价值原则始终作为主线贯穿其中，不仅制约着推理体系的内在结构和逻辑关联，而且事关法律方法的活力和法治的发展，因此应居于法律推理体系的核心地位。也有一些学者从法哲学的具体领域谈到对法律修辞的相关看法。例如，陈锐教授通过对边沁的法哲学思想进行一种新的诠释；陈曦博士则从法律理性主义和批判法学之两端阐发了其对法律修辞的态度，认为法律修辞学应立足语境、打破法律范式之僵局而去探寻一种实践意义；与之相似，孙桂林博士则主张建立一种立足于哈贝马斯理性商谈理论基础上的"商议式"司法，而这种"商议式"司法则离不开法律修辞的听众和共识理论。二者的出发点显然是为实现司法的公正和判决的讲法说理，可是在当前司法实践中我们必须警惕这种过强的"可操作性"对法治建设的冲击和法律规范的漠视。

（二）法律修辞与法律逻辑

在法学领域，法律修辞与法律逻辑的关系研究尤为必要，这不仅

---

❶ 陈金钊："为什么法律魅力挡不住社会效果的诱惑"，载《杭州师范大学学报》2012年第 2 期。

因为二者同作为法律方法而存在，更重要的是法律的权威性和规范性本身就需要逻辑的固化。但作为新兴学科法律修辞的研究刚刚起步，而法律逻辑的研究也只不过 30 多年，虽然同属亚里士多德当年的三个传统，但二者的基本内容、体系和研究方法还需要探索；与法律解释学及其他法律方法的联系和概念需要明确；法律修辞与法律逻辑自身的特色、自身的体系需要厘清。第一，法律修辞包括狭义的法律修辞和广义的法律修辞，狭义的法律修辞主要集中在法律语言层面进行研究，而广义的法律修辞则包括语言、逻辑等更多的方面，其所依据的是一种"非形式逻辑"。然而，在逻辑学家看来，这种"非形式逻辑"到底是不是"逻辑"还值得商榷❶；第二，历史上的很长时间法律逻辑研究停留在"法律事实＋形式逻辑"之上而忽视了法律论证本身的逻辑方法，这就很容易使法律修辞被误读为仅仅是一种语言的技巧而毫无逻辑和规则可言。

　　一直以来，二者关系的研究很大程度上是法律修辞性质定位的问题。有人认为法学中所运用的逻辑并非一般的形式逻辑，而是一种不同的、单独的法律逻辑，此观点曾被凯尔森坚决反对；同时，对于逻辑本身内涵的界定很多学者也看法不一，有人认为"不存在有实质内容的逻辑，如果我们关注推理中的实质条件，那么我们就远离逻辑而进入修辞学或辩证法领域，而这些法律方法最终不可称为逻辑"❷。也正基于此修辞学研究的代表者佩雷尔曼将自己的新修辞学理论看作是广义逻辑理论，从这种意义上说，逻辑又包含了对修辞学的研究。正如焦宝乾教授曾经提到的"不管怎样，法学家们感觉到他们更接近于另一场思潮：这种思想力图在演绎逻辑之外，在用于辩论的一种非形

---

❶　在国外，20 世纪 70 年代，就有专门的非形式逻辑研究，尽管对其作为一个学科的合法性仍存在质疑；在国内逻辑研究领域，也有学者认为非形式逻辑是对形式化逻辑与日常实践论辩需求之间矛盾的反映，武宏志曾专门就此出版《非形式逻辑导论》（人民出版社 2011 年版）。另外，以熊明辉为代表的一些学者对论证模型的建构及其在人工智能领域的发展，所依赖的也是一种非形式逻辑。然而，也有一批学者对此持一种反对态度，认为逻辑本身就是"形式的"，而非形式逻辑的"非形式"性即（1）它不依赖于形式逻辑的主要分析工具——逻辑形式的概念；（2）它不依赖于形式逻辑的主要评价标准——有效性，本身就是对逻辑特征的瓦解。

❷　［比］佩雷尔曼：《法律推理》，朱庆育译，载陈金钊、谢晖主编：《法律方法》（第 2 卷），山东人民出版社 2003 年版，第 134 页。

式逻辑中，寻找出法律推理的特殊性"。❶ 其实，这也是逻辑学界的发展，如今，在语言的语用学转向和法律论辩理论的大背景之下，越来越多的人开始接受一种大的法律逻辑的观点并肯定与法律修辞的关系。此次研讨会也有一些学者就法律修辞与法律逻辑发表了自己的观点。

陈金钊教授认为，实现法治在"把法律作为修辞"的同时必须重视逻辑，因为自始以来逻辑都起着一种"固法"的作用。从作为一种法律方法层面而言，法律修辞也遵循着一种逻辑规则，此逻辑规则不仅是法律思维的核心，是保障法律意义安全性的基本方法，而且会固化法律本身的客观意义。❷ "法律的生命在于经验而不在于逻辑"只是某些人对霍姆斯大法官思想的一种误读，法律的生命虽不在于逻辑，但假若没有了逻辑，法律的生命将会不堪一击，只有依赖逻辑，法律才能获得完整的生命。因为法律论证的理论主要源于分析学，这正是逻辑研究的领域和范围，所以逻辑在法律及法治实现中的价值自然不可低估。

张传新教授则从判决书的修辞与说理角度进行分析，他认为法律修辞是对法律推理过程的一种包装，三段论是法律推理的一种简洁修辞形式而不是对法律推理的可靠刻画，因此我们需要基于法律推理所具有的可废止性在判决修辞的简洁性和说理透彻性之间追求一种动态的平衡。张教授的发言试图通过对法律推理过程及特点的分析，探求一种修辞与逻辑的统一性，即逻辑也是一种修辞，是具有说服力的一种修辞；而修辞也是逻辑，是无法进行演绎推理时所备选的逻辑，显然其持有的是一种开放的广义修辞观点。

于海涌教授以民商事案例为切入点通过对审判中形式逻辑与实质正义的分析从侧面强调修辞方法在法治建设的重要地位。于教授首先提出一个尴尬的司法现实——审判过程严格符合一种形式逻辑，但判决的结果却未必能够实现正义，"以事实为依据，以法律为准绳"以及"法官独立的审判案件"只是一种不能实现的愿景，尽管可以通过法律解释、漏洞补充及法官的精英化来最大限度地接近实质正义，但司法过程中不可避免地存在的一些不确定因素无疑会导致正义价值目标不同程度的缺失，这就需要建立在非形式逻辑基础上的修辞方法。

---

❶ 焦宝乾：《法律论证导论》，山东人民出版社 2006 年版，第 162 页。
❷ 陈金钊："法治时代的法律位置"，载《法学》2011 年第 2 期。

　　一些学者也对法律修辞与法律逻辑的具体研究领域发表了观点和看法。在人工智能方面，熊明辉教授认为建立在逻辑基础上的人工智能除了对相关理论进行探讨外更多的是面向实际的态度提出和探讨问题的，涉及法律之外的更多领域和层次。而建立在此基础上的论证模型仍是传统的三段论，只不过为了克服三段论的过于静态化而扩展到一种五段论形式且建立起、应、审三方的博弈。胡晓萍教授则通过"邓玉娇案"和"三鹿奶粉案"对"并且"和"或者"等逻辑关联词进行分析，并将此引入法律逻辑和法律修辞的教学，试图从根本上解决法律逻辑教学的流于形式以及与司法实践相脱离的问题。另外，张超博士从哲学上的分离论和一体论对裁判类推的不同定位进行分析，认为二者的不同反映的是法律实证主义与反法律实证主义的法概念之争，只有在实质性的政治哲学理论中才能全面洞悉其理据；而陈征楠博士则通过细致形象的图表对推理的形式、种类和结构进行分类概括。

（三）法律修辞与法律论证

　　法律修辞与法律论证的关系是本届研讨会的主题，也是讨论的焦点所在，具体到法律论证方法的发展完善中，我们必须重视修辞论证的缺位问题。因为就法律论证理论而言，修辞的方法已经成为与逻辑的方法和对话的方法并列的基本方法之一，这也正好回应着哈贝马斯将论证分为：作为结果的论证、作为过程的论证和作为程序的论证。另外，法学领域修辞论证地位的奠定也正是因为对法律论证方法的重视，"修辞论证（论辩）是一种重要的法学方法论。在司法实践中，这种方法具有广泛的实际应用价值。裁判中的事实问题还是法律问题，均涉及修辞论证方法的运用，在当代的政治与法律生活中具有举足轻重的地位"。❶ 因此本次研讨会中的很多与会学者就修辞论证问题谈了自己的观点看法。

　　梁庆寅教授在开场发言中作了《立法论证：一种社会选择分析》的报告。他在报告中指出，立法的效力为司法裁决提供了不可缺少的理性支撑，立法论证是要研究法律条款权威性的形成机制，而这一权威性的获得，涉及通过立法过程中达成共识的规则、制度设计。因而，广义的立法论证是一种社会共识的达成机制，这种机制与法律条款证

---

　　❶　焦宝乾："法律中的修辞论证方法"，载《浙江社会科学》2009 年第 1 期。

立之间的关系是立法论证研究的关键。随后，他进一步通过一个例子来揭示社会共识达成机制中的立法理性问题，从而分析了在立法语境下，法律条款的证立与主体的判断和聚集规则相关的不一致问题，并结合社会选择理论和新论辩术理论的相关研究成果，构建了一种广义立法论证模型。

就法律修辞与法律论证的关系，熊明辉教授直入主题发表了自己的看法。他先陈述了当前对修辞学及其作用的误读，并指出这种误读的两个原因，一是对研究领域的认识不清导致的概念混淆；二是在研究和分析修辞时放弃了以论证为基础的传统；他认为法律修辞是修辞在法律领域的运用，研究法律修辞必须区分"修辞术"和"修辞学"两种概念、两个层面，修辞术关注修辞技巧的实践应用而修辞学则关注修辞理论层面的研究。但无论是修辞术还是修辞学，都不应再仅仅停留于风格、技艺和传递要素，而应重新纳入构思和布局要素，即在法律论证的基础之上来讨论法律修辞。

有些学者也从逻辑或修辞的角度对法律论证过程及其模式进行了解读。宋小维博士认为，我们之所以陷入"明希豪森困境"是因为当我们逻辑地得出以法律结论时，因问题的回答涉及主观价值的判断因而往往会受到是否正义和公平的质疑，因而他通过虚拟的论证结构图将法律论证过程分为两个世界——立法世界和司法世界，力图找出哪些环节包含着价值判断并以此作为我们试图在司法世界中缩小价值判断空间的依据，把结论的得出尽量地归于从事实到规则的逻辑推理；与此相似，夏卫国博士则从修辞的角度对司法论证的形式进行了探讨。他首先认为司法论证形式是一种"非单调应用逻辑"，这体现在语用有效性、批判性与策略问题三大相互联系的说服力层面，且这三个层面又能相互"利用"和转化。他试图通过这种研究来证立个案司法裁决的合情、合法性，刻画论证者与听众的非特设性常识关系以彰显"语境迟钝"和"语境敏感"的法律方法论互动意义；魏斌博士立足于人工智能与法的立场，通过对法律论证适用的可废止论证模型❶的

---

❶ 法律论证的可废止模型既包括可视化的模型及系统软件，也包括计算的理论模型。而实际上，任何可视化的模型及系统软件都是基于某种计算机理论模型生成的。另外，这里的论证指广义的论证（argumentation），包含了作为过程、程序及结果的论证。从形式的角度看，这种广义的论证指论证框架，包括句法、语气、证明程序等内容。

分析，试图改进一种带结构论证的 ASPIC＋论证框架以刻画法律论证的可废止性，将可废止论证模型刻画为一类典型的论证逻辑系统。为增强说服力，他还引进了一个案例，并用改进后的框架和语义分析该案例得到论证的内部强度及其论辩状态。

此次研讨会上，也有一些学者和法官从具体的司法判决书中研究修辞与论证。张弘副教授以田永诉北京科技大学拒绝颁发毕业证、学位证为分析对象，对修辞论证在"田永案"行政判决中的适用特点进行了个案分析并指出了其中的疏漏和谬误。他认为"在具体的司法判决作出过程中，论证、修辞及解释是交织的，并且行政执法同样需要好的修辞"；王冬尽则通过对具体判决书的分析、整理和总结对行政判决书中法律论证的现状、问题、原因和对策进行了梳理，并认为"增强判决书的说理性就是要加强判决书作出的法律论证，这可以从逻辑和修辞两个角度来提高"；然而，他主张的这种修辞很大程度上是从"法律修辞"的狭义层面来讲的；徐晓健法官则结合其办案经验对裁判论证中的"事实"从民事诉讼证据规则的角度进行剖析，他提出，诉讼中所呈现出的"事实"并非事实的本体，而是诉讼主体为论证特定结论所引用的判断性表述，因此与具体的语境密切相关。这在审判过程中很大程度上都是通过对话和言辞来完成的，但现有的证据规定却缺少相应规定，因此有待从诉讼中"事实"的特性出发来完善；于耀辉法官根据其工作中的观察，分析了加强刑事裁判文书说理性的必要性和重要性，提出一份高质量的刑事裁判文书所具备的标准，并从几个具体方向谈了如何加强刑事判决书的说服论证以"使正义看得见"。

（四）法律修辞与法律语言

无论是将修辞界定为一种"能力"或者是"技巧"，终归来说还需要通过语言来表达，这也奠定了法律修辞与法律语言的必然联系。"法律发挥作用的重要方式是法律语词作为修辞被运用以用来修饰法律事实，法律修辞学所研究的是作为思维语言的法律，或者说是思维活动中法律语言的运用"❶，作为一种有理说得清的说服方式和思维形式，法律修辞的研究也离不开法律语言。同时，法律修辞作为一种人

---

❶　陈金钊："法律修辞的方法与司法公正的实现"，载《中山大学学报》2011 年第 5 期。

类实践，作为对语言的应用及其应用效果的追求，其过程就是通过语言表达的选择和调整实现最佳的说服力、表达力和恰当的语用活动，所以在修辞论证的过程中，法律修辞自然具有语言领域中语用学的特征和属性，而实际上，法律修辞也面临着一种语用学转向。

当前，中国特色社会主义法律体系已经形成，无法可依的矛盾已很大程度上得到解决，人们对立法质量的改善有了更高的期待。在本次研讨会的主题发言中，刘风景教授从对人类社会发展普遍规律的尊重和中国国情的现实考虑谈了立法语言大众化的法治意义。他认为，"法治模式强烈要求'明白'的法律条文"。❶ 刘教授首先从对象、语源和效果上明确了立法语言大众化的含义；其次，又从当前的法治环境及职业群体角度出发讨论了其民主价值和主要障碍；最后，通过对不同法律体系及我国新中国成立以来不同阶段法律条文的对比研究，总结出当代立法语言大众化的实现机制，刘教授还说明这种立法语言的大众化并不否认其他方面要求的正当性，应当相互平衡和协调。

立法语言的大众化也可视为法律语言之语体方面的一种修辞，但法律修辞更多的是通过语言表达的调整和构思来达至说服表达的语用活动，本次研讨会上张斌峰教授就对修辞论证进行了语用角度的分析。他认为"修辞论证中逻辑方法并未被排斥，新修辞学将听众对论辩的理解与接受作为论辩成功的标准，这其实就是修辞论证的语用有效性"。文章通过对修辞论证方法及其特点的分析，试图将实现论辩清晰化和说服力的话语诠释建立在"言说者"与"听众"的共识基础之上，使修辞论证成为交往主体之间共同接受的方式和说话理解途径的内在默契，并通过语用学的分析为修辞论证寻求一个有效的规则之治。

彭中礼博士认为，在中国法治已经进入方法时代的当前，司法判决中的权力话语修辞方式必然满足不了群众的法治期待。因此，"法治要求司法判决减少权力的话语修辞，增加说服力；减少政治性的话语修辞，增加法律性的修辞；减少宏观叙事的话语修辞，增加微观论

---

❶ ［美］安·赛德曼等：《法律秩序与社会改革》，时宜人译，中国政法大学出版社1992年版，第190页。

证的话语修辞"；来自郑州市政法委的孙桂林则基于哈贝马斯的法律商谈理论，以"对话""商谈""商议"和"沟通"等主体行为及其价值、准则、精神与理念为基本结构，探索建设"商议式司法"的基本理论、机制、机理与原则，试图在中国的司法情境中引入与"对抗式司法"相对的"商议式司法"这种新的司法形式；刘汉民教授则从实务的角度谈了对法律文书中存在的"歧义句"的看法，他认为这些歧义句的存在虽有时在特定的语言环境中起到了意想不到的效果，弥补了能动司法对法律权威性的僭越，但终归而言法律文书拒绝歧义句，因为只要歧义句在法律文书中一出现就有可能影响法律文书的严谨性并导致诸多不利因素，其文章也主要谈了法律文书歧义句的成因、影响及消解。

（五）总结及展望

针对法律修辞与法律论证问题，本次研讨会在前两届法律修辞年会的基础上取得尤为明显的成果，这不仅表现在论文收录及参会人员的数量，更重要的是文章的研究广度和深度以及参会人员的重视程度。通过本次交流学习，涉此领域的相关专家学者在法律修辞的基本理论问题、研究的意义及重要性以及与其他法律方法的关系方面已达成了一些共识，更加明确了此后问题的研究动向和实践意义。但是，法律修辞想作为受到实践重视的法律方法乃至发展成一门学科，参会专家学者们认为当前就面临着两个亟待解决的问题，一是进一步做好中西方修辞学的基本理论问题研究，摆脱受众对修辞只是"劝说的辞令"和"走入死胡同"的误读；一是重视法律修辞在整个诉讼过程中的运用，分析不同部门法的修辞论辩的特征而不是仅仅在判决书的书写上加以苛求。

1. 重视现代西方修辞学理论基础

修辞活动涉及"谁在说、向谁说以及怎么说"的问题，它首先体现的是一种话语权，而话语权的背后是受一国文化影响的思维模式，修辞学很大程度上是方法性而非技术性和物质性，当前对法律修辞的重视和关注也正体现在修辞论辩方法的可接受性，这也是对西方亚里士多德修辞学理论传统的一以贯之。法律修辞理论之所以在我国未受重视，一方面受制于中国法治进程的缓慢；另一方面就是中国现代修辞学理论基础的缺失。

西方修辞学自古以来就有修辞哲学，虽不同阶段的重视程度不一但其发展历程也有一套完整的脉络，特别是其形式和内容都随社会的发展不断完善。而相比之下中国的修辞学从未有过系统的修辞哲学研究❶，"修辞立其诚"的观点是把作为客体的语言和作为主体的人在道德的约束下规定为一个和谐整体。这尽管完全符合西方"同一性"的司法目标，但"修辞立其诚"过分地重视修辞学的功能而忽视了其理论，缺乏的是一种理性的分析综合。这体现于外就是逻辑的混乱和形式的缺失，同法律的规范性和权威性存在很大的不同。这就很容易将修辞误读为一种"道德的说教"和"语言的修饰"。这种误读直接制约着对法律修辞的理解及其发展。这在陈金钊、舒国滢等一些学者的报告及张晓光教授的评议中就可体会到。因此，我们在当前的法治建设中要用发展的眼光在立足自身文化国情的基础之上学习现代西方修辞学基础理论体系，因为这里有中国法律修辞学发展的理论根基。

2. 致力整个诉讼过程的司法实践

法律本应就是一种社会实践，而实践性和应用性也是法律方法的本质特征，在本次研讨会的与会者中除了大量的专家学者之外，也有一些来自实务部门的法官、检察官及律师。他们有的从整个司法角度谈了法律修辞的意义，有的分别结合民法、刑法、行政法等作了较为详细的分析，还有的从判决书的书写方式及技巧方面谈了法律修辞的运用，其观点和看法大多来源于对自己所办案件的感悟，这些观点和看法也直接体现着法律修辞的实践意义。但当前的法律修辞研究体现在本次会议中也存在着一个问题，即过多地从庭审中的控、辩、审三方来关注法律修辞的运用以及分析判决书的修辞技巧。当然，这是修辞论辩理论技巧的主要体现领域，但从现代西方修辞理论来看，法律修辞更应是一种司法能力和法律的话语权。它立足的应该是包括立案、侦查、起诉、审判、执行的整个诉讼过程；判决书中修辞运用的分析无疑对判决书的合理书写及讲法说理起到指导作用，使司法机关的判决"有理讲得明，用法说得清"，进而提高司法活动的公正性和

---

❶ 具体论述可参见温科学：《中西比较修辞论》，中国社会科学出版社 2009 年版，第 112~117 页。

权威性。但实际上当事人更关注的是判决书的结果，这说明当前我国司法改革的主要任务还是在于诉讼过程，也许这才是法律修辞真正发挥作用的场域，本次研讨会上已有来自实务部门的专家谈到此问题。在当前的法治建设中，法律修辞已得到一定程度的重视并也取得了相应的研究成果，但要完善作为一门法律方法的法律修辞体系任重而道远，这需要所有法律人的共同努力。

四、第四届至第六届全国法律修辞学研讨会简介

（一）第四届全国法律修辞学研讨会简介

2013 年 11 月 30 日，由华东政法大学科学研究院主办的"第四届全国法律修辞学研讨会"在华东政法大学学苑宾馆顺利举行。本次研讨会的主题是"法治思维、法治方式与法律修辞"。来自中国社会科学院、中国政法大学、西北政法大学、中南财经政法大学、延安大学、郑州大学、中南大学、山东大学（威海）、南开大学、青岛科技大学、对外经济贸易大学、宁波大学、山东政法学院等二十几所高校、科研机构和杂志社的 100 余位专家学者参加了本次研讨会。

会议开幕式由华东政法大学科学研究院院长何敏教授主持。中国政法大学舒国滢教授发表致辞，舒教授指出在中国进行法律修辞学研究必须厘清"为什么我们需要法律修辞"、法律修辞研究进路的分歧、知识分野、法律修辞研究的学术效果和制度效果等元问题。因此，法律修辞学的研究必须回溯其在不同历史时期的知识形态和不同影响，只有在此基础上我们才能思考"法律方法论究竟需要什么样的法律修辞"？华东政法大学科研处处长罗培新教授发表欢迎致辞，罗教授指出修辞在法律中的应用极为广泛，对立法、执法、司法以及法学都具有重大意义；华东政法大学历来重视并将继续支持法理学的研究。最后，华东政法大学科学研究院常务副院长陈金钊教授发表致辞，陈教授认为修辞既是方法论也是本体论，法律修辞学的发展前景光明；此次会议为法理学、法律修辞学和法律逻辑学的研究提供了交流的平台。陈教授还对校方、院方的大力支持以及各位专家、学者的参会表示了衷心感谢。

本次会议分为五个单元。各单元的主题分别为"法律语言与法律

修辞""法律修辞与法治思维""法律修辞与法治方式""法律修辞的司法运用"和"法律修辞学青年论坛"。与会学者针对法律修辞学的基础研究、法律修辞与法治的关系、法律修辞的具体应用等重要问题进行了细致的探讨。这些发言既有对法律修辞的哲学思考，也有针对具体案件的实证分析；既有法律修辞的历史考察，也不失中国视角的现实关怀。通过不同主题、多种视角的讨论，与会学者针对法律修辞学研究进行了深入的交流。本次研讨会的闭幕式由孙培福教授主持。刘风景教授、熊明辉教授对本次研讨会进行了学术总结，充分肯定了此次研讨会取得的成绩。北京第二外国语学院法政学院院长杨富斌教授代表第五届全国法律修辞学研讨会的主办方向大会致闭幕辞，并对与会代表发出了邀请。

本次研讨会主要议程如下：

开幕式

主持人：何敏 华东政法大学科学研究院院长、博士生导师

1. 中国政法大学舒国滢教授、博士生导师致辞

2. 华东政法大学科研处处长罗培新教授、博士生导师致欢迎辞

3. 华东政法大学陈金钊教授、博士生导师致辞

第一单元 法律语言与法律修辞

主持人：刘作翔 中国社会科学院法学所教授、博士生导师

主题发言

1. 《论法律的逻辑命题与修辞命题》

发言人：谢晖 中南大学特聘教授、博士生导师

2. 《西方古典时期法律与修辞学教育及其影响》

发言人：焦宝乾 山东大学（威海）法学院教授、博士生导师

3. 《佩雷尔曼新修辞学的论式》

发言人：武宏志 延安大学教授、博士生导师

4. 《论法律修辞的基本价值立场》

发言人：杨方程 贵州省高级人民法院立案二庭副庭长

5. 《修辞视角中的"思想自由市场"：当代中国社会中的言论自由与规制》

发言人：李 晟 南开大学法学院讲师、博士

单元点评

点评人：李桂林 华东政法大学法律学院教授、博士生导师

吴丙新 山东大学（威海）法学院教授、博士生导师

第二单元 法律修辞与法治思维

主持人：苏晓宏 华东政法大学教授、博士生导师、继续教育学院副院长

主题发言

1.《修辞法哲学论纲——语言游戏视阈下的法律修辞》

发言人：张斌峰 中南财经政法大学教授、博士生导师

2.《法律修辞：展示法治思维的晴雨表》

发言人：魏胜强 郑州大学国际交流学院副院长、教授

3.《法律论证的伦理学立场》

发言人：王彬 南开大学法学院讲师、博士

4.《苏格拉底审判的法律修辞学解读》

发言人：彭中礼 中共湖南省委党校、湖南行政学院副教授

5.《法律原则如何适用》

发言人：雷 磊 中国政法大学法学院讲师、博士

单元点评

点评人：李瑜青 华东理工大学法学院教授、博士生导师

蔡 军 河南大学法学院教授、《河南大学学报》主编

第三单元 法律修辞与法治方式

主持人：陈林林 浙江大学法学院教授、博士生导师

主题发言

1.《把法律作为修辞的限度》

发言人：张传新 山东大学（威海）法学院教授

2.《司法调解中的法官修辞及其对司法公信力的影响》

发言人：侯学勇 山东政法学院法学院副院长、副教授

3.《司法修辞论辩模式的"证立"功能研究》

发言人：夏卫国 山东大学（威海）法律方法论研究基地博士后

4.《人工智能与法律中的辩证模型考察》

发言人：冉思伟 宁波大学法学院讲师、哲学博士

5.《司法沟通的语境、修辞与转换》

发言人：王凤涛 泰州市中级人民法院法官、博士生

单元点评

点评人：王 申《法学》编辑部主任、研究员

陈景辉 中国政法大学教授

第四单元 法律修辞的司法运用

主持人：蒋传光 上海师范大学法学院院长、教授、博士生导师

主题发言

1.《判决的可预测性与司法公信力》

发言人：王国龙 西北政法大学副教授

2.《修辞在司法判决中的运用》

发言人：姜福东 青岛科技大学法学院副教授

3.《不确定法律概念的法律解释——基于"甘露案"的分析》

发言人：蔡 琳 南京大学法学院副教授

4.《辛普森当年为何被判无罪：刑事审判中惊讶事件的证据力》

发言人：杜文静 华东政法大学人文学院讲师、博士后

5.《他们为什么不同意？——劳伦斯案三份法官意见的启示》

发言人：杨 贝 对外经济贸易大学讲师、博士

单元点评

点评人：杨建军 西北政法大学教授、博士生导师

张 弘 辽宁大学法学院教授

第五单元 法律修辞学青年论坛

主持人：冯兆惠《河北法学》主编

主题发言

1.《法律语言的含混性分析——语用学的进路》

发言人：徐梦醒 中南财经政法大学博士研究生

2.《从逻辑到修辞：语境转变下的法律解释及反思》

发言人：李亚东 山东大学（威海）法学院博士研究生

3.《试论司法判决的合理可接受性——以修辞学为视角》

发言人：陈绍松 中南财经政法大学博士研究生

4.《法律修辞与身体经验》

发言人：张西恒 上海交通大学凯原法学院博士研究生

5.《法庭论辩修辞的语用分析》

发言人：张景玥 中南财经政法大学博士研究生

6.《刑法中的拟制条款的修辞功能》

发言人：戴津伟 浙江农林大学法政学院讲师、博士

7.《案件事实的修辞建构——以夏俊峰案为蓝本》

发言人：康兰平 中南财经政法大学博士研究生

单元点评

点评人：李拥军 吉林大学法学院教授、博士生导师

赵玉增 泰山学院音乐学院党委书记、教授

闭幕式

主持人：马长山 华东政法大学教授、博士生导师

1. 刘风景 南开大学法学院教授、博士生导师 学术总结

2. 熊明辉 中山大学法学院教授、博士生导师 学术总结

3. 杨富斌 北京第二外国语学院法政学院院长、教授 致闭幕辞

（二）第五届全国法律修辞学研讨会简介

2014 年 5 月 31 日，由华东政法大学科学研究院、中山大学逻辑与认知研究所、山东大学（威海）法学院、南开大学法学院等发起的"第五届全国法律修辞学研讨会"在北京召开。本次研讨会由北京第二外国语学院法政学院主办，北京华秀律师事务所协办。本届研讨会的主题是"法治思维、法治方式与法律话语权"。除发起单位外，来自中国社会科学院、高雄大学、中南财经政法大学、山东师范大学、山西大学、河北工业大学等高校，以及天津市高级人民法院、安徽省人民检察院、济南中级人民法院、北京华秀律师事务所、北京天同律师事务所等法律实务界 50 多位专家学者出席会议。

北京第二外国语学院副校长邱鸣教授代表学校作大会致辞，北京第二外国语学院法政学院院长杨富斌教授介绍本次研讨会主旨，中国社会科学院法学研究所刘作翔教授代表与会嘉宾致辞。中国社会科学院法学研究所资深教授李步云先生做了题为《法治国家建设的若干问题》的报告，认为依法治国，建设法治国家是一种治国方略，并非一般的法治方式方法；法治中国建设应有明确的界定和标准。华东政法大学科学研究院院长陈金钊教授以《改革与修法的意义阐释》为题，强调法律修辞是一种法律思维，坚持法治思维应有语言学、修辞学研究为基础，坚持制度自信就不应当不断地改革，应当用修辞方法代替

不断的改革。北京第二外国语学院法政学院杨富斌教授以《法治中国视域中的"法治思维"概念辨析》为题，强调法治思维之"法"不只包括制定法；法治思维之"治"不是管控手段而是社会治理，且是良法意义上的善治。中山大学逻辑与认知研究所熊明辉教授以《论证的优度》为题，认为真正评价论证的好坏，须是前提和结论支持、消除意见分歧、说服目标听众。台湾学者廖义铭教授以《先秦儒家思想与后现代政治伦理》为题，主张新修辞取决于我国儒家理论与后现代政治理论的结合。山东大学焦宝乾教授以《逻辑与修辞的区分及关联》为题，指出法律虽严谨，也应讲修辞。在法律领域，逻辑和修辞方法有所不同，要注重汲取西方理论资源。南京森林警察学院印大双教授以《法律推理从"逻辑独白"到"时间对话"的位移》为题，阐述了法律规范与逻辑判断间的视界交流问题。华东政法大学刘风景教授以《"手"之法意》为题，对作为法学认知中介的"手"做了分析，并从法律关系主体、客体、内容以及法律行为等方面，对"手"之法意进行了深刻阐述。华秀律师事务所曹子燕律师则指出，要像律师一样思考，以法治思维对待法律的不确定性和法律事实等问题。曹磊法官在点评中则以其亲身经历为例，说明法治思维、法律修辞在判决书写作中具有极其重要的作用。宋保振博士则对网络谣言从修辞学视角进行了剖析。

本次研讨会的开幕式和闭幕式均由法政学院副院长孟凡哲教授主持。焦宝乾教授在大会学术总结中，回顾了法律修辞前四届研讨会取得的成果，充分肯定了本次研讨会取得的学术成就。本次研讨会作为我国法律修辞学研究领域的重要会议，必将会极大地促进我国法律修辞学研究的进展，同时对推进我国法律方法论研究有重要的学术意义。会议决定第六届全国法律修辞学研讨会由华东政法大学科学研究院承办。

（三）第六届全国法律修辞学研讨会简介

2015年3月28日，由华东政法大学科学研究院和法律方法论学科共同主办的"第六届全国法律修辞学研讨会"在上海顺利召开。研讨会的主题为"法治改革与法律修辞"。来自中国社会科学院、华东政法大学、西北政法大学、南京大学、中山大学、中南财经政法大学、山东大学（威海）、南开大学、青岛科技大学、北京第二外国语学院、山东理工大学及山东政法学院等 20 多所高校、科研机构、杂志社及出版社的 80 多位专家、学者参加了研讨会。

会议开幕式由华东政法大学法律学院教授、《法学》常务副主编马长山主持。中国社会科学院法学研究所刘作翔教授、中山大学熊明辉教授、上海师范大学蒋传光教授和科学研究院院长陈金钊教授分别致辞。他们对第六届全国法律修辞学研讨会的成功举办表示祝贺，并对围绕法治改革主题进行研讨予以高度肯定。刘作翔指出，近年来经过一大批学者的潜心研究，法律修辞方法已经成为重要的理论研究和实践运用内容，对立法、执法和法学教学均具有重大意义。陈金钊进行了《法治中国建设需要"法治之理"》的主题汇报。

会议共分为"法律修辞基础理论""法治话语与法律修辞""法律修辞与法律方法论"和"法律修辞与法治实践"四个单元，分别由《法学论丛》主编孙培福教授、上海师范大学法政学院院长蒋传光教授、《东方法学》副主编吴以扬教授及西北政法大学王国龙教授主持。科学研究院助理研究员戴津伟博士进行了题为《从说服到信服——常理在法律修辞中的功能研究》的主题发言。研讨过程中，与会学者针对法律修辞学的基础研究及具体应用、法治与改革背景下法律修辞方法的发展和作用等重要问题进行了细致讨论。

研讨会闭幕式由科学研究院副院长、司法学研究院院长崔永东教授主持。中南财经政法大学张斌峰教授、山东大学焦宝乾教授、山东政法学院管伟教授就研讨内容进行了详细总结，并充分肯定了此次研讨会取得的成绩。南昌理工学院副校长、政法学院院长曾志平教授作大会闭幕致辞。本次研讨会是我国法律修辞学研究领域的重要会议。在当前全面深化改革与全面推进依法治国的大背景下，该次研讨会的成功举办对通过法律方法研究推进法治中国建设具有重要的理论和实践意义。

本次研讨会的具体议程如下：

开幕式

主持人：马长山（华东政法大学法律学院教授、博士生导师、《法学》常务副主编）

致　辞：刘作翔（中国社会科学院法学研究所研究员、博士生导师《环球法律评论》主编）

熊明辉（中山大学逻辑与认知研究所教授、博士生导师）

蒋传光（上海师范大学法政学院院长、教授、博士生导师）

陈金钊（华东政法大学科学研究院院长、教授、博士生导师）

第一单元　法律修辞基础理论

主持人：孙培福（山东政法学院逻辑学教授，《政法论丛》主编）

评议人：杨建军（西北政法大学刑事法学院副院长、教授、博士生导师）

张心向（南开大学法学院教授、博士生导师）

发言人：1. 焦宝乾：《逻辑与修辞：一对法学范式的区分与关联》

山东大学（威海）法学院教授、博士生导师

2. 陈伟功：《怀特海的语言观对法律修辞的可能意义》

北京第二外国语学院讲师

3. 夏卫国：《谬误的法律修辞研究》

山东大学（威海）马列部副教授

4. 吕玉赞：《"把法律作为修辞"理论的整体重构》

山东大学法学院博士研究生

5. 闫　斌：《论法律修辞的合法性》

山西大学法学院讲师

6. 徐梦醒：《法律论证的认知规则》

中南财经政法大学法学院博士研究生

第二单元　法治话语与法律修辞

主持人：苏晓宏（华东政法大学继续教育学院副院长、教授、博士生导师）

评议人：刘作翔（中国社科院法学研究所教授、《环球法律评论》主编、博士生导师）

王　申（华东政法大学法理学研究员、《法学》编辑部主任）

发言人：1. 陈金钊：《法治中国建设需要讲"法治之理"》

华东政法大学科学研究院院长、教授、博士生导师

2. 张斌峰：《社会主义法治话语的修辞演变》

中南财经政法大学法学院教授、博士生导师

3. 武　飞：《论法治改革进程中共识的规范性》

山东大学（威海）法学院副教授

4. 郝书翠：《法治政党的意义之辨》

山东大学（威海）马列部副主任、副教授

5. 彭中礼：《国家政策概念考》

湖南行政学院副教授

第三单元　法律修辞与法律方法论

主持人：吴以扬（《东方法学》副主编）

评议人：李桂林（华东政法大学法律学院教授、博士生导师）

王国龙（西北政法大学刑事法学院教授）

发言人：1. 刘风景：《"手"之法意》

华东政法大学科学研究院教授、博士生导师

2. 蔡　琳：《法教义学的中国法律实践模型》

南京大学法学院副教授

3. 孙光宁：《"法律规定"：裁判理由的论证方式及其效果限度》

山东大学（威海）法学院副教授

4. 宋保振：《法律解释规则的规范适用及其思维型本质》

华东政法大学研究生教育院博士研究生

5. 曾聪俐：《社科法学与法教义学民法研究合作之探讨》

中南财经政法大学法学院硕士研究生

6. 杨铜铜：《目的解释适用及其限制》

山东大学（威海）法学院硕士研究生

第四单元　法律修辞与法治实践

主持人：李怀德（山东人民出版社编审、法律部主任）

评议人：曾志平（南昌理工大学副校长、政法学院院长、教授）

蔡　琳（南京大学法学院副教授、硕士生导师）

发言人：1. 赵玉增：《法律方法论研究的实践面向》

青岛科技大学法学院教授，硕士生导师

2. 李克杰：《地方"立法性文件"的识别标准与防范机制》

山东政法学院法学院副教授

3. 王　彬：《法官职业化视角下的法律方法教学》

南开大学法学院副教授

4. 戴津伟：《从说服到信服——常理在法律修辞中的功能研究》

华东政法大学科学研究院助理研究员

5. 李 亮：《法律责任条款设计的修辞规则探究》

山东大学（威海）法学院博士研究生

6. 于 辉：《论司法三段论之小前提建构》

中南财经政法大学法学院博士研究生

闭幕式

主 持 人：崔永东（华东政法大学科学研究院副院长、司法研究院院长、教授、博士生导师）

学术总结：焦宝乾［山东大学（威海）法学院教授、博士生导师］

管 伟（山东政法学院教授、硕士生导师）

闭幕致辞：郝建设（辽宁大学法学院教授、硕士生导师）

张斌峰（中南财经政法大学法学院教授、博士生导师）

五、司法中的法律修辞：国内研究述评

修辞作为说服技术在司法实践中起着重要的作用。在司法中，法律修辞有着比较广泛的应用。从中国古代判词到当代判决书，从书面语到司法口语，修辞方法均有大量运用。这些方面学界已有不少研究成果。在汇总既有成果的基础上，将司法中的法律修辞研究予以整合、提炼，有必要将其作为一个专门领域，甚至上升到学科的高度予以看待与研究。

（一）司法中法律修辞的意义

作为一种普遍存在的语言现象，修辞因素在传统司法和现代司法中均有所体现。特别是在目前的社会条件下，我们应当重视修辞因素在司法过程中的积极意义，并自觉地加以运用，以提升司法过程的整体质量。❶ 司法修辞属于法律修辞的一种。法律修辞的意义，从哲学角度来说，是法律的展现，具有存在论的意义；从经济学角度来说，可以降低信息成本；从政治学角度来说，具有限制权力的功效。❷ 法言法语的掌握对法律职业群体有着重要意义。在司法过程中，法言法语的使用具有一定的修辞功能，可以促使当事人以及法律职业群体的

---

❶ 孙光宁："司法中的修辞因素及其意义"，载《内蒙古社会科学》2011 年第 2 期。

❷ 徐亚文等："法律修辞、语言游戏与判决合法化——对'判决书上网'的法理思考"，载《河南省政法管理干部学院学报》2011 年第 1 期。

其他成员接受判决结论。❶ 当然，这种修辞功能的发挥取决于一定的条件。修辞跟法治有紧密的联系。有人认为❷，为实现法治，思维决策中的正义修辞不可缺少，没有正义等法律价值的修饰，法治会失去终极目标而不具有合法性。

　　为了最大化地追求、实现话语权威和司法公正，可以运用法学和各相关学科的知识成果，从各层面上优化法律语言，改革法律语言作品。❸ 有人认为，司法隐性知识广泛存在于案件裁判的事实建构与法律发现诸环节中，并在司法判案中有它特定的位置。司法前见、一般推理、事实解释、图式加工、事实剪裁、经验参与、结果导向、观念辐射等都是对司法隐性知识的艰难表述。连接隐性知识与既定法律规范依赖于法律修辞，裁判凭借判决修辞而获得形式正当性并为公众更好地接受。❹ 运用修辞方式可以提高表达效果，懂得修辞知识则有利于准确地理解别人要表达的意思。因此，办案者如果有着较丰富的修辞知识和讲究修辞的经验，对提高办案效果是大有用处的，甚至能收到意想不到的效果。据《广西日报》报道，广西合山市检察院有关办案人员在立案查处一大贪污案中，就是运用修辞知识使这案件得到迅速侦破的。❺ 有人以中国司法发展中的若干话语表达为基础，分析道德话语以及道德修辞在中国司法的各个过程中所起到的建构作用。❻ 有人研究了司法话语，认为司法话语分析采取种种措施，识别和鉴定警察、公私公诉人、法官、语言鉴定专家等在司法调查取证过程中对各方当事人在不同语境下涉法言语的表层与深层含义，并对是非定夺或定罪量刑的最终结果产生不同的影响。❼ 可见，在司法中，法律修辞有着比较广泛的应用。

　　修辞作为说服技术在当代的司法实践中起到越来越重要的作用。

---

　　❶　孙光宁：“法言法语的修辞功能——基于司法立场的考察”，载陈金钊等主编《法律方法》（第 11 卷），山东人民出版社 2011 年版。
　　❷　陈金钊：“法治时代法律的位置——认真看待法律逻辑与正义修辞”，载《法学》2011 年第 2 期。
　　❸　潘庆云：“法律语言优化与司法公正的实现”，载《法治论丛》2007 年第 5 期；刘元元：“判决修辞是司法公正的细节”，载《人民法院报》2010 年 12 月 21 日第 1 版。
　　❹　胡学军等：“司法裁判中的隐性知识论纲”，载《现代法学》2010 年第 5 期。
　　❺　吴勇前：“运用修辞知识办案的例子”，载《修辞学习》1994 年第 3 期。
　　❻　方乐：“司法如何面对道德”，载《中外法学》2010 年第 2 期。
　　❼　熊德米：“司法话语分析——核定语言、彰显正义”，载《外国语文》2010 年第 1 期。

可以说，法律修辞在司法中有广泛使用，不过，同时也要对修辞方法使用的限度与弊端予以警惕。法官修辞的运用有助于更好地解决纠纷，但也可能削弱司法权威。法官修辞只是帮助法官适用法律的一种有效形式，不能替代法律成为决定司法过程的因素。当然，在司法中，诉讼法是规定法律活动程序的。在法律活动中，"以言行事"起着重要作用，是法定程序的重要内容。❶ 因此，修辞在司法中的运用也是受到限制的。

（二）判决书修辞

1. 中国古代判词修辞研究

近些年来出版的一些专著对判词做了研究❷，其中不少涉及修辞问题。如赵静《修辞学视阈下的古代判词研究》（巴蜀书社 2008 年版）揭示了中国古代判词从先秦到当代语体风格上的演变，揭示判词在发展过程中，词语的专业化、句式的精确化、文本的程式化、逻辑结构的明晰化的发展特点。有人认为，经权之道是中国古代司法中非常重要的一种修辞性策略，体现在执法、审讯、断案、判决等整个司法过程之中，"经"指法律原则，"权"指变通，即古代司法的判决结果不仅要根据律令格式的规定，还要根据具体案件的具体情况作出变通。❸ 古代有不少裁判作品，体现了法律语言修辞的精妙运用。如《龙筋凤髓判》一书就是唐代编例罪具代表性的范本，其法律语言的运用，达到了相当高超的水平，成为记述唐代法律语言的范本，影响了宋、元、明、清各代法律语言的使用。❹ 对中国古代判词的发掘，

---

❶ 刘红婴："论法定程序的'以言行事'"，载《边缘法学论坛》2006 年第 2 期。相关研究还可见刘红婴："论法定的诉讼话语权及其规则"，载《语言文字应用》2005 年第 3 期；郭晶英："庭审中法律平等的语言实现"，载《重庆科技学院学报》（社会科学版）2007 年第 4 期。

❷ 较早的有汪世荣：《中国古代判词研究》，中国政法大学出版社 1997 年版。近年来作品有虞山襟霞阁主编：《刀笔菁华》，中华工商联合出版社 2001 年版；李启成：《晚清各级审判厅研究》，北京大学出版社 2004 年版，第 5 章：各级审判厅的判决书研究；陈重业辑注：《古代判词三百篇》，上海古籍出版社 2009 年版；陈重业：《古代判词三百篇》，上海古籍出版社 2009 年版；刘愫贞：《判词语体论》，巴蜀书社 2009 年版；田荔枝：《我国判词语体流变研究》，中国政法大学出版社 2011 年版。

❸ 赵静："经与权——古代司法中的修辞学"，载《三峡学院学报》2006 年第 2 期。

❹ 郭成伟："唐律与《龙筋凤髓判》体现的中国传统法律语言特色"，载《法学家》2006 年第 5 期。

在学界有很多研究成果。❶ 这些成果对判词的语体、文体、发展演变、功能、特征等作了概括研究。

　　古代中国，判官们在撰写判词时喜欢以文学化的语言叙事和修饰。❷ 这是一种修辞论证方式，目的是要说服当事人、说服听众，实现情理法的统一。文学化的修辞论证是古代中国人司法智慧的展示，可以用最低的社会成本和司法成本达到最大的社会效益。❸ 古典中国的司法判决，在行文书写的修辞风格上，与司法官员的文学家身份和追求有关。❹ 不过也有人认为，中国古代司法判决中的修辞不是法官故意炫耀的文学技巧，而是作出令人信服的论证和寻求合理性判决的方法。以修辞作为司法判决的说理方法是法官的理性选择，修辞方法在实现司法功能时并未让法律陷入不确定性之中。❺ 徐忠明教授是国内法律与文学研究方面有代表性的学者，近年来在研究中将关注的问

---

❶　如赵静："语体的系统整合以古代判词为基本依据"，载《修辞学习》2003 年第 3 期；周秀萍等："中国古代判词的表达艺术"，载《湖南师范大学社会科学学报》2009 年第 6 期；曲彦斌："'判牍'语言的道德力量与'法律文化'"，载《博览群书》2004 年第 5 期；吴承学："唐代判文文体及源流研究"，载《文学遗产》1999 年第 6 期；杨育棠："中国古代判词语体风格变迁"，载周庆生、王杰、苏金智主编：《语言与法律研究的新视野》，法律出版社 2003 年版；王志强："南宋司法裁判中的价值取向"，载《中国社会科学》1998 年第 6 期；王志强："《名公书判清明集》法律思想初探"，载《法学研究》1997 年第 5 期；李双："古代判词的现代启示"，载《人民法院报》2011 年 4 月 15 日第 7 版；刘愫贞："论中国古代司法语体规范化问题"，载《北京政法职业学院学报》2008 年第 4 期；刘愫贞："论中国古代司法语体的规范化"，载《广东外语外贸大学学报》2009 年第 3 期；陈宝琳："中国古代判词的发展演变和特点分析"，载《襄樊学院学报》2004 年第 6 期；蒋先福等："中国古代判词的伦理化倾向及其可能的效用"，载《时代法学》2008 年第 6 期；苗怀明："唐代选官制度与中国古代判词文体的成熟"，载《河南社会科学》2002 年第 1 期；苗怀明："中国古代判词的发展轨迹及其文化蕴涵"，载《广州大学学报》2002 年第 2 期；汪世荣："中国古代判词研究"，载《法律科学》1995 年第 3 期；田荔枝："从《折狱新语》看判决书语言风格的变化"，载《语言文字应用》1996 年第 4 期；田荔枝："从《折狱新语》中看判词语言的形象性"，载《政法论丛》1995 年第 5 期；潘庆云："清代'幕僚'及其在法律语言研究方面的建树"，载《中州学刊》1997 年第 5 期。

❷　相关研究参见黄源盛："法理与文采之间"，载曾宪义主编：《百年回眸法律史研究在中国》（当代台港卷），中国人民大学出版社 2010 年版；苗怀明："论中国古代公案小说与古代判词的文体融合及其美学品格"，载《齐鲁学刊》2001 年第 1 期；苗怀明："中国古代判词的文学化进程及其文学品格"，载《江海学刊》2000 年第 5 期。

❸　彭中礼："论中国古代判词中的修辞论证"，载《时代法学》2010 年第 6 期。

❹　贺卫方："中国古代司法判决的风格与精神"，载《中国社会科学》1990 年第 6 期。

❺　刘兵："中国古代司法判决的修辞方法与启示"，载《山东科技大学学报》2010 年第 5 期。

题，逐渐从"文学中的法律"扩展到"法律的表达"层面，乃至延伸到司法档案的制作策略与修辞技巧。❶ 总之，古代判决书中的法律修辞还有很多问题有待研究。

2. 当代判决书修辞研究

判决书中的修辞问题，是法律修辞运用的常见情形。从近年来国内一些翻译成果看，国外有学者研究了德国最高法院判决中的修辞学（哈根项目）和证立理论。在其框架内，施丽芬领导了对德国法院裁判进行的修辞学分析。❷ 在英语世界也有不少此方面的研究。❸ 国内学界早在 20 世纪 80 年代即有人研究认为，优秀的裁判文书，不仅需要正确运用法律分析和处理案件，而且应当讲究修辞艺术，做到法律观点和语言形式和谐统一。❹ 国内在 20 世纪 90 年代开始出现此方面的专著。❺ 近年来，国内在此方面有更多研究。专著如赵朝琴《司法裁判的现实表达》（法律出版社 2010 年版）；马明利《法律文书写作技术与规范》（辽宁大学出版社 2009 年版，第 7 章：法律文书的语言与修辞）；宋健强《司法说理的国际境界：兼及"国际犯罪论体系"新证》（法律出版社 2010 年版）；孔祥俊《法律方法论》（人民法院出版社 2006 年版，第 1549 页：裁判的优美性与说服力）；左卫民《在权利话语与权力技术之间——中国司法的新思考》（法律出版社 2002 年版，第 245 页）；肖晖《中国判决理由的传统与现代转型》（法律出版社 2008 年版）；马宏俊主编《法律文书价值研究》（中国检察出版社 2009 年版）；周恺《如何写好判决书 判决书的写作与实例评改》（中国政法大学出版社 2010 年版）；马宏俊《法律文书学》（中国人民大学出版社 2008 年版）；宁致远《法律文书与法律语言探微》（中国政

---

❶ 徐忠明："制作中国法律史：正史、档案与文学"，载《学术研究》2001 年第 6 期；徐忠明："关于明清时期司法档案的虚构与真实"，载《法学家》2005 年第 5 期；徐忠明："诉诸情感：明清时期中国司法的形态模式"，载《学术研究》2009 年第 1 期；徐忠明：《案例、故事与明清时期的司法文化》，法律出版社 2006 年版。

❷ ［奥］京特·克罗伊斯鲍尔："法律论证理论研究史导论"，张青波译，载《法哲学与法社会学论丛》（15），北京大学出版社 2010 年版，第 4、15 页。

❸ ［美］波斯纳：《卡多佐：声望的研究》，张海峰、胡建锋译，中国检察出版社 2010 年版，第 3 章；［英］马戈特·科斯坦佐：《法律文书写作之道》，王明昕、刘波译，法律出版社 2006 年版，第 18 页。

❹ 刘永章："谈裁判文书的语言"，载《政法论坛》1986 年第 3 期。

❺ 法官撰写的作品，参见唐文：《司法文书实用修辞》，人民法院出版社 1996 年版。

法大学出版社 2007 年版，第 146 页：法律文书的修辞特征）等。

学界近些年来发表了一些判决书修辞方面的论文，如洪浩、陈虎《论判决的修辞》［载《北大法律评论》（第 5 卷第 2 辑），法律出版社 2004 年版］比较系统地研究了判决修辞的背景及成因、影响修辞方法的因素、判决修辞的正当性标准、判决的正当修辞、判决的不当修辞。有人从"中国听证革命第一案"乔占祥个案说起，考察法院怎样通过修辞技术，将看似排除在行政诉讼受案范围之外的诉讼请求纳入司法的权力范围，从而在事实上实现了对行政诉讼受案范围的扩展。❶ 我国司法判决中，还出现运用《孝经》去说服当事人的实例。❷ 有人以"李庄案"判决书为素材，分析了司法裁决证立过程中的修辞现象。❸ 有人分析几种特定修辞方法、消极修辞在具体司法文书中的应用，从而使得法律文书制作过程中做到用语规范。❹ 消极修辞和积极修辞是修辞学研究中的两大分野，对提升当下判决书写作水平具有重要的借鉴意义。判决书中的消极修辞主要面向法律职业群体，而积极修辞则大致针对当事人和社会公众。二者分野的原因就在于，在区别听众的基础上使判决书获得最大限度的可接受性。基于这种立场，我们可以在很多方面将消极修辞和积极修辞运用于判决书写作的改进过程中。❺ 有人研究了"本院认为……"这一我国判决书中十分常见的一个表达式。❻ 还有一些成果侧重于各国判决书语言修辞风格的

---

❶ 丁西冷："司法的修辞与行政诉讼受案范围的扩张——以案例分析为切入点"，载《政法学刊》2009 年第 4 期。

❷ 庾向荣："《孝经》入判决体现法官智慧"，载《人民法院报》2010 年 6 月 9 日第 2 版。

❸ 厉尽国："司法裁决证立过程中的法律修辞——以'李庄案'判决书为素材"，载《北方法学》2011 年第 2 期。

❹ 林娜："特定修辞方法在法律文书中的应用"，载《山西省政法管理干部学院学报》2010 年第 2 期；郭慧英："试论消极修辞在司法文书中的运用"，载《湖南公安高等专科学校学报》1999 年第 5 期。

❺ 孙光宁："判决书写作中的消极修辞与积极修辞"，载《法制与社会发展》2011 年第 3 期。

❻ 张清："判决书的言语行为分析——看'本院认为'的言语行为"，载《政法论坛》2009 年第 3 期。

实证研究。❶ 判决书修辞方面，还有大量的研究成果。❷ 这些成果从理论与应用层面上对判决书中的修辞问题作了多方面的研究。

　　另外，近年来，各地法院在判决书说理之外，探索出判前说理、判后答疑、法官后语等新的说理形式。法官后语是近年来裁判文书改革中出现的新生事物。"法官后语"是附注在判决书尾部之后的一段对当事人有教育意义的话。在具体的应用和操作过程中，由于各种各样的原因，在社会上以及法院内部均存在不同的看法。近年来人们围绕法官后语的适用范围、内容、含义、属性、语篇分析、运用技巧进行了分析和研究。❸ "法官后语"为了达到它的目的，在说理方式上大量地诉诸情感，广泛地使用各种修辞手法。"晓之以理，动之以情"是"法官后语"常用的说理方式。"法官后语"采用的是文学化的语

❶　如唐师瑶等："中日刑事裁判文书的法律语言比较研究"，载《修辞学习》2006 年第 4 期；张志铭："司法判决的结构和风格"，载《法学》1998 年第 10 期；杨海明："两岸三地刑事判决书语言程式度比较研究"，载《修辞学习》2006 年第 6 期；王培光："香港与内地判决书法律语言的比较研究"，载《语言教学与研究》2006 年第 2 期；王长江："'马锡五审判方式'之裁判文风"，载《河南省政法管理干部学院学报》2009 年第 4 期。

❷　如陈炯："论司法文书中的说理语言"，载《苏州丝绸工学院学报》2000 年第 6 期；邱垂泰："佩雷尔曼新修辞学理论与应用——以释字第三九一号解释修辞为例"，载 http：//202. 116. 73. 224/bbs/cgi－bin/topic. cgi？forum＝10&topic＝69&show＝0；左卫民："法院的案卷制作：以民事判决书为中心"，载《比较法研究》2003 年第 5 期；董金凤："论司法机关法律文书中的语言运用"，载《河北法学》2005 年第 9 期；朱文雁："论言辞性法律修辞在法官判决书中的运用场域"，载《山东省青年管理干部学院学报》2010 年第 5 期；王庆廷、喻美奇："裁判文书语言的三个层次"，载《人民法院报》2010 年 12 月 11 日第 2 版；董敏："一篇中国民事一审判决书的修辞结构分析"，载《外语与外语教学》2007 年第 9 期；董敏："论当前中国民事一审判决书的语类结构潜势"，载《修辞学习》2006 年第 4 期；田荔枝、张文录："规范与习惯的冲突——论判决书语言运用问题"，载《河北法学》2005 年第 1 期；田荔枝："个性化与模式化——对裁判文书写作的思考"，载《河北法学》2008 年第 7 期；田荔枝："判决书用语的若干不规范现象"，载《修辞学习》2001 年第 1 期；田荔枝："试论司法文书的语用规范"，载《山东大学学报》1998 年第 1 期；潘庆云："合法规范话称谓——法律文书中当事人称谓述略"，载《秘书》2007 年第 3 期；刘愫贞："论判词语言研究的意义内涵"，载余素青主编：《法律语言与翻译》（第 1 辑），上海译文出版社 2010 年版；赵静："语体研究在司法中的运用"，载《修辞学习》2004 年第 2 期；吴跃章："判决书的叙述学分析"，载《南京社会科学》2004 年第 11 期；陈建萍："论裁判文书的事理阐释"，载《攀登》2004 年第 4 期。

❸　周道鸾："论裁判文书改革"，载马宏俊主编：《法律文书与司法改革》，北京大学出版社 2005 年版，第 171～173 页；张建成："'法官后语'论"，载《河南省政法管理干部学院学报》2006 年第 3 期；玉梅："试论'法官后语'"，载《广西政法管理干部学院学报》2005 年第 6 期。

言。引用、对偶、排比是法官最常用的几种修辞手法。❶ 当然，这个问题尚需在今后的审判实践中继续探索，总结经验，不断完善。

现代司法判决体现民主原则，实现由不平等的主客间性的"独白式"走向平等的主体间性的"对话式"，这就要求实现"说者"与"听者"之间的角色转换。"说者"与"听者"之间的角色转换保证了"说者"与"听者"的角色有效性和司法判决的有效性。❷ 但是，当代中国法院判决书说理和修辞普遍缺乏。有人认为❸，其根源在于缺乏可以对判决书进行自由讨论的公共领域，也即没有以法律修辞为中心的语言游戏。法院判决应从中国古代判词中汲取修辞艺术，降低信息成本。判决书上网就是在判决书的公共领域引入读者批判的一种对策，对于加强判决书的说理和修辞具有一定的意义。

（三）口语法律修辞

法律修辞的使用不仅体现在书面或文本中，还大量出现于口语场合。比如，法官言论自由与公平审判之间即存在一定的联系。❹ 司法文本中的修辞叙事十分重要，而司法日常话语中的修辞叙事同样重要，有时甚至超过前者。❺ 因此在司法中，口语法律修辞同样是个非常值得研究的领域。

1. 法律论辩

近年来，法律论辩方面有一些作品有：顾永忠主编《法律论辩》（中国政法大学出版社 2002 年版）；［荷兰］弗兰斯·凡·爱默伦、弗兰斯卡·斯·汉克曼斯《论辩巧智——有理说得清的技术》（熊明辉、赵艺译，新世界出版社 2006 年版）；［英］安迪·布恩《法律论辩之道》（姜翼凤、于丽英译，法律出版社 2006 年版）等。另外，还有人发掘了我国古代的论辩修辞思想。❻ 法律论辩学、司法口才学也是一

---

❶　邱昭继："论判决书中'法官后语'的语篇分析——语用学'目的原则'视角"，载《修辞学习》2006 年第 4 期。

❷　聂长建："'说者'与'听者'角色转换——司法判决可接受性的程序性思考"，载《政法论坛》2011 年第 2 期。

❸　徐亚文等："法律修辞、语言游戏与判决合法化——对'判决书上网'的法理思考"，载《河南省政法管理干部学院学报》2011 年第 1 期。

❹　韩红俊："法官言论与公正审判"，载《法律适用》2011 年第 5 期。

❺　刘星："司法日常话语的'文学化'"，载《中外法学》2010 年第 2 期。

❻　如卢春艳："《墨经》的论辩修辞初探"，载《河北师范大学学报》2003 年第 6 期；谷振诣："'论辩术'与希腊逻辑的传统"，载《求是学刊》2000 年第 6 期。

些法学院校开设的课程。❶ 法律论辩是通过交互对话或商谈为法律行为提供合法性、正当性理由的证明活动。它承载着一项重要的使命，即寻求达至司法公正、实现社会正义之方法。通过运用辩论方法，实现个案裁判之公正，彰显法治之目标。❷ 法律论辩作为一种思维过程，它具有可分析性、可建构性以及可评价性等若干方法论特征。合理运用法律论辩的建构与评价的方法，可有效优化具体的法律论辩。❸ 论辩方法也属于法律论证的一种方法。法律论辩有其独特的交际领域、交际对象和交际职能以及思维方式的选择，在语言运用上也有着独特的规范和表达效果。❹ 当然，论辩方法也有自身的局限，需要我们在司法过程中予以警惕。

2. 律师论辩修辞

律师论辩是最为常见的一种法律论辩形式。国内外此方面的作品非常多。❺ 律师的辩护词当中也有可能运用修辞。辩护词是刑事诉讼中最常用的法律文书之一。成功的辩护词还有一个基本特征，即对语言尤其是修辞的巧妙运用，充分实现修辞功能可使辩护词更具说服力。

---

❶ 相关教材如顾永忠主编：《法律论辩》，中国政法大学出版社 2002 年版；王冷、吕鸿臣编著：《司法口才教程》，中国政法大学出版社 2009 年版。

❷ 张超："试论司法过程中法律论辩的意义"，载《理论界》2008 年第 10 期。相关研究还可见潘庆云："法律语言实现司法公正的若干思考"，载《修辞学习》2003 年第 1 期；潘庆云："略论法律语言与司法公正"，载《法治论丛》2002 年第 5 期。

❸ 余芳等："法律论辩建构与评价的方法论探析"，载《湖北社会科学》2008 年第 9 期。

❹ 田荔枝："论法律论辩表达"，载《边缘法学论坛》2006 年第 1 期。

❺ 国外的如［英］理查德·杜·坎恩：《律师的辩护艺术》，陈泉生、陈先汀编译，群众出版社 1989 年版；［美］赫伯特·布莱：《中国庭审控辩技巧培训教程》，丁相顺、金云峰译，中国方正出版社 2005 年版；［美］史蒂文·鲁贝特：《现代诉辩策略与技巧》，王进喜等译，中国人民公安大学出版社 2005 年版；［美］格里·思朋斯《胜诉法庭辩论技巧》，牟文富等译，上海人民出版社 2008 年版；［美］弗朗西斯·韦尔曼：《辩护的艺术》，中国商业出版社 2009 年版；［美］威尔曼：《法庭对质的艺术》，林纪嘉译，辽宁教育出版社 2005 年版；［美］法兰西斯·威尔曼：《交叉询问的艺术》，周华、陈意文译，红旗出版社 1999 年版。国内的如顾永忠：《中国式对抗制庭审方式的理论与探索》，中国检察出版社 2008 年版；顾永忠主编：《刑事辩护技能与技巧培训学习指南》，法律出版社 2010 年版；顾永忠主编：《中美刑事辩护技能与技巧研讨》，中国检察出版社 2007 年版；罗力彦：《找到辩点：罗力彦的 23 个辩护策略》，法律出版社 2010 年版；田文昌：《中国名律师辩护词代理词精选：田文昌专辑》，法律出版社 2008 年版；韩嘉毅：《大律师精彩刑辩系列：刑辩路上的梦》，中国法制出版社 2008 年版；张伟军：《公诉人法庭辩论实务与技巧》，中国检察出版社 2008 年版；刘彤海：《律师思考与法庭辩论技巧》，人民法院出版社 2006 年版。

有人研究揭示了修辞对辩护词写作的重要作用。❶ 有人对辩护词的语言规范与要达到的修辞效果进行了研究。❷ 有人分析了律师辩护词中修辞疑问句的功能。由此表明，辩护律师使用修辞疑问句是为了隐性地体现自己强烈的感情色彩以及自己对当事人行为、人品的判断和对事件的鉴赏。通过修辞疑问句的使用，辩护律师能够让听众更容易接受自己的情感并有效地激发听众的情感、判断及鉴赏，从而增强辩护词的说服力和论证效果。❸ 有人结合新中国成立前一些实证资料，对法庭论辩修辞作了研究。❹ 有人研究了律师如何在与委托人交流的过程中运用正确的修辞方法。❺ 可见，在律师执业实际中，修辞方法有广泛运用。

3. 法庭言语、会话研究

司法中的言语沟通是个非常重要的问题，实务界对此已有明确意识。❻ 但长期以来，此方面的研究一直比较薄弱。廖美珍《法庭问答及其互动研究》（法律出版社 2003 年版）是国内第一部系统研究法庭话语的专著。该书系统分析了国内法庭审判口语互动中的问与答，揭示了法庭审判中问与答的机制与特色，解释了法官和律师的问话形式和问话策略及答话人的答话形式与策略。而他在后来《法庭语言技巧》（法律出版社 2005 年版，2009 年第 3 版）一书中，更加侧重于通俗性、指导性和易于操作性。❼ 该书包括法庭语言问话技巧、法庭语言答话技巧、法庭语言预设技巧、法庭演说技巧、法官的语言技巧、

---

❶　姜同玲："律师辩护词的修辞功能初探"，载《广东外语外贸大学学报》2002 年第 3 期。

❷　张清："论辩护词的语言规范与修辞"，载《山西财经大学学报》2010 年第 1 期。作者还运用目的原则从刑事辩护词的构成来分析其语言规范。参见张清："目的原则视野下的刑事辩护词研究"，载《修辞学习》2006 年第 4 期。

❸　袁传有等："律师辩护词中修辞疑问句的隐性说服力"，载《当代修辞学》2010 年第 4 期。

❹　田荔枝："陈独秀法庭自辩的修辞艺术"，载《修辞学习》2000 年第 1 期；田荔枝："章士钊的法庭论辩修辞艺术"，载《中国律师》2001 年第 11 期；田荔枝："'七君子'庭辩展风采"，载《政府法制》2003 年第 6 期；田荔枝："章士钊的法庭论辩修辞艺术"，载《修辞学习》2002 年第 2 期。

❺　杨晓琼："论修辞方法在律师委托人之间的应用"，载《咸宁学院学报》2009 年第 5 期。

❻　田成有："法官该怎样讲话"，载《人民法院报》2010 年 10 月 22 日第 5 版；戴建志："司法宣传：司法活动中的沟通艺术"，载《人民司法》2010 年第 19 期。

❼　程朝阳："法官审案的语言范本"，载《法律与生活》2005 年第 21 期。

检察官的语言技巧、律师的语言技巧七个部分。李立、赵洪芳《法律语言实证研究》（群众出版社 2009 年版）对法庭话语、话语策略等作了系统研究。杨凯《裁判的艺术——法官职业的境界与追求》（法律出版社 2005 年版）研究了裁判的口才艺术。相关专著还有余素青《法庭言语研究》（北京大学出版社 2011 年版）；唐明《天平之星——法官的界定、思维和语言》（广东省出版集团 2007 年版，第三编：法官的语言）；郭谷新、陈立明《法庭论辩艺术》（中国检察出版社 1992 年版）；刘汉民《日常论辩与司法论辩技巧》（民主法制出版社 2009 年版）。

法庭论辩具有很强的对抗性，是在法律和事实的基础上关涉应变能力、修辞技巧、心理素质、逻辑思辨的较量。❶ 学界在法庭互动话语、法庭问答、言语冲突、打断等情形作了不少研究。❷ 还有人研究了庭审语境中的询问。❸ 可见，庭审过程中法官的修辞是个专业性、经验性较强的一门艺术。

---

❶ 张文录："论法庭论辩的理论基础与素质"，载《河北法学》2006 年第 7 期；万小丽："律师 论辩 逻辑——律师逻辑论辩的四要素"，载《东北农业大学学报》2006 年第 1 期。

❷ 廖美珍："中国法庭互动话语 formulation 现象研究"，载《外语研究》2006 年第 2 期；廖美珍："目的原则与法庭互动话语合作问题研究"，载《外语学刊》2004 年第 5 期；廖美珍："法庭语言实证报告"，载《法律与生活》2003 年第 12 期；廖美珍："答话研究——法庭答话的启示"，载《修辞学习》2004 年第 5 期；廖美珍："中国法庭互动话语对应结构研究"，载《语言科学》2003 年第 5 期；廖美珍："从问答行为看中国法庭审判现状"，载《语言文字应用》2002 年第 4 期；杜金榜："法庭对话与法律事实建构研究"，载《广东外语外贸大学学报》2010 年第 2 期；杜金榜："从法庭问答的功能看庭审各方交际目标的实现"，载《现代外语》2009 年第 4 期；葛云锋、杜金榜："法庭问话中的话题控制与信息获取"，载《山东外语教学》2005 年第 6 期；刘荷清："法庭会话中的答话修正与成因研究"，载《修辞学习》2006 年第 4 期；［英］John Gihbons："法庭上的语言运用和权力支配"，载《广东外语外贸大学学报》2003 年第 1 期；王倩："法庭审判言语冲突构成研究"，载《修辞学习》2009 年第 4 期；余素青："法庭言语的功能及其特征分析"，载《前沿》2009 年第 5 期；余素青："法庭言语的制度性特征分析"，载《修辞学习》2008 年第 5 期；张鲁平："试论民事审判中的法官打断现象"，载《修辞学习》2006 年第 4 期；胡佳丽："刑事庭审会话中的闪避回答"，载《修辞学习》2006 年第 4 期；刘红婴："论诉讼话语之'三问'"，载《修辞学习》2004 年第 4 期。

❸ 董敏、王欣："庭审语境中诱导性询问的语用预设分析"，载《广东外语外贸大学学报》2008 年第 4 期；董敏："一则美国刑事案件的语用预设分析"，载《北京理工大学学报》2008 年第 4 期；林钰雄：《严格证明与刑事证据》，法律出版社 2008 年版，第 4 部分：法庭之诘问。

4. 法律/司法语篇及其说服功能研究

建立法律语篇信息结构的语言学模式。研究表明,各种法律语篇具有共同的内在信息结构,由核心命题和它下层的信息点构成。[1] 有人对法官在控制信息流动过程中的作用和规律进行研究,为法官在庭审中合理地处理信息且有效地运用语言提供理论上的参照。[2] 研究表明,恰当使用处置类信息能保证法庭语篇的说理性。[3] 说服是法律语篇的基本功能。有人研究司法语篇中隐性说服的特点和表现,对认知反应模式进行了改进,强调了说服过程的互动性。司法语篇中存在大量隐性说服,可以从评价、模糊语、预设等角度进行分析,互动认知模式则可以有效处理隐性说服过程。[4] 司法语境中的语篇分析,是从微观的角度分析司法人员、律师和涉案当事人的各种语言现象,旨在解决司法过程中的语言证据收集、话语标记识别、语言环境分析等问题。[5] 近些年来,法庭语篇研究大多数是从语用学的角度研究法庭问话、答话或问答的语言策略和技巧。有人尝试从语音特征的视角来分析电影《杀死一只知更鸟》中法庭辩论语言的一些主要的语音特征及其所达到的文体效果。法庭辩论语言具有简洁、明快、清晰、抑扬顿挫和铿锵有力的特点,增加了电影法庭辩论语言富有诗意的音韵美,还可以烘托辩护律师为正义而辩论的主题,从而增强了演讲的说服力和感染力。[6]

5. 修辞在调解中的运用

在司法活动中,人们往往会从不同的立场出发,运用修辞的方式来论证这一事实还原过程。有人研究了修辞在调解中的运用。一定意

---

[1]　杜金榜:"法律语篇树状信息结构研究",载《现代外语》2007 年第 1 期。

[2]　杜金榜:"庭审交际中法官对信息流动的控制",载《广东外语外贸大学学报》2008年第 2 期。

[3]　杜金榜:"从处置类信息的处理看法庭语篇说理的实现",载《现代外语》2010 年第 4 期。

[4]　杜金榜:"司法语篇隐性说服研究",载《现代外语》2008 年第 3 期。

[5]　熊德米:"语篇分析在司法语境中的应用",载《西南政法大学学报》2009 年第 5 期。这方面相关研究如,有人通过杨××诉胡××侵犯名誉权一案中原告、被告间一段手机对话短信的语言分析,说明在司法审判中,对有争议的语言证据作分析认证的程序不可缺失。参见王洁:"语言证据的分析认证与司法应用",载《当代修辞学》2011 年第 2 期

[6]　吕中舌等:"电影法庭辩论语言的语音特征及其文体效果",载《外语教学》2009年第 1 期。

义上，司法调解的过程就是法官运用修辞方法说服当事人的过程。说服的有效性依赖于法官的个体性因素、法官对作为修辞出发点的共识的选择以及采用的修辞方法是否恰当。❶ 通过对 10 份近四万字的法院调解语料的分析，结合关联理论中三种语境效果的划分，并结合语料分析了各类话语标记语在法院调解中的作用和使用情况。❷ 对司法调解中的法律修辞研究，还体现在程朝阳等人的一系列成果中。❸

在司法中，法律修辞有着广泛的应用。总体上看，不管是在法官审判、调解，还是在律师执业，不管是古代还是当今，不管是国内还是国外，不管是书面形式，还是口头形式，各种职业身份的法律人都在司法中大量运用到修辞手段。国内学界对此问题也作了一定的研究。不过，这种研究依然显得零散，缺乏体系，本章对此予以综述研究，希望在汇总既有研究成果的基础上，将此研究予以整合、提炼，并有意识提升其理论意涵。司法中的法律修辞，作为法律修辞学研究的重要内容，有必要作为一个专门领域，甚至上升到学科的高度予以看待与研究。

---

❶　刘兵："论司法调解中的修辞学方法"，载葛洪义主编：《法律方法与法律思维》（第 6 辑），法律出版社 2010 年版；武飞："调解中的法官修辞"，载《法学》2010 年第 10 期。

❷　徐优平："话语标记语在法院调解过程中的作用——关联理论角度的分析"，载《修辞学习》2006 年第 4 期。

❸　程朝阳："法庭调解语言的语用研究"，中国政法大学 2007 年博士论文；程朝阳："亚里士多德的古典修辞学与现代司法调解中的说服艺术"，载雷磊主编：《原法》（第 1 卷），中国检察出版社 2006 年版；程朝阳："法庭调解话语与角色研究一种语用分析的进路"，载《法律适用》2008 年第 3 期；程朝阳："法庭调解话语与权力研究"，载《法律适用》2009 年第 7 期；程朝阳："法庭调解话语与目的互动研究——一种语用分析的进路"，载陈金钊等主编《法律方法》（第 7 卷），山东人民出版社 2008 年版；程朝阳："'是吧？/！'在司法调解中的语用功能研究——以北京燕山法院的三个调解实例为基础"，载《修辞学习》2006 年第 4 期；许海涛："'话'解心结——以能动司法角度下重罪刑事案件法官之调解话语为研究中心"，第二届山东省法律方法年会论文。

第八章 法律方法论研究的 阶段性回顾与反思

一、法律方法的内部体系及其实践技艺

现在，摆在法官面前的各种各样的法律方法论层出不穷、花样翻新。从发现到解释、从解释到论证、从推理到衡量的发展，使得法律方法论的内容越来越丰富，不仅法官等实务法律人难以识别，即使是法律方法的研究者有时也感觉摸不着头脑。用法律发现、法律推理、法律解释、法律论证、漏洞补充、价值衡量等方法中的任何一个都可以串起方法论系列，每一种基本方法之中都包含有更多具体的子方法。但吊诡的是，不仅上述各种方法之间存在重合调整的空间，而且还存在相互矛盾的立场。比如，与法律发现相对应的是法律的创造方法；在法律推理方法内部含有实质推理和形式推理两种思维方向迥异的思维方式；在法律解释方法系统中不仅有文义解释、体系解释，还包括不同思维走向的目的解释、社会学解释等方法。法律论证也可以分为捍卫法律和逻辑规则的内部证成和重视价值、情境因素的外部证成的方法；漏洞补充几乎可以运用各种方法；与价值衡量相伴随的是各种价值难以确定的优位选择，人们往往搞不清楚究竟是自由更重要，还是平等更为优位。在司法实践中，对很多判断的争论来自对方法适用的选择。在法学史上，很多学者试图用排序的方法，解决实践中的方法的相互冲突。但由于方法无论多么"具体"都是一种关于司法过程的抽象表达，因而，在遭遇具体案件以后，所有基于一般条件考虑的方法排序都显得难以适应司法实践的需求。在一个个特殊情况面前，法律方法的排序不仅没有显现研究者的智慧，反而衬托出研究者的机械、笨拙或迂腐。结果导致情境论、语境论、后果决定论正在抢占法律的位置。现在很多实务法律人认为，法律方法论只是一种中看不中

用的理论。人们已经发现，对法律方法进行排序解决不了司法实践中的复杂问题。这样，法律方法论遭遇到了实践难题——法律方法论如何运用的问题。这一问题对研究者来说是研究成果的出路问题，而对法律实务人来说则是各种法律方法选择适用的技艺问题。

解决这一问题需要两个方面的努力：一是法律方法的研究者需要对这些方法进一步划界，使人们清楚这些方法适用的条件和维护的目标；二是实务法律人需要审时度势，结合自己的司法经验，在理解划界意义的基础上把法律方法变为实践智慧。就法学研究来说，我们过于偏重纯粹的知识、原理建构，主张自圆其说的片面深刻，而忽视了技术、方法和技艺的研究也存在着很多的内在矛盾。实际上，法律方法论和法律方法论的运用还不完全一样，法律方法论是一种理论形态，而法律方法论的运用在一定意义上可以称为实践技艺。但对这种实践技艺的研究也存在着偏重知识原理建构的问题，很多研究者只注意在宏观上做文章，而不注意科研成果的推广运用，使法律方法这种实践智慧成了书斋中的纯粹学术。由于法律方法论没有发挥其应有的作用，结果造成实务法律人在缺乏方法论支撑下，径直把哲学带进了对司法政策的确定。其主要表现在，在主流思维方式中，庸俗的唯物论已经使法律人失去了对法律的信仰，而简单套用的辩证法更进一步强化了已有的不尊重法律的态度，淡化了法律的权威。我们对于法治既缺乏应有的信任，对法律规则也没有认真对待，几乎是有规则就有例外，这还不算原则性和灵活性相结合以及具体问题具体分析等对情境因素的重视。把这种日常的思维方式用到对司法实践，衍生了一系列颠覆法治的思维路径。具体表现为在对法治路径认识的几个方面的统一：在法治目标追求上的形式法治与实质法治的统一；在司法判断上法律效果与社会效果的统一；在政治目标上法律效果与政治效果的统一；在方法论上法律发现与法律创造的统一、文义解释与目的解释的统一、内部证成与外部证成的统一；在司法立场上克制与能动的统一。这些都是一些矛盾思维在法治路径上的反映，虽然是社会的本质较为接近，但与法治思维方式相差很远。因为法律是要调整社会的，它本来只是社会的一个方面的因素，形式性、程序性、甚至可以说"片面性"是法律的特质，唯物、辩证的观点根本就不适合论证法律调整和法律方法的运用。法治所使用的基本逻辑是形式逻辑，根据法律的思考是法律思维的基本方式，非形式逻辑或者说辩证的逻辑不宜作为法治思维的主流，只能是作为一种辅助手段运用到方法论中。统一是以对立或者说分离为前提的，如果没有对立也就无所谓统一。各种法律方法虽然不是独立存在的，有很多重合的地方，但是有一个明显的事实是：法律方法无论是在立场姿态，还是在具体方法上存在着封闭与开放两种思维倾向，所谓的统一究竟是在什么意义上的统一。在统一论中还有没有法律的位置？如果没有法律的位置，我们不好意思把这种统一叫做法治。统一论貌似合理，但没有人告诉你由谁来统一谁，究竟是法律效果统一社会效果，还是实质法治来统一形式法治；究竟是能动统一克制，还是文义统一目的？统一论好像符合辩证法的要求，但由于过度讲究统一，而忽视了社会与法律的对立，这就造成了在法治思维方面的混乱。不解决这些问题，在法律方法论上不可能出现高品质的实践技艺。而解决这些思维矛盾的基本方式就要在理论上对这些法律方法进行以严格法治为界限的划分，把法律方法分为维护严格法治的方法与维护实质法治的方法，以使法律人能够在这两种方法间进行选择。这好像是在形式法治与实质法治之间找出的中间路线，但实际上给司法者在方法论的选择上指明了方向。

　　对各种复杂、矛盾的法律方法论划界，主要应该围绕着法治目标展开，也就是说各种法律方法的地位是由其在法治建设中的重要性来决定的。如果没有法治目标，实际上要不要法律方法论都没有什么意义。专制社会根本就不需要法律方法论，因而坚定法治立场是对法律方法论划界的基础。然而，在法治建设的理论上，我们总能找到相互对立或冲突的立场、理念、方法，像司法姿态上的克制主义与能动主义。实施法治方法上的文义解释与目的解释、法律发现与法律创造、形式推理与实质推理；尊重一般性的法律发现以及演绎推理的方法和强调个别性的法律论证、根据法律的解释与根据价值和情境的衡量；在法律实施效果上的法律效果、政治效果与社会效果；在思维方式上的形式主义思维与实质主义思维；甚至还可以在法治之法上发现广义的法律与狭义的法律，法律的确定性与模糊性、法律的稳定性与变动性、法律的客观性与主观性、法律意义的固定性与流动性等问题上，法治论者一直存在着内心的纠结难以表达清楚。这些问题长期困扰法学理论的研究者和司法实践者。我们的研究发现，各种理论都有着不同的意义和功能，表达着不同的价值追求。"但由于坚持形而上学的、绝对主义和两极对立的理论原则与思维方式，人们长期以来是习惯于从其中之一出发去'统一'或'驳斥'另一方，由此导致了无实质意义的经院式争执，并形成许多僵化式教条。"❶ 这意味着关于法治的顶层设计是模糊的或者说法治意识形态的含混。解决这一问题需要借助哲学的划界智慧。因为我们很多司法政策的制定者在监管和方法论上坚持的是辩证法，非常善于在各种对立的姿态、立场和方法上讲究统一，但又不说明由谁来统一谁，好像是对各种矛盾的思维有解决办法，但是，由于没有坚守法治的原则又使人感觉到无所适从。

划界是对人思想观念和社会生活的不同领域的界定与区分，通过澄清事物的界限，揭示不同领域的事物所遵循的差异性的"游戏规则"，从而消解抽象总体性力量对多样而丰富的思想、生活领域的侵蚀和控制。用划界的方法区分清楚各个观念、方法的范围、功能区域，使人们能够清楚每一个观念、方法的价值及其有限性，同时又了解各自不同价值的不可替代性。从而避免非此即彼的、非理性的思想和泡沫，切实推动法治观念的变革和社会的进步。与此同时，在很多情况下，我们还需要掌握越界智慧。越界智慧是对存在于人的思想观念和社会生活中束缚人的自由发展的刻板教条、僵死观念和抽象里的解构、克服与超越。❷ 划界与越界是相伴而生的思维方式。多年来法律方法论的基本问题就是围绕着超越法律还是严格遵守法律问题争论不休，即法学理论常说的法律运用究竟是开放性还是封闭性的问题。但是我们的司法政策又倾向于超越法律，奉行一种对社会、政治因素的过度开放，使得法律难以发挥规范作用。我们认为，对这两种思维倾向的选择，人们应该有一个基本的立场，即捍卫法治还是放逐法治，我们必须有一个明确的态度。否则即使有了划界也不能保证思维路径的清晰。我们认为，我国现阶段处于法治建设的初期，应捍卫严格法治，树立法律权威是基本姿态，除此社会关系不能稳定，长治久安难以实现。所以，面对各种法治不可能的理论，我们用法律方法论修复法治，但并不反对法律附条件地开放，即在负载了论证义务或责任的情况下，

---

❶ 贺来："哲学介入中国现实的基本方式"，载《新华文摘》2012 年第 12 期，第 36 ~ 37 页。

❷ 贺来："哲学介入中国现实的基本方式"，载《新华文摘》2012 年第 12 期，第 36 ~ 37 页。

法律人可以超越法律的界限。但我们一定要牢记，法治的基本思维倾向是在法律的牢笼中完成对秩序的筹划和对自由、平等价值的追求。在社会转型期我们不仅遇到全球化，还受到了后现代法学的冲击，以至于有些人认为法治这个词是昨天的概念，多少显得有些过时了。但对中国社会的发展来说，严格法治这一课是需要补上的。法治需要意识形态，需要占领社会发展、管理等领域的话语权，但是我们需要在法治意识形态和政治意识形态问题上划界，而不能用眼前的政治意识形态代替法治的话语权。

在中国，随着对法治认识的加深，法治有了越来越复杂的含义，但整体趋势是离限权意义上的法治越来越远；法治理念的内容越来越多，但法治的含义却越来越模糊；执行法治理念的司法政策越来越多，但是更多地强调的是法律因素对法律的影响，即过度地强调了法律的开放性，而忽视法律的独立性。针对目前较为混乱的法治概念、法治理论、司法政策、法治理念等，需要划界智慧和越界智慧来厘清。"如果法律沦为意识形态，或者仅仅将其视为意识形态的结果，那么合法性看来是不确定的、无原则的，它没有必然的内容或含义，没有内在特点。……对大多数法学理论来说，意识形态不是法律的必备属性，法律无疑不应当根据激进的概念（其中对现实的神秘化是法律中固有的东西）或根据对社会关系的模糊化处理（旨在要求民众服从）来进行界定。"❶ 在实施法治的战略中，领导干部信仰法律、敬畏法律是政治上成熟的表现。贺来教授认为划界理论比较适合哲学运用，而且还比较适合法治理论的运用。他在文章中直接举例说明了法治问题。在越界的时候，需要克服权力侵害权利的观念并确立每一个人具有平等权利的观念。"我们需要勇敢地面对并且致力于克服社会生活中贬低人的尊严、给人带来不幸的现实力量，这一方面是'资本的逻辑'对中国人公私生活乃至精神生活所具有的越来越强大的渗透力与支配力；另一方面是缺乏规范的'行政权力'，而且这两种抽象的力量经常内在地纠缠在一起，相互利用和相互转化，成为对'生活世界'进行'殖民化'的两种最主要的'操舵媒介'。"❷

---

❶ 【加】克里斯汀·希普诺维奇："法律与意识形态"，张昌辉、施长征译，载《南京大学法律评论》（2012 年春季号），第 14～22 页。
❷ 贺来："哲学介入中国现实的基本方式"，载《新华文摘》2012 年第 12 期，第 36～37 页。

法学在一定意义上讲就是指分类学。对于法律方法人们已经进行了多种分类，但这些分类只是从研究角度进行的分化，没有考虑应用的方便。从维护法治的角度看，对法律方法的划分应该以实质法治和形式法治为目标，以封闭与开放为标准进行分类。维护形式法治、主张在封闭范围内实现法治的方法主要包括：法律发现、文义解释、体系解释、内部证成、三段论推理等方法。维护实质法治、主张开放法律意义的方法主要包括价值衡量、利益衡量、目的解释、社会学解释、外部证成等。对法律方法的划界实际上是在筹划克制司法和能动司法的界限，讲的首先是我们必须对法律保持克制，什么时候在什么条件下能冲破法律的牢笼实施司法能动。对复杂的法律方法论进行划界并不复杂，处理这两类方法的关系比较简单，要求我们首先在法律封闭的范围内解决法律纠纷，如果封闭的法律难以解决问题，则可以附条件地对政治、社会和管理目标等开放法律的意义。这个条件包括：维护法治的精神，不专断、任意裁判，承担论证责任，说明判决理由。当然，这只是原则性的要求，对法律人的实践艺术来说还没有到细微之处，但只要我们心中有了法治信念，在具体的场景下找到连接点就一定能把实践智慧展现出来。法律的实践艺术很难用一般的理论表述出来。只能借助文学的描述手法在具体的场景中加以言说，能用理论表述出来的规则多少都会有些生涩。

二、法律方法研究的实践面向

我国的法律方法论研究经过二三十年的发展，取得了令人称道的成绩。但近两年的法律方法论研究似乎进入了"瓶颈"制约期，法律方法论的主题话语似乎被法律修辞所取代，面向实践的法律方法研究更是极度缺乏，从而导致具有工具属性的法律方法不能为司法实践提供有力指导。结合当下中国的司法实践，探讨各种法律方法的实践应用，或许是法律方法论研究走出目前这种"瓶颈"制约的有效途径。我国的法律方法论研究如果从使用"法律方法"概念算起，可追溯至20世纪80年代中期，但当时的法律方法主要是指运用法律手段，对国民经济领导机关的管理活动和经济组织的经济活动进行管理，这一意义的法律方法，很难与当下学界所言的法律方法相契合。当下意义的法律方法主要是指司法实践中法官判案所用到的法律发现、法律解释、法律推理、法律论证、利益衡量等方法，该种意义的法律方法论研究始于 20 世纪 80 年代后期以来对法律解释、法律推理、法律论证等问题的关注。进入 21 世纪，法律方法才逐渐成为法学研究中的"显学"，笔者认为我国的法律方法论研究还主要处于发展阶段❶，也有学者提出我国的法律方法论研究开始繁荣，转型的中国法学逐渐走向法律方法论的时代。❷

（一）法律方法论的研究现状

我国的法律方法论研究经过近二三十年的发展，取得了令人称道的成绩。法律方法论的研究内容越来越丰富，涉及领域越来越宽泛；由专注具体的法律方法研究，到关注法律方法的基本理论问题，再到法律方法学科意识的觉醒；不仅仅法理学界、逻辑学界关注法律方法论研究，部门法学界也开始关注法律方法论研究，等等。具体表现在：

（1）以法律方法、法学方法或法律解释、法律推理、法律论证、利益衡量、漏洞补充、法律发现等诸种法律方法为篇名、关键词的研究论文基本上呈现逐年增多的趋势（详见表 1、表 2）。但仔细分析这些数据，我们也不难发现，"法律解释"的研究文献为最多，几乎占到了"篇名"研究文献的 1/4，"关键词"研究文献的 1/3，这既印证了我国的法律方法论研究始于对法律解释的关注，也说明了法律解释始终是法律方法论研究中的"理论重镇"；在对法律解释等诸种法律方法的研究中，学界对法律发现、漏洞补充的关注相对较少，特别是在"关键词"研究文献中，二者的文献之和仅占总文献的 2.4%；不论是在"篇名"还是"关键词"的研究文献中，法律方法论研究文献逐年增多的趋势持续到 2010 年或 2011 年，此后则出现了明显减少的趋势，这也是笔者得出近两年的法律方法论研究似乎进入"瓶颈"制约期的佐证之一。

---

❶ 赵玉增："当代中国法律方法论研究及现状：一个简要述评"，载陈金钊、谢晖主编《法律方法》（第 9 卷），山东人民出版社 2009 年版，亦可参见人大复印资料：《法理学 法史学》2010 年第 6 期。

❷ 焦宝乾、陈金钊："法治迈向方法的时代——2010 年度中国法律方法论研究学术报告"，载《山东大学学报（哲学社会科学版）》2011 年第 2 期。

表1　2001年来以法律方法、法学方法或法律解释等为"篇名"的文献检索结果（条）

题名＼年度	01	02	03	04	05	06	07	08	09	10	11	12	13	合计
法律方法	4	8	29	12	25	24	41	38	42	61	52	41	39	363
法学方法	2	1	4	2	7	9	13	16	12	14	18	17	17	123
法律解释	25	35	52	63	60	73	72	80	97	95	97	99	63	736
法律推理	19	20	33	20	25	22	33	37	44	36	25	13	29	282
法律论证	5	7	6	21	35	25	40	43	35	43	26	29	22	298
利益衡量	7	11	8	11	24	38	36	36	44	41	47	41	29	336
法律发现	6	4	5	7	7	24	21	16	22	38	44	34	18	224
漏洞补充	2	3	2	2	1	2	2	3	2	5	4	2	6	32
合计	70	89	140	138	184	220	258	272	299	333	313	292	223	2831

（表中数据来自中国知网，年度中的"01""02"等指"2001""2002"等年度，考虑到期刊上网的时滞期，2013年度的研究文献会有出入，检索时间：2014年1月17日，表2同）

表2　2001年来以法律方法、法学方法或法律解释等为"关键词"的文献检索结果（条）

题名＼年度	01	02	03	04	05	06	07	08	09	10	11	12	13	合计
法律方法	12	30	63	45	69	78	115	122	111	166	163	115	75	1059
法学方法	1	2	17	7	11	15	21	31	27	34	34	26	15	221
法律解释	80	111	131	194	202	238	280	296	358	505	564	448	256	3341
法律推理	44	37	65	73	58	95	105	111	142	131	101	78	67	961
法律论证	3	11	22	33	54	70	94	119	127	109	94	74	57	831
利益衡量	8	18	37	49	76	100	94	123	130	148	150	127	77	1074
法律发现	2	5	9	9	5	20	19	15	13	26	28	24	11	170
漏洞补充	1	2	1	12	1	2	6	7	1	8	5	1	0	43
合计	151	216	345	422	476	618	734	824	909	1127	1139	893	558	8412

（2）以法律方法、法学方法或法律解释等某种法律方法为主要研究内容的论著、译著相继出版，数量不胜枚举。择其要者列举之：《法律方法论研究》（陈金钊，2010）、《法律方法论》（孔祥俊，2006）、《法学方法论问题研究》（舒国滢，2007）、《法律方法论》

（刘治斌，2007）、《法律方法讲义》（葛洪义，2009）、《法学方法论》（齐佩利乌斯，2010）、《法学方法论》（拉伦茨，2003）、《法学方法论》（杨仁寿，1999）、《法律方法与法律推理》（沙龙·汉森，2010）、《民法解释学》（梁慧星，1995）、《法律解释问题》（梁治平，1998）、《中国古典法律解释的哲学向度》（谢晖，2005）、《法律适用中的解释问题研究》（叶惟，2006）、《法律解释学：立场、原则与方法》（陈金钊，2009）、《法律解释学导论：以民法为视角》（王利明，2009）、《中国古代法律解释的学理诠释》（管伟，2009）、《美国宪法解释方法论》（范进学，2010）、《刑法解释学基础理论建构》（徐岱，2010）、《行政解释研究》（伍劲松，2010）、《法律解释学：权利（权力）的张扬与方法的制约》（陈金钊，2011）、《法律解释学》（王利明，2011），等等。❶ 从已出版的与法律方法相关的研究书目可以看出，法律方法论研究已开始越出法理学界，逐渐走入部门法学的研究之中，宪法学界、行政法学界、刑法学界、民商法学界也开始关注法律方法论研究，特别是宪法解释与适用、行政法解释与法源、刑法解释的立场与方法、民商法解释的立场与方法、判例研究、法源研究等问题都有相当丰富的研究成果出现。❷

（3）以法律方法为主题的学术会议相继、连续召开。如始于2006年的全国法律（学）方法论坛已连续召开8届❸；始于2001年的全国法律方法与法律思维学术研讨会也已召开6届；自2001年起，山东省法理学研究会历届学术年会都将法律方法或某种法律方法作为会议的研讨主题（或之一）；2010年4月召开的第三届全国法院院长论坛的主题是"法律方法与司法公正"。2009年依托于山东大学威海分校（法学院）的首家省级学会——山东省法律方法研究会宣布成立，并

---

❶　更加详细的列举可参见焦宝乾："近年国内法律方法论研究成果"，载《法律方法》（第5卷），山东人民出版社2006年版；亦可参见始自2005年焦宝乾、陈金钊等撰写的年度中国法律方法论研究学术报告，《山东大学学报（哲学社会科学版）》2005年及以后各年度第1期、第2期或第3期。

❷　焦宝乾："法律方法论中国化的一种实践——2009年部门法方法论研究通览"，载《法律方法》（第10卷），山东人民出版社2010年版。

❸　2006年首届论坛在北京召开时用的是"全国法学方法论论坛"的会议题目，第二届仍沿用了"全国法学方法论论坛"的会议题目，第三届改用"全国法律（学）方法论坛"的会议题目，自2009年第四届开始改用"全国法律方法论坛"至今。

已连续举办 4 届法律方法学术年会。于 2001 年成立的校级法律方法论研究所——山东大学威海分校法律方法研究所，于 2006 年被批准成为山东省人文社会科学重点研究基地，依托该基地的玛珈山法律方法论坛已成功举办 174 期（截至 2013 年底）。另外，2002 年创刊的两份学术集刊——《法律方法》和《法律方法与法律思维》，在学术界产生着越来越大的影响，其中《法律方法》已连续出版至第 14 卷，《法律方法与法律思维》也已出版至第 8 辑，等等。

概观以上事实和数据的列举，可以大致感受到法律方法论研究在中国当代的发展及现状，这些成绩是一大批潜心于法律方法论研究的法律学人共同努力的结果。就法律方法论的研究内容来看，呈现以下三个特点：

一是伴随着法律方法理论研究成果的丰富，出现了法律方法的"本体化研究倾向"。以法律解释为例，20 世纪八九十年代的法律解释研究，主要是针对我国的法律解释体制进行剖析研究，进入 21 世纪则比较关注法律解释的理论和方法问题，诸如法律解释的独断性、创造性❶、客观性❷、学科属性❸、法律解释的艺术等❹，甚至有学者提出了法律解释的本体论转向，认为诠释学引入法律解释研究极大地拓宽了法律解释的研究视野，法律解释已不再仅仅是方法论问题，还是一个本体论问题。❺ 事实上，将某种法律方法上升到本体论的高度进行研究的不只法律解释，至少还包括法律推理❻、法律论证❼、利益衡量等❽，笔者将法律方法论研究中这种"拔高"某种法律方法，认为某

---

❶ 陈金钊："哲学解释学与法律解释学——《真理与方法》对法学的启示"，载《现代法学》2001 年第 1 期。

❷ 田成有、李来孺："重构还是超越：法律解释的客观性探寻——以德沃金和波斯纳的法律解释论为主"，载《法制与社会发展》2003 年第 1 期。

❸ 陈金钊："再论法律解释学"，载《法学论坛》2004 年第 2 期。

❹ 陈金钊："法律解释的艺术——一种微观的法治实现方法"，载《法商研究》2009 年第 5 期。

❺ 焦宝乾："本体论意义上的法律解释理论"，载《山东大学学报》2004 年第 1 期。

❻ 张保生：《法律推理的理论与方法》，中国政法大学出版社 2000 年版。

❼ ［德］罗伯特·阿列克西：《法律论证理论——作为法律证立理论的理性论辩理论》，舒国滢译，中国法制出版社 2002 年版。

❽ 张利春："关于利益衡量的两种认识——兼行比较德国、日本的民法解释学"，载《法制与社会发展》2006 年第 5 期。

种法律方法可以囊括其他法律方法，甚至认为该种法律方法是最根本的法律方法，并以该种法律方法构建法律方法体系的研究倾向，称为法律方法研究的"本体化研究倾向"。在笔者看来，对某种法律方法进行"本体化"的研究，虽可提升该种法律方法研究的理论化水平，但也会使该种法律方法距离司法实践越来越远，在一定程度上也会淡化对其他法律方法的研究。法律方法的这种"本体化研究倾向"会遮蔽法律方法的工具属性、应用属性。

二是我国的法律方法论研究，从关注法律解释到关注法律推理、法律论证等传统法律方法，从关注法律解释等具体的法律方法到关注法律方法的基本理论问题，进而关注法律方法的课程建设、教材建设和学科建设。我国的法律方法论研究始于对法律解释的关注，法律解释也一直占据着法律方法论研究的"重镇"地位，这从表1、表2中的法律解释研究文献几乎占到总文献的1/4～1/3不难看出，再后来学界还相对多的关注过法律推理、法律论证、利益衡量等传统法律方法，进而关注到了法律类推（类比）❶、法律续造❷、法律拟制❸、事实认定、经验方法等非传统法律方法，甚或追问传统法律概念，如法律渊源❹、法律原则❺、法律关系❻等的方法论意义。自21世纪10年代中期以来，学界开始关注法律方法论的基本理论问题，如法律方法的概

---

❶　陈林林："裁判上之类比推论辨析"，载《法制与社会发展》2007年第4期，第3～10页；陈锐："法律适用中的类比推理"，载《毕节学院学报》2006年第1期，第26～30页；李凤梅："法律拟制与法律类推：以刑法规范为视角"，载《法学杂志》2006年第1期，第139～141页等。

❷　参见宫冬冬："司法过程中的法律续造"，山东大学2006年硕士论文。

❸　参见孙光宁、武飞："'决断性虚构'何以成立——法律拟制及其原因解析"，载《甘肃理论学刊》2006年第5期，第109～112页；卢鹏："法律拟制正名"，载《比较法研究》2005年第1期，第138～143页等。

❹　参见陈金钊："法律渊源：司法视角的定位"，载《甘肃政法学院学报》2005年第6期，第1～7页；李龙、刘诚："论法律渊源——以法学方法和法律方法为视角"，载《法律科学》2005年第2期，第3～8页；任莹瑛、李秀群："法律渊源的方法论意义"，载《法律方法》（第6卷），山东人民出版社2007年版等。

❺　参见苏治："法律原则的司法适用问题探讨"，载《理论探索》2007年第5期，第146～149页；王夏昊："法律原则的适用方式"，载《法学研究》2007年第2期，第107～110页。

❻　参见陈金钊、侯学勇："法律关系及其逻辑模型的建构"，载《第十四届全国法律逻辑学术讨论会论文集》，2006年。

念、属性等，特别是对法律方法与法学方法两个概念的辨析❶，一度成为法律方法论研究的热点，这显示了法律方法论研究对自身问题的关注。近年来，随着法律方法论学科意识的觉醒❷，学者们开始关注法律方法的课程建设、教材建设和学科建设问题，最新出版的《法律方法》第 14 卷设置了"法律方法课程开发专栏"，刊发了与之相关的6 篇研究文献。❸

三是随着法律方法论研究的深入和影响的扩大，越来越多的部门法学者开始致力于方法论研究，部门法法律方法论研究日渐兴起。在部门法法律方法论研究中，宪法解释学的研究热度尤为引人注目，这方面的学术专著有：《宪法解释的理论建构》（范进学，2004）、《现代宪法解释基本理论》（韩大元，2006）、《宪法解释的哲学》（徐振东，2006）、《宪法解释：文本含义，原理意图与司法审查》（惠廷顿著，杜强强等译，2006）、《认真对待宪法解释》（范进学，2007）、《宪法解释方法与案例研究》（周伟，2007）、《比较宪法——宪法文本与宪法解释》（韩大元，2008）、《宪法解释方法的变革——宪法解释的法理分析》（刘国，2008）、《美国宪法解释方法论》（范进学，2010）等。法律解释进入宪法研究，可以缓解规范宪法学与政治宪法学之间的张力，也是宪法适用途径的必然选择，这是由宪法规定的概括性、抽象性，相对部门法而言远离于社会生活的属性使然。民商法学自始就比较关注解释学研究，甚至可以说，梁慧星先生 1995 年出版的《民法解释学》开启了我国的法律方法论研究，民商法学法律方法论研究

---

❶　这方面的研究论文主要有郑永流："法学方法抑或法律方法"，载《法哲学与法社会学论丛》，中国政法大学出版社 2003 年版；林来梵，郑磊："法律学方法论辩说"，载《法学》2004 年第 2 期；王夏昊："缘何不是法律方法——原本法学的探源"，载《政法论坛》2007 年第 2 期；姜福东："为什么不是'法学方法'——与王夏昊先生商榷"，载《浙江社会科学》2008 年第 10 期；赵玉增："法律方法与法学方法概念辨析"，载《学习与探索》2007 年第 2 期；焦宝乾："'法律方法'的用语及概念解析"，载《甘肃政法学院学报》2008 年第 1 期；张利春："缘何是法律方法——基于中国正名观的认识"，载《东岳论丛》2010 年第 5 期等。

❷　参见焦宝乾、陈金钊："法律方法论学科意识的觉醒——2007 年中国法律方法论研究学术报告之总结"，载《山东大学学报》2008 年第 3 期，第 1～14 页。

❸　分别是陈金钊：《法律方法课程开发研究》、蔡琳：《法律方法教育之思考》、焦宝乾：《简论我国法律方法论课程设置的几个问题》、赵玉增：《法律方法课程开发的路径选择》、王瑞君：《刑罚裁量教育和训练内容体系研究》、戴津伟：《类型化方法在刑法教学中的应用》。

主要也是围绕法律解释而展开的，包括诸如法律解释的立场研究、方法研究、民法思维等，这方面的著作主要有：《日本的民法解释学》（段匡，2005）、《法学方法与现代民法》（黄茂荣，2007）、《体系化的民法与法学方法》（许中缘，2007）、《民法的另一种学习方法》（星野英一著，冷罗生等译，2008），《法律解释学导论——以民法为视角》（王利明，2009）、《民法哲学论稿》（李锡鹤，2009）、《民法原理与民法学方法》（王轶，2009）、《民法学说与判例研究》、《民法思维》（王泽鉴，2009）、《民法理性与逻辑之展开》（孙鹏，2009）、《民法原理与案例分析》（崔建远等，2010）、《民法新思维》（杨立新，2010）、《民法疑难案例研究》（王利明，2010）等，而这方面的研究论文颇多，已不便在此一一列举。其他部门法学，如刑法学、行政法学，甚至是交叉部门法学对法律方法论的研究也主要是围绕着法律解释而展开的❶，这说明部门法法律方法论研究"热点"与法律方法论研究"热点"是一致的，都是法律解释。部门法法律方法论研究，相较于法律方法论研究能更容易与部门法实践相结合，以回应法律方法论研究的实践面向。

（二）法律方法研究的实践面向

　　学界对我国法律方法论研究现状的认识与评价不一，困惑与执着并存。有学者这样概括我国的法律方法论研究：10 年起步、初见轮廓、内容单薄、体系混乱、外热内冷、流于清谈❷；也有学者认为，我国的法律方法论研究，经过这些年发展，取得很大进展，但整体而言，似乎更多地注重法律解释、法律推理、法律论证、利益衡量等传统法律方法的研究，尚未建构起富有中国特色的法律方法体系，法律方法论研究尚缺乏扎实的规范法学基础，法律方法论不是纯粹的理论，紧密结合中国司法实践的法律方法论研究还没有真正展开等。❸ 总结

---

　　❶　相关研究介绍，可参见焦宝乾："法律方法论中国化的一种实践——2009 年部门法方法论研究通览"，载《法律方法》（第 10 卷），山东人民出版社 2010 年 6 月版；焦宝乾、陈金钊："法律方法论学科意识的觉醒——2007 年度中国法律方法论研究学术报告"，载《山东大学学报（哲学社会科学版）》2008 年第 3 期。

　　❷　郑永流："义理大道，与人怎说？——法律方法问答录"，载《政法论坛》2006 年第 5 期。

　　❸　焦宝乾、陈金钊："研究的困惑与执着——2009 年度法律方法论学术报告"，载《山东大学学报（哲学社会科学版）》2010 年第 2 期。

我国的法律方法论研究，可以说理论研究多于实践应用研究，法律方法还主要是学界关注的话题，多数论题多是学者们在自说自话，理论研究与司法实务还很难沟通，甚至存在相互脱节的现象。前些年召开的法律方法学术研讨会有意识地邀请司法实务部门的人员参加，或与司法实务部门联合举办，这一状况虽有所改观，但在研讨会上还是经常出现理论研究者与司法实务者相互责难的现象，司法实务者指责理论研究者的研究越来越脱离实践，理论研究者则认为实务部门所提问题过于"实际"，不值得研究等。特别是这几年召开的法律方法学术研讨会越来越难以见到司法实务部门的人员参加，致使法律方法论研究越来越理论化。

任何方面的研究都可分为基础理论研究和实践应用研究两种。基础理论研究，一般侧重于探索和认识事物的本质特征、运动规律、发展趋势等学理性研究，重点是在阐明学理，属于学术理论研究，通常表现为提出概念、范畴及逻辑体系，回答"是什么""为什么""如何变化"等问题，主要是推动理论创新和学科发展，具有思辨性和长远效应。而实践应用研究则侧重于解决现实问题的对策性研究，其特点是具有特定的实际目的或应用目标以及指向明确的应用范围和领域，属于问题对策研究，通常表现为指出问题、分析问题，提出解决问题的对策、路径和方法，主要回答"怎么办"的问题，具有针对性、时效性和可操作性。法律方法论研究也可作这两种区分，但目前的法律方法论研究具有明显的"形而上"倾向，热衷于从理论上解说法律方法的理论问题，分析法律方法的概念、属性等本体论问题，即便对法律解释、法律推理、法律论证、利益衡量等法律方法的研究，也是理论阐释多于实践应用，面向实践的法律方法研究还比较少。

以法律方法研究文献较多的 2010 年为例。该年度以"法律方法"为篇名的检索记录有 61 条，其中有 22 条记录完全相同，再除去 6 条会议综述、研究综述和书评、3 条稿约、7 条与法律方法无甚关联的记录外，可归于法律方法论研究的学术文献有 34 篇。在这 34 篇学术文献中，能归入法律方法实践应用研究的有 9 篇，它们是：《疑难案件产生的法律方法之维——从梁丽案切入》，该文提出立法无法克服疑难案件的产生，微观的法律解释方法可以平衡法律的精细与粗略，从而为疑难案件的解决提供一条出路；《法律方法之运用探析——以许霆案为例》《浅析许霆案中的法律方法问题》和《浅析许霆案法律方法的运用》3 篇文献，结合"许霆案"探讨了法律方法的运用问题；《司法实践中的法律方法及其关系》硕士论文，主要探讨了司法实践中法律解释、法律推理和法律论证三者之间的关联；《在司法中民间法与法律方法的勾连》和《中国法律方法研究的偏误与方向》提出了民间法借助法律方法进入司法实践的可能方向；《定罪判断中的法律方法》研究了法律方法在刑事裁判过程中定罪环节上的运用；《最优司法判决结果的博弈解读》则简要提及了法律方法的可操作性问题，等等。更多的法律方法研究文献只能归入基础理论研究，正是基于此种研究现状，有学者指出我国的法律方法论研究理论与实践脱节，法学教授与法官基本上还是"各唱各调"，本来实践性与应用性很强的法律方法论研究，难以从实践操作层面上予以把握，这跟法律方法论作为实用法学的理论定位难以协调，也使得法律方法论的研究成果与服务司法实践之间存在很大的差距。❶ 法律方法论研究应该围绕着法律文本的应用而展开，理论研究成果一方面要接受司法实践的检验，看司法实践中是不是真的有市场需求；另一方面还要接受理论的检验，看研究成果是否经得起逻辑的检验。❷ 法律方法论研究既然是一种"论"的研究，当然需要从理论上进行研究，没有理论的支撑和引导，我国的法律方法论研究不会发展到今天的境地。但法律方法毕竟是法律职业者于司法实务中依据法律规定对案件作出裁判过程中所用到的方法，因而具有明显的实践性与应用性。❸ 另外，法律方法作为一种"方法"，必然具有"方法"的工具属性，法律方法的工具属性也需要把法律方法运用到司法实践中去。在归根结底的意义上，脱离司法实践的法律方法研究，除了增长"知识"外还是增长"知识"，缺乏面向实践的生命力。

（三）法律方法实践面向的路径选择

我国的法律方法论研究已经有了相当的理论成果，尽管其理论研

---

❶　焦宝乾："对我国法律方法论研究的宏观反思——背景、问题及展望"，载《法制与社会发展》2010 年第 4 期。

❷　陈金钊："法律方法论研究的忧思"，载《河南省政法管理干部学院学报》2009 年第 6 期。

❸　焦宝乾："法律方法的性质与特征"，载《浙江社会科学》2008 年第 1 期。

究仍需深化和经典化，目前比较缺乏的是法律方法的实践应用研究。基于对我国法律方法论研究现状的客观分析，笔者认为我国的法律方法论研究今后将会沿着两条线路发展：一条是走法律方法论研究的"形而上"之路，继续在理论层面上深化研究，或可经由法律方法论研究的本体论转向，构建法律方法的知识体系和方法体系；一条是走法律方法论研究的"形而下"之路，在法律方法的实践面向上下功夫，经由法律方法与司法实践的结合，探讨法律方法的实践应用。在已有的法律方法论研究理论成果的基础上，开展法律方法的实践应用研究，这既是法律方法的实践性、应用性、工具属性使然，也是走出法律方法论研究"瓶颈"制约的必然选择。系统的法律方法实践应用研究，可为法律职业者提供大致的法律方法指引，有助于法律职业共同体形成大致相同的法律方法实务认同感，可有效克服法官的主观擅断，阻止法官成为司法领域中的独断者，从而为我国的法治建设提供方法、技术上的支持。同时，法律方法的实践应用研究，有助于实现法律方法教育的职业化和技术化，对我国的法律教育，特别是法律方法教育产生深远的影响。

事实上，已经有学者开始探讨法律方法的实践应用研究。陈金钊教授在《法律方法的界分及其实践技艺》一文中指出，面对从法律发现到法律解释、从法律推理到法律论证、从漏洞补充到价值衡量等层出不穷且花样翻新的众多法律方法，不仅使法官等实务法律人难以识别，甚至有些法学研究者也理不出头绪，而法律方法论的这种状态，在一定程度上影响了实践功能的发挥，致使应该显示法律方法智慧的司法技艺难以有所作为。解决这一问题需要从两个方面展开：一是对法律方法进行明确的划界；二是在划界的基础上，把法律方法论变为实践智慧。从维护法治的角度，以实质法治和形式法治为目标，以封闭与开放为标准，他将法律方法界分为维护形式法治、主张在封闭范围内实现法治的法律方法和维护实质法治、主张开放法律意义的法律方法，前者主要包括法律发现、文义解释、体系解释、内部证成、三段论推理等，后者主要包括价值衡量、利益衡量、目的解释、社会学解释、外部证成等。❶ 在笔者看来，对法律方法进行划界是展开法律

---

❶ 陈金钊："法律方法的界分及其实践技艺"，载《法学》2012年第9期。

方法应用研究的前提，划界可以明晰各种法律方法的大致归属，进而明确在何种场景下适用何种法律方法，但划界不能解决法律方法的实践应用问题。在目前我国法律方法论研究现状的基础上，法律方法实践面向的路径选择主要有三：

路径一：结合具体案件开展法律方法应用研究。在法律方法论研究中，已有学者选择了这一研究路径，如前文提及的《法律方法之运用探析——以许霆案为例》《浅析许霆案中的法律方法问题》和《浅析许霆案法律方法的运用》等文献即是例证。结合具体案件探讨一种或几种法律方法在案件裁判中的运用，能摆脱法律方法论研究的纯理论话语，让读者感受到法律方法有其用武之地。但由于结合具体案件的法律方法应用研究，一般结合的是受到人们关注的热点案件、疑难案件，难免给人一种似乎只有在疑难案件中才会用到法律方法的感觉，而且这种结合一般是在案件作出判决后的研究，也难免给人一种事后诸葛亮的感觉。

路径二：聚焦于法律方法的实践应用进行研究。面向实践的法律方法论研究应该探讨法律方法的实践应用，以回应法律方法的实践性、应用性和工具属性，这是法律方法论研究走"形而下"之路的必然选择。具体言之，探讨法律方法的实践应用，既需要分析研究传统法律方法如法律发现、法律解释、法律推理、法律论证、利益衡量、漏洞补充等在司法实践中的运用，也需要研究探讨法律类推（类比）、法律续造、法律拟制、事实认定、经验方法等非传统法律方法在实践中的运用，而这将是一项十分艰难的任务，其难度相对于法律方法论的理论研究只能是有过之而无不及，这是因为法律的适用过程相当复杂，有些甚至很难进行理性化、条理化的阐释。但为了深化法律方法论研究，回应司法实践需要，法律方法论研究者必须知难而进。面向实践的法律方法研究如何进行呢？以法律发现为例说明之，司法实践中的法律发现是指法律职业者在遇到待决案件时，如何在现行有效法的体系内，寻找用于裁判当下案件的法律依据的活动及方法，通俗地说，就是法官如何在现行有效法的体系内，寻找适用于当下案件的"法律"，也就是"找法"。这需要借助法律体系、法律渊源、部门法、法律的效力层级等知识来进行，围绕着法官如何找法而进行的研究就是面向实践的法律发现研究。

路径三：在法科学生中开展法律方法论教育训练。这看似远离了法律方法的实践应用，但目标指向的是培养未来法律人的法律方法论意识和观念，待他们成为司法实务界的中坚时，定能发挥其作用。陈金钊教授在《法律方法论课程开发研究》一文中，分析总结了法律方法论学科建设与课程开设情况，指出法律方法论是一门体现法学实用品格的学科，对法律方法论的掌握是职业法律人的基本专业素质，法科学生应该学习法律方法论，以培养其推理、论证以及论辩的能力。❶ 2011 年 12 月 23 日教育部、中央政法委联合印发的《关于实施卓越法律人才教育培养计划的若干意见》在谈到强化法学实践教学环节的主要任务时明确提出，"加强校内实践环节，开发法律方法课程，搞好案例教学，办好模拟法庭、法律诊所等"，从而"切实提高学生的法律诠释能力、法律推理能力、法律论证能力以及探知法律事实的能力"。从这个意义上讲，开发法律方法课程，对法科学生进行法律方法论的教育和训练，是培养卓越法律人才——未来法律人的时代要求。从这一意义上说，法律方法论实践面向的这第三条路径，虽不是直接研究法律方法的实践应用，但其更有实践意义。

当然，面向实践的法律方法论研究的路径选择不限于上面三个，比如，可以开展法律方法应用研究的实务调研，获取我们的法律方法论研究在司法实务界的认知现状，从而为我们提供法律方法论研究的第一手实证资料，甚至通过调研可以观察我国的法律方法论研究与司法实务需要是否契合，调研司法实务界更需要何种法律方法，围绕着司法实务界需要的法律方法进行研究，从而回应法律方法论研究的实践面向，等等。

总之，我们强调法律方法论研究的实践面向，倡导法律方法论研究走"形而下"之路，不是否定先前的法律方法论研究，而是为了推进我国的法律方法论研究，在继续关注法律方法理论研究的同时，回应法律方法的实践性、应用性和工具属性，与司法实务特别是中国的司法实践结合起来，与中国的传统文化结合起来，与现实需求结合起来，在司法实践中发展法律方法论研究。

---

❶ 陈金钊："法律方法论课程开发研究"，载《法律方法》（第 14 卷），山东人民出版社 2013 年 11 月版，第 1~96 页。

三、法律方法研究的开放性理念

我国法律方法论研究在理念上大体经历了从封闭性到开放性的转变过程，受此影响，"唯一正确答案"立场上的局限性显现，合理性思维逐渐被认可；开放法律观念下，法官具有了一定程度的造法权力，法律方法的证立功能也日益受到重视。

国内法律方法论研究始于 20 世纪 80 年代，至今已形成一派繁荣景象。国内法律方法论研究之所以有如此长足进步，在理念上与人们对法律的认知转变密切相关，从早期认为法律是一个封闭、自足的体系到现今将法律看作是一个开放、有待完善的体系，这一认知的转变大大开拓了人们关于法律方法论体系范围的认知，直接影响着法律方法论研究从单一的解释方法研究到日益完善的法律方法论体系研究的转变、合理性思维对正确性思维的超越、以及新近对法律方法之证立功能的日益重视。

（一）封闭法律观下的法律方法与开放法律观下的法律方法

大体来讲，国内法律方法论研究始于法律解释学，20 世纪 80 年代就有学者开始研究法律解释问题。如刘升平的《谈谈法律解释》描述了我国法律解释的分类：立法解释、司法解释、行政解释以及学理解释[1]；孙国华、郭华成的《法律解释新论》主要谈了法律解释的概念、机制以及解释技术等问题。[2] 就内容而言，这两篇文章认为法律解释是法律适用的前提，初步具有了现今法律方法的意蕴。但由于当时的中国社会总体处于法制建设阶段，学者的注意力多在如何更好地完善我国法律体系上，法律适用中的解释问题并未引起较多注意。法律解释真正引起学界的关注，是从 1995 年梁慧星的《民法解释学》一书的出版开始，自彼时起，法律适用逐渐引起人们关注，法律解释成为法律方法论研究的发端。法律方法论研究从最初单一的法律解释学研究，至今已经演化出各种复杂的法律方法论体系，法律方法在具体内容上也从单一的法律解释拓展出各种复杂的方法："漏洞补充、利益（价值）衡量、解释学循环、前理解、法律续造、法律论证、论

---

[1] 参见刘升平："谈谈法律解释"，载《法学杂志》1981 年第 5 期。

[2] 参见孙国华、郭华成："法律解释新论"，载《政治与法律》1988 年第 5 期。

辩、与修辞等新的理论与方法被相继提出。"❶ 笔者认为，法律方法论在研究内容上的拓展，一定程度上与该领域在研究理念上从封闭法律观转向开放法律观密切关联。

近几年，有不少学者提及现今法律方法论研究与传统法律方法论研究之间在理念上的不同。所谓传统意义上的法律方法论，大体是指直接奠基于萨维尼法律解释理论基础上的法律方法理论。依郑永流的看法，这一意义上的法律方法是一种狭义的认识论上的法律方法，它把法看成是一个预设的、封闭的、自足的知识体系，这个体系为一切案件准备好了答案，法律方法的功用是认识预设的法律。❷ 在这样的法律观念下，法官只是"宣告及说出法律的嘴巴"，判决也只是"法律的精确复写"。当法官的任何行为都必须在现有法律规定的意义范围内进行时，法律方法只能表现为有限度的解释现有法律，具体的方法也仅限于萨维尼的语义、逻辑、历史（主观）和体系解释四准则。西方法学中坚持实证主义立场的概念法学可以说是这种法律观念的典型表现，德国的潘德克吞法学则是其极端情形。有学者认为，这样一种意义上的法律教义学观念，其实是被赋予了某种类似于自然科学方法论意义上的知识属性。❸ 其原因在于工业大革命时期，自然科学知识的长足发展，为人类的进步与发展起到了极大的推动作用，甚至可以说自然科学的发展在某一段时期内决定了人类社会的发展方向，于是，作为主流的自然科学思维方式也在很大程度上影响着法学思维：司法裁决中，只要前提为真，通过三段论推理，得出的结论亦肯定为真。

我国学者虽不如欧洲学者那样对这一观念贯彻得如此彻底，但人们在 20 世纪八九十年代对法律解释的认知，在潜意识中也体现着这样的法律观：面对具体案件，抽象的法律规范须经解释才能转化为含义确定的裁判大前提，然后与已确定的事实一起经过演绎推理，得出正确结论。这一思维模式将法律规范视为客观、自足的逻辑体系，包含解决所有现实问题的终极答案，法官只需通过解释以确定法律规范的

---

❶ 陈金钊："司法过程中的法律方法论"，载《法制与社会发展》2002 年第 4 期。

❷ 参见郑永流：《法学方法抑或法律方法?》，载戚渊等：《法律论证与法学方法》，山东人民出版社 2005 年版，第 29 页。

❸ 参见焦宝乾："法教义学的观念及其演变"，载《法商研究》2006 年第 4 期。

确切含义，然后演绎推理得出的结论就是正确无疑的。所以，有学者认为："在法律方法论上，无论是近代自然科学还是实证主义法学都不脱离司法三段论的思维模式"❶，具体来讲，自然法和法实证主义"都致力于客观的认识概念，实体本体论的法律概念（制定法概念），概括的意识形态和封闭的体系的理念"。❷ 也有学者论证了这一立场的理论基础："传统法律解释理论乃建立于两个基础上，即 a.「语词」具有客观存在的'本来思想（概念内涵）'。b. 而法律解释只需通过「形式逻辑」的三段论证图式即可获得一个具有科学意义的判决结论。"❸

尽管自然科学思维方式在人类生活中曾盛极一时，但随着哲学诠释学理论的产生，这一思维方式在社会科学、尤其是法学领域的影响力逐渐减弱。自然科学思维方式的理论前提是传统认识论中的主客二分模式，事先假定主体与客体是对立的二元、客体具有唯一的客观确定面向，人类认知的目的是发现客体的客观确定性。在哲学诠释学理论中，这一理论模式被扬弃。其领军人物伽达默尔主张，人的任何理解和认知过程都无法摆脱他自己的当下立场，对文本的理解就是文本观点与诠释者观点的相互交融和影响，理解并非单纯是对作者意图的理解，而是读者与作者的对话。这样，理解的过程被视为一个主客之间的视阈融合过程，主客二分模式下对客观真理的认知被转化为一种主观与客观相结合的意义创生。❹ 显而易见，在诠释学理论视野下，理解的目的并非单纯挖掘客体的客观确定性，而是以读者为中心的读者与作者观点的相互交流，由此，经过理解、解释后的结果便会呈现多样化的特征。封闭的法律观念受此影响颇大，强调解释对象自足性的传统法律解释学逐渐演变为法律诠释学。一方面，法律诠释学扬弃

---

❶ 焦宝乾："当代法律方法论的转型——从司法三段论到法律论证"，载《法制与社会发展》2004 年第 1 期。

❷ 郑永流："出释入造——法律诠释学及其与法律解释学的关系"，载《法学研究》2002 年第 3 期。

❸ 张钰光："法律论证与法律解释方法——形式逻辑学批判"，载 http://www.civillaw.com.cn/article/default.asp? id=28182。

❹ 参见［德］伽达默尔：《真理与方法》，洪汉鼎译，上海译文出版社 1999 年版，第313 页。

了自然法学和实证主义的封闭法律观❶，转向一种开放的法律观。法律诠释学扬弃了传统解释学理论中解释过程中的主客二分模式，认为对法律文本的理解并非是纯粹对客体的感受过程，而是奠基于主体先行自我理解基础上的过程。这一立场明显地体现在司法过程中，法官理解法律的同时也是创造性地将法律文本的意思与理解者的知识前见相融合的过程，法官在这一过程中积极建构着法律与事实：参照事实，建构性地理解法律；参照法律，建构性地认识事实。在司法过程中，法律并非是一个封闭、静止的体系，而是一个"开放的体系"，因事实的改变而不断完善、发展自身。另一方面，法律诠释学认为对法律文本的诠释始终是在一个具体的法律事件中进行的，理解、诠释与应用是三位一体的同一过程。法官对于法律文本的解释就是结合当前案件对文本的应用，某一法律规则的含义，绝不仅仅是各个语词含义的简单相加，而是在个案中的具体确定。裁判中的"三段论推理"也绝不是单纯地从规则或事实开始的，而是法官对法律规则和案件事实的关系具有一定认识基础上的相互接近过程。所以，法官对法律意义的阐释并非是对自足法律体系的简单应用，而是不断打破法律体系之封闭性并持续修正、完善这一体系的过程。

学者们从不同角度解读了法律观念的这一转变过程。焦宝乾认为，这一转变主要来自两个原因，一是法律规则自身的开放结构开始得到人们的正视；二是为维护和规制现行的社会、经济和政治秩序，立法者常有意无意地使用一些不精确的词句，以便法官在法律条文的范围内行使比较宽泛的裁判权。由此，法学研究发生了某种根本性的转变：一是坚持"在敞开的体系中论证"的法律论证理论的兴盛；二是法律方法论研究者更多地偏爱以个案研究的视角赋予法律方法论以动态性、开放性的理论特征。❷ 郑永流认为，由于法律自身的缺陷和法律功能的扩展，封闭法律观相继遭到来自诸如心理学、社会学、语言学、新

---

❶　郑永流认为，自然法学与法律实证主义，两个看似并无一致的冤家对头，在方法论上却都持有相同的封闭法律观：自然法学说以为，实证的法律规范来自绝对的法伦理原则，从实证的法律规范中可推出具体的法律判决；（规范论的）法律实证主义以为，具体的法律判决同样可不考虑经验纯演绎地出自凭借立法者命令的法律得出。参见郑永流："法学方法抑或法律方法？"，载戚渊等：《法律论证与法学方法》，山东人民出版社2005年版，第29页。

❷　参见焦宝乾："事实与规范的二分及法律论证"，载《法商研究》2005年第4期。

修辞学、经济学、诠释学、后现代主义的批判而基本被放弃。多元视角下的法律被视为开放的、未终了的、有待具体化的规范总谱。相应地，法律方法的内容得到极大拓展，自由裁量、利益衡量、合目的性（结果考量、客观解释）、论题解释、论证、前理解、诠释循环、填补法律漏洞、法律者的是非感、合宪性解释、法官对制定法的正当违背等因素被相继提出。"应用法律不（仅）是一个将事实与规范对接的法律推论活动，毋宁说，它（还）是一个续造既有法律或发现新法律的过程，法律方法贯穿于应用法律的全过程，不仅是对已有法律进行解释的问题。"❶

近几年，在法律方法领域，国内学界对论题学、修辞学研究的青睐，综合各学科知识的法律论证理论的兴盛，以及新近一些学者提倡的生态法学方法论无不是开放法律思维影响下的一些具体表现。从社会学的角度看，这是现今社会价值观念多元化在法律领域的一个表现，开放的法律观念能够较好回应实践的需求与变化，体现法学研究、法律方法论研究的实践价值。当然，也有学者对此寄予更高的希望，认为开放法律观下法律方法体系的开放性，更能体现法律方法的艺术性。❷

（二）　正确性立场上的法律方法与合理性立场上的法律方法

在法律观念从封闭向开放转变的影响下，人们对"法律问题有无唯一正确的答案"的认识也逐渐发生变化。封闭法律观念下，基于法律体系的自足性与确定性，每一案件都可以通过方法的使用获得唯一正确答案；当法律体系的自足性神话破灭，个案中的规范前提与事实前提的不确定性逐渐显现，"唯一正确答案"观念受到冲击，坚持通过方法的使用就可以获得绝对确定结论的正确性思维，逐步让位于承认法律问题可以有多个不同答案的合理性思维。

法律问题到底有没有唯一正确答案？学界对此颇有争议。否定论认为法律及其推理都是不确定的，因而没有正确答案可言；肯定论认为作为整体的法律在实践中是统一的，也是确定的，最佳的法律判断就是唯一正确答案；折中论则主张把法律及其推理的确定性立基于程

---

❶　郑永流："法学方法抑或法律方法？"，载戚渊等：《法律论证与法学方法》，山东人民出版社 2005 年版，第 30～31 页。

❷　参见陈金钊："法律方法论体系的'逻辑'问题"，载《政法论丛》2008 年第 4 期。

序的保障和合理商谈的实现，从而协调法律的确定性和判决的正当性之间的关系。❶ 不论在理性争辩上孰对孰错，单就人们对这一问题的关注程度也能说明，基于对法律确定性的心理依赖，多数人其实是希望通过法律方法的使用获得唯一正确答案的。人们早期对法律解释的认识在一定程度上就体现着这种心理倾向。如孙国华编写的《法学基础理论》将法律解释视为"准确适用"法律规范的一个前提："法律的解释是科学地阐明法律规范的内容与含义……从而保证法律规范的准确适用。"❷ 张文显主编的《法理学》也认为"法律解释是准确适用法律的需要"。❸ 以法律解释作为法律适用的前提，其目的是为保证法律规范的准确适用，潜意识中的观念就是，只要法律规范被"准确适用"了，得出的答案肯定就是正确的，因为在封闭法律观念下人们早已预设现有法律体系是确定的，能够为所有问题提供唯一正确答案。

从某个角度讲，现代意义上的司法权力是一种独断性权力，由此决定了法官思维的独断性，其突出表现就是坚守法律问题中存在唯一正确答案。❹ 根据分权理论，现代社会中的各种纠纷，只有法官有权力根据法律规定作出最终的裁断。在他们眼里，法官职业群体所掌握的大体一致的知识体系、基本相同的思维方式与司法技巧，都是法律确定性的表现，基于此，法官能够对待决案件作出唯一正确的裁判结论。独断、正确的观念代表着一元论的法律秩序，它意味着，针对每一法律争议只存在唯一的正确答案，在任何冲突中只有一方的行为才能够被正当化。然而，现代社会追求多元价值，人们赖以调整行为的法律秩序也逐渐趋于多元。所以，有学者认为，主张每个案件都有"唯一正确的答案"是一个常识性的错误。判决过程中有许多不确定性因素发挥作用，包括法律适用的、事实认定的、司法人员个性的以及其他社会因素的不确定性，因而判决往往是不确定的。❺ 也有学者主张，判决过程中的法律规则与案件事实具有不确定性，法官的理性

---

❶ 参见解兴权："法律问题有正确答案吗？"，载《外国法译评》1998 年第 3 期。

❷ 孙国华主编：《法学基础理论》，法律出版社 1982 年版，第 296 页。

❸ 张文显主编：《法理学》，法律出版社 2007 年版，第 251 页。

❹ 参见武飞："法官思维：独断还是商谈？"，载《法律方法》（第 9 卷），山东人民出版社 2009 年版，第 232～240 页。

❺ 参见丁冰升："论司法判决的不确定性"，载《现代法学》1999 年第 5 期。

也是有限的，因此并非每个案件都存在唯一正确答案。❶ 还有人认为，20 世纪西方法理学经历了从法律确定性向法律不确定性的转向，以"唯一正确的答案"为核心的法律确定性难以成立。❷ 另有学者基于现今社会民主、多元的现状，指出了唯一正确答案的局限性：德沃金正确答案论题赖以存在的解释方法没有普适性，解释方法忽视了权威和共识在法律实践中的重要性，他的理论没有考虑到法律体系中公民的要求。在现今崇尚多元价值的社会，并非每一个法律问题都有唯一正确答案。❸

其实，即使在以制定法为主的大陆法系国家，法官也在司法实践中有意或无意地"创造"法律，回应社会价值多元的需求。这种情形下，有可能争论双方的行为都是合理的，双方的行为都可能被正当化。❹ 此时，法官所作裁判结论其实是选择其中更为合理的结果，法官的裁判不应当仅仅是借助独断性思维得出的结果，而是经过论辩、商谈，使用若干合理的、好的理由支持、论证裁判结论的合理性，增强判决被公众接受的可能性。此一情形下的"'正确性'意味着合理的、由好的理由所支持的可接受性。要澄清这些条件是不是被满足，不可能通过直接诉诸经验证据和理想直觉中提供的事实，而只能以商谈的方式，确切地说通过以论辩的方式而实施的论证过程"。❺ 受这一研究理念转变的影响，国内法律方法论研究在近几年更多地集中于论题学思维、类型思维在司法过程中的作用，这在很大程度上体现着合理性思维在法律方法论研究中的重要价值。

论题是指针对一个提问至少有两个及两个以上答案的问题，是人类知识构成中需要论证的问题。这一概念在法学研究中有广阔的适用范围。有学者指出，自然科学领域，思维的起点经常是真理或公理等

---

❶　参见聂昭伟："论法律运行中的不确定性及其约束"，载《重庆工商大学学报（社会科学版）》2006 年第 6 期。

❷　参见李桂林："法律推理的客观性及其实现条件"，载《政法论丛》2008 年第 3 期。

❸　参见邱昭继："法律问题有唯一正确答案吗？——论德沃金的正确答案论题"，载《法律方法》（第 9 卷），山东人民出版社 2009 年版，第 105～122 页。

❹　参见［美］乔治·P. 弗莱彻："正确的与合理的"，周折译，载《北大法律评论》2007 年第 1 辑，第 165 页。

❺　［德］哈贝马斯：《在事实与规范之间》，童世骏译，生活·读书·新知三联书店 2003 年版，第 278 页。

确定为真的命题，经过数学式的逻辑推导所得结论亦是为真。而在法学领域，法律体系本身不可能如概念法学所想象那样是一个公理体系，法学知识是由法律共同体经过多年的法律实践积淀而形成的法律理论、法律信念、法律方法及规范标准等内容构成，实践性是法学的学问性格，法学是论题取向、而不是公理取向的，因而法律体系应被视为是一个开放的体系。❶ 有学者借助论题学理论反思了传统的法学思维模式：论题学的个案意识，打破了传统的封闭体系观念，并对传统法律方法论中的三段论法以及逻辑演绎法提出质疑，法学思维不是简单地演绎推理，它毋宁更多的是从问题出发，讨论前提条件是否可靠、能否被人接受。因而，论题学对于反思国内长期盛行的将法学知识视为"科学知识"的误解有积极作用。❷ 也有学者进一步探讨了论题学的方法论意义，认为由于司法过程中的诉讼各方都是从自己的立场出发阐述争执，形成多种不同、甚至冲突的观点，论题学的思考方式恰可以在这种情形下帮助我们从多种观点分析并解决问题，这亦要求法官必须具备"高度的精神自由与形成确定意见的能力"。❸

论题学理论审视了法学思维与科学思维的不同之处，强调法律推理中前提命题的或然性质，由此主张法律结论的可论辩性、非唯一性。人们对类型思维的关注，也在一定程度上体现了法学领域的这种反自然科学主义的倾向。

类型思维是人们对概念思维进行批判的基础上提出来的。"概念"在传统法学思维中具有重要地位。一般认为，立法者的任务是从众多繁杂的社会事实中抽取共同特征，形成抽象的法律概念，进而制定不同的法律规则及原则；而法官的任务就是在相反的方向上，将法律规则、原则以概念为中介应用于具体案件。这一认识奠定了概念法学的市场：只要立法者建构的法律体系足够完善、表述足够精确，法官断案时只需通过演绎推理，就能为所有案件提供唯一正确答案。这一过程中，法官只需考虑案件事实是否符合抽象概念所要求的条件即可作

❶ 参见舒国滢："寻访法学的问题立场——兼谈'论题学法学'的思考方式"，载《法学研究》2005 年第 3 期。

❷ 参见焦宝乾："论题学及其思维探究"，载《法学论坛》2010 年第 3 期。

❸ 参见张静焕："论题学法学的逻辑解读"，载《法律方法》（第 9 卷），山东人民出版社 2009 年版，第 60 ~ 69 页。

出裁断，而无须额外的主观评判。在概念法学理念下，司法裁判过程是一个价值无涉的过程，能够最大限度地保证法律的确定性与客观性。

显而易见，概念思维是以法律体系的自足与封闭为前提条件的，这一立场在开放法律观念下饱受批评，学者们开始更多地关注具有开放性特征的类型思维。所谓类型，是对一类相近个案的统称，某些多次出现且具有大致相同外部特征的复数个案，可以称为一种类型。类型不同于概念，类型是一种或多或少的归类思维，而概念更多关注同一概念指涉范围内个案的共同性。类型思维承认主体认知理性的有限性、信息获取的不完全性，所以，类型是一个不确定的、开放性的概念，其外延边界具有模糊性。因此，类型在被适用之前，必须考虑具体案件情形对其进行具体化，以使其界限明确，内涵清晰。"类型所具有的写实主义立场可以利用其开放结构随时捕捉人类对客观世界的认知信息，与时俱进地更新其内部特征。所以，类型在法律领域的应用，尽管将减低法的安定性，但却可以提高法律对事物之真正的适应性。"[1] 基于这些认识，有学者认为，传统的概念思维所具有的抽象性，在取舍事物特征的过程中易于导向"抽象化过度"的极端，难以照顾到法律上的个别正义，同时它又易使法律本身趋于僵化。而类型思维所具有的层级性、开放性、意义性、直观性、整体性等特点恰好可以克服上述弊端，在抽象与具体之间找到一种平衡。因此该学者主张，科学的做法是在使法律思维适当地向类型思维转换的同时，将上述类型思维与概念思维有机地结合起来。[2] 也有人认为，类型思维的特点决定了它可以适用于复杂多样的现实，使用这种思维的关键是把握规范与事实所体现的本性，使二者相互对应，因此，司法适用过程必不可少地涉及法官的主观价值判断，司法过程本质上是在类型思维指导下进行的。[3] 还有人认为，传统的抽象概念式思维倚重逻辑涵摄，排斥价值判断，无法保证法官的正当裁判。作为一种价值导向的思考方式，类型思维以其开放性、整体性等特征，契合了法学的论题学立

---

[1] 参见李可："类型思维及其法学方法论意义——以传统抽象思维作为参照"，载《金陵法律评论》2003 年秋季卷，第 105 ~ 118 页。

[2] 参见李可："类型思维及其法学方法论意义——以传统抽象思维作为参照"，载《金陵法律评论》2003 年秋季卷，第 105 ~ 118 页。

[3] 参见李秀群："司法裁判中的类型思维"，载《法律适用》2006 年第 7 期。

场，克服了抽象的概念思维的封闭性和"非此即彼"式武断的弊端，有助于司法者作出适切评价。❶

论题思维和类型思维是开放性法律观念下的产物，经常使用这两种思维方式的法官无法做到价值无涉，司法裁判过程不可避免地要掺入法官个人的内心道德、价值及经验，由此影响法律裁判很难获得唯一正确结论，只能得到相对合理的结论。法律方法的功能就是在承认"价值有涉"的前提下，为个人经验和价值判断的介入提供有章可循的方法通道，使法律者能凭借各种方法去约束和指导自己的判断行为，以实现法律应用的目标："形成一个虽非唯一正确的、但要求是在充分论证的基础上具有说服力的正当性判断。"❷

（三） 发现意义上的法律方法与证立意义上的法律方法

合理性观念承认法律问题存在多解，法官的任务并非是发现封闭法律体系中的唯一正确答案，而是论证那些可能答案中哪一个是更为合理、正当的。由此，法律方法的作用不再仅是帮助法官在现有法律体系内发现可兹适用的法律规范，更多地是让法官站在开放性立场上，证立那些被发现、甚至是被创造的法律规范的正当性。

分权学说下，法官的任务是把立法者制定的法律规范适用于具体案件，面对具体案件，法官只需从已有法律中"发现"适用于当前案件的裁判规范即可。发现裁判规范的主要方式是对已有法律的解释，如 20 世纪 50 年代翻译的《马克思列宁主义关于国家与法权理论教程》认为法律规范适用于具体案件时需予以解释："在将法律或其他文件适用到具体的、实际的、需要根据法权进行判决的案件上时，就应该对这一法律或其他文件进行解释"❸；梁慧星也认为法律必须经过解释才能适用："法律解释乃是法适用之不可欠缺的前提，要得到妥当的法适用，必须有妥当的法律解释。"❹ 使用解释方法在已有法律中发现适用于具体案件的裁判规范，也可以称为"找法"，"就是从现行的法

---

❶ 参见梁迎修："类型思维及其在法学中的应用——法学方法论的视角"，载《学习与探索》2008 年第 1 期。

❷ 郑永流："法学方法抑或法律方法？"，载戚渊等：《法律论证与法学方法》，山东人民出版社 2005 年版，第 33 页。

❸ 苏联科学院法学所编：《马克思列宁主义关于国家与法权理论教程》，中国人民大学出版社 1955 年版，第 505 页。

❹ 梁慧星：《民法解释学》，中国政法大学出版社 1995 年版，第 194 页。

律规则当中找到可以用来裁判本案的那一个法律规则，即用来进行逻辑推论的那个大前提"。❶ 在"找法"的思维方式下，法官将自己的裁判依据局限于立法者事先制定的法律范围内，他只要将裁判依据诉诸于现有法律规定，就完成了对裁判结论的证立。换句话说，只要是法官能够表明结论是根据某某法律某某条之规定所作出的，人们就会认为这一判决是正确的。之所以如此，因为在这种法律观念下，人们已经在理念上假定：立法者制定的封闭法律体系的自足性、正确性不容怀疑，由此推理得出的结论自然应当被接受。当司法裁判的法律前提无须讨论时，研究者的关注点只能是前提与结论之间的推论过程，司法三段论的作用与价值备受青睐，成为一段时期内的研究热点。

　　然而，随着社会的发展，现实生活中的具体案件越来越复杂、多样，人们关于立法者和法官各自任务的看法逐渐发生变化。当现实纠纷复杂到立法者无法事先预料到所有可能发生的情况时，就需要对某些情况作更为原则性的规定，法官在适用这些规定时就有了自由裁量的余地。于是，萨维尼的解释四准则之外又有了更多的解释方法，如郑玉波将法律解释分为文理解释和论理解释，论理解释又分为扩张解释、限缩解释、反对解释、类推解释❷；梁慧星将法律解释分为文义解释、论理解释、比较法解释以及社会学解释，并将论理解释细分为体系解释、法意解释、扩张解释、限缩解释、当然解释、目的解释、合宪性解释。❸ 这些解释方法的出现，显然已经超出传统上在封闭法律体系内进行解释的立场，超出了传统理念中法官的权限范围，不再把法官完全局限于立法者事先制定的法律规范范围内，而具有一定程度的超越法律体系的造法权力。在新的思维方式下，立法者事先制定的法律体系的自足性受到质疑，法官持有开放型姿态，将裁判依据拓展到既有法律范围之外，事实上拥有了一定程度的造法权力，不仅采纳了新的解释方法，而且发展出更多的其他方法如价值衡量、漏洞补充、类比推理等。当法官将裁判依据诉诸于已有法律规范之外的理由时，由于该理由并不具备如立法者制定的法律规范那样的权威地位，为使所获结论能够被人接受，法官必须对裁判行为进行说明，一些法

---

❶　梁慧星：《裁判的方法》，法律出版社 2003 年版，第 36 页。
❷　参见郑玉波：《民法总则》，三民书局 1979 年版，第 20～21 页。
❸　参见梁慧星：《民法解释学》，中国政法大学出版社 1995 年版，第 214 页。

律方法的证立价值开始显现。❶

20 世纪 90 年代国内已有学者将法律解释置于证立或论证的框架下予以考虑。如刘星主张应当从证立的角度去理解法律解释："笔者以为，解释的具体方案是次要的，重要的是对解释确证即正当性的基本理由的追寻和理解……"❷ 张志铭也主张从证立的视角看待法律解释："把法律解释的实际操作与司法裁判过程中的法律适用活动相结合，意味着本书将选择一种法律的正当性证明（或证成，legal justification）的角度把握和分析法律解释的操作技术。"❸ 苏力亦持有类似的立场，"法律解释的问题不在于发现对文本的正确理解，而在于为某种具体的司法做法提出有根据的且有说服力的法律理由"❹ 也有人从实证观察的角度阐释了解释方法的证立或正当化功能，"法官解释法律，并不是按照法律解释的'方法'进行的，这些'方法'仅仅是法官已有的法律解释结论正当化的理由而已"。❺ 司法实践中，法官处理案件一般是先有自己的判断，然后再去寻找法律依据。如果找到明确的规定，则依法律规定判决；如果法律规定不明确或与法官自己的判断相矛盾，他就会根据上一层级的规则或原则，借助于各种解释方法来证立其判断的合理性。"这种先有结论后有'运用'解释方法的思维过程是一种'结论主导'型的思维模式"❻，就像普通人并不是首先考虑语法规则然后再开口说话一样，语法或逻辑规则只是在检验所说话语是否正确时才会被考虑。法官使用各种方法解释法律也是一样的道理，它们只是证立已有结论的正当性的手段而已。在这个意义上，法官解释法律，主要不是运用解释方法发现某个可能的结果，而是把这些解释方法当作证立某个结果是否正当的手段。

---

❶ 参见焦宝乾："法的发现与证立"，载《法学研究》2005 年第 5 期。

❷ 刘星："法律解释中的大众话语与精英话语"，载梁治平主编：《法律解释问题》，法律出版社 1998 年版，第 141 页。

❸ 张志铭：《法律解释操作分析》，中国政法大学出版社 1999 年版，第 77 页。

❹ 苏力："解释的难题：对几种法律文本解释方法的追问"，载梁治平主编：《法律解释问题》，法律出版社 1998 年版，第 59 页。

❺ 喻敏："法律解释：解释什么与怎样解释"，载 http://www.lawyee.com.cn/html/text/art/3355470/335547099.html。

❻ 刘治斌："法律发现与法律判断——一种法律方法的视角"，载《兰州学刊》2003 年第 2 期。

　　司法实践经验显示，一个法律判断往往是"先有结论，再找理由"，这些结论常常是依赖直觉形成的，但只要这个结论能够经过逻辑严谨的步骤加以证立，它当初是如何产生的并不重要。因此，西方在 20 世纪 70 年代发展起来、国内在 21 世纪初引进并迅速成为热点的法律论证理论强调判决理论的"重点在于是否充分而完整地进行对法学判断之证立，而不在于这个裁判事实上是通过何种过程发现的"。❶当代著名的法律论证理论学者阿列克西在区分"发现的过程"与"证立的过程"基础上主张，法律论证理论主要关注的是证立的过程，而非发现的过程。他在强调证立的重要性的同时，明确地赋予了各种解释方法以证立的功能："（解释）规准（解释方法——引者注）的一个最重要的任务在于对这个解释的证立。"❷在法律论证框架下，各种解释方法的作用不在于发现法律规范面对具体个案时的不同含义，而是证立某种已有解释结果的正当性。解释方法给我们提供的是各种不同的解释形式或方式，以使解释者能够在这些逻辑有效的形式中重构他所持有的某种观点，如果观点能够被重构，它就是合逻辑的、正当的。

　　在这个越来越"缺乏根据的时代"，提出主张之后的证立过程非常重要。21 世纪以来法律论证理论在国内的兴盛，已然表明国内学者对证立思维的接纳，人们在研究法律方法的过程中越来越重视各种方法的证立功能。如陈金钊在谈及法律方法论的意义时，已在深层意识中注意到了法律方法的发现与证立两种功能。一方面，他认为"司法方法论重点要解决法律规则向判决的转换过程"，这是站在发现立场上谈论这一问题的；另一方面，他认为法律方法对法官行为具有批判、反思功能，"方法论要求法官在判决前提与推论之间建立一种可检验的推导关系"，正是这一要求的存在，使各种法律方法在陈金钊的理论体系中具有了"总结法律经验，解释司法过程和对法律进行反思批判的功能"。❸通俗地讲，所谓法律方法的证立功能，只不过是要求通

---

　　❶　颜厥安：《法与实践理性》，中国政法大学出版社 2003 年版，第 138 页。

　　❷　［德］阿列克西：《法律论证理论——作为法律证立理论的理性论辩理论》，舒国滢译，中国法制出版社 2002 年版，第 290 页。

　　❸　参见陈金钊："法律方法论的意义"，载《法律方法》（第 4 卷），山东人民出版社 2003 年版，第 2~4 页。

过法律方法的使用，检验被发现的结果是否符合逻辑要求，也就是反思司法行为的正当性。而法律方法论则要考虑具体案件的裁判中采取哪一种方法是正确的、哪一种方法是错误的，从这个意义上讲，法律方法论主要不是发现意义上的"解题技巧的指示"，而是反思已有结论的真伪。

事实上，我们在日常的研究实践中经常有意无意地借助方法反思、检验结果正当与否。如随着学界对法律方法之实践功能的强调，有许多人运用各种方法分析当前的重、特、大案件，或者支持、或者反对法官所作判决，这一分析行为本身正是在证立意义上使用着各种方法：支持者说，这个法官判的好，因为他合理使用了各种方法；反对者说，这个法官判的不好，他的判决过程无法实现逻辑重构。于是，方法的证立功能显现双重作用：既能证立某一既有结果的正当性，也能掩盖它们的不合理性。因此，我们应当正视证立意义上的法律方法，既要合理地发挥它们的证立价值，又要时常警惕可能的异化。❶

（四）结语：开放法律观念下法律方法论的研究方向

开放法律观念下，一个问题可能有多个答案，哪一个是更为合理的？负有裁判职责的法官必须作出选择，法律方法是说明其选择行为合理、正当的主要工具。但是，我们必须清醒地意识到，方法既能证立某一行为（结果）的正当性，也能掩盖它们的不合理性，这表明，法律方法或方法论与司法裁判结果的正确性没有必然的联系，方法正确并不必然保证结果正确。法律方法无法独自保证法治的实现，表面上的原因是法律秩序自身没有提供精确处理相关信息的规则，由此导致各种方法在具体个案使用中的无序性，也就无法找到唯一正确的答案、只有相对合理的答案；深层次的原因却在于使用方法的人，不管什么方法——无论是拘谨于形式主义的演绎推理还是热衷于实质正义

---

❶ 有学者认为，司法过程中的法律方法是在司法实践基础上所作的理论总结，而不是单纯地依据法学理论进行的逻辑归纳，该学者对目前法学理论界持有的法律方法必然具有正当属性的观点表示质疑，提出在具体的司法实践中法律方法的异化问题，并剖析其异化的基本形态及成因。参见韩德强："论法律方法的异化及其成因——兼析司法过程中司法资源的市场化配置"，载《河南省政法管理干部学院学报》2005年第2期。

的价值衡量，都无法避免法官个人的价值评判。所以，某一司法裁决过程是否合理、正当，主体素质的高低是关键。因此，在法律方法论研究领域，主体与方法的关系是值得关注的，这应当是该领域未来比较重要的一个研究方向。

四、法律方法论研究受域外论著的多种影响

近十数年来，法学方法论在中国大陆法理学界成为一门"显学"，与域外方法论论著、尤其是欧陆译作和台湾地区作品在大陆的传播有关。据粗略统计，截至 2015 年 1 月底，在大陆出版的相关译著与著作共有 28 种，译文和论文合计 56 篇。这些作品的刊发具有时间集中、内容集中、刊发载体集中的特点。在区分传统法学方法论、法律论证理论、方法论学说史三个方面的基础上，重点分析方法论译著（著作）的翻译和传播情况发现，它们的具体分布并不均衡，影响力大小不一。目前的译介活动在主题、作者来源与译者来源方面都有缺陷，为此需要更加全面和有规划地引入域外方法论作品，将欧陆学术传统逐步呈现于大陆读者面前。

（一）引言

近十数年来，法学方法论在中国大陆学界、尤其是法理学界成为一门"显学"，恐怕与诸种背景因素相关。其中主要有：（1）法学的研究兴趣业已由立法定向的法学转向司法定向的法学。[1] 在中国大陆近三十年来大规模的"法治建设"与"法典化运动"的开展过程中，学者们的参与热情被高度调动起来，形成了一种"环（人民）大会堂现象"（陈瑞华教授语）。但是随着中国法律体系框架的基本奠定，大规模的立法已趋减少，而制度的实施与完善日渐成为关注重心，其中司法裁判行为被置于焦点之下。[2] （2）法学对实践中疑难案件的关注度越来越高。长期以来，大陆的法学家（法理学家）长于"大词"与宏观理论建构，却短于技艺与实在法的适用。面对转型社会中层出不

---

[1]　参见舒国滢："并非有一种值得期待的宣言——我们时代的法学为什么需要重视方法"，载《现代法学》2006 年第 5 期，第 8 页以下。

[2]　司法裁判不仅是具有个案意义的行为，也是促进法律体系融贯化的重要途径。参见雷磊："融贯性与法律体系的建构——兼论当代中国法律体系的融贯化"，载《法学家》2012年第 2 期，第 8~9 页。

穷的疑难案件及其背后规范与事实不对应的现状，需要有一套更为"专业"的方法来帮助法律人为实践提供智力支持，以确保专家的声音不被"民众的常识"所吞没。（3）法学急需摆脱幼稚病之讥。对"法学幼稚病"的鞭挞至今仍不绝于耳，既来自法学界之外，也来自法学界内部。学者们已经意识到，要摆脱这种尴尬的境地，获得"科学"与"知识"的地位，就必须完成"自治化"的过程。而这一过程必然伴随着严格的方法论"规训"与法教义学传统的孕育，从而从"法学外的法学"走向"法学内的法学"。❶

但不可否认，法学方法论也是来自西方的舶来品（这并不排除在某种程度上有本土化的可能）。至少从历史的角度看，中国大陆学界对于方法论如同对于其他法律理论一样亦有个继受的过程。而目前方法论研究的盛况一定程度上正与域外方法论论著在大陆的传播有关。本章拟统计和梳理这一现象，但并不会做到面面俱到。主要的限定如下：（1）仅限于讨论方法论著作，不涉及法教义学、尤其是部门法教义学的著作。❷ 尽管方法论与教义学关系密切，有许多教义学的著述包含着方法论的内容❸，但两者毕竟有所差别。（2）仅限于讨论欧陆（主要是德国）与台湾地区的方法论作品。尽管英美传统中的"法律推理"（legal reasoning）理论在大陆学界也有一定传播，但从知识体系与亲缘关系来看，以德国为代表的欧陆方法论传统及深受德国影响的台湾地区方法论著作无疑影响更大。（3）仅限于讨论欧陆的译作与台湾学者在大陆出版的作品。尽管由于语言能力的增强与资料获得渠道的拓宽，已有越来越多的学者开始利用和掌握一手资料，但考虑到大陆学界的整体情况，流传最广、影响最大的还是被翻译为中文的方法论著作和已在大陆出版的作品。（4）仅限于讨论一般方法论作品在大陆法理学界的传播。从时间上看，方法论研究在大陆并非由法理学

---

❶ 参见舒国滢："从方法论看抽象法学理论的发展"，载《浙江社会科学》2004年第5期，第40页。

❷ 有的以"法律科学"为主题的作品涉及宽泛意义上方法论的内容。考虑到法教义学与法律科学的密切联系［对此参见 Robert Alexy and Ralf Dreier, The Concept of Jurisprudence, 3 Ratio Juris (1990), p. 4.］，除个别情形外，我们同样不考虑后者。

❸ 例如，一本对于大陆学界的方法论研究具有启蒙意义的著作即是如此：王泽鉴：《法律思维与民法实例》，中国政法大学出版社2001年版，其中第六章"法律的适用"涉及方法论的内容。

学者首先开展❶，但却主要在法理学界形成了明确的问题意识和理论的系统化，进而对其他部门法产生了辐射性影响。本章只讨论一般方法论作品在法理学领域的传播，而不涉及部门方法论作品（如刑法解释学、宪法解释学等）。所以，本章所指涉的"法学方法论"是在非常狭义的意义上来使用的。

（二）总体情况

由于方法论研究的兴趣萌发与起步较晚，大陆法理学学界翻译欧陆著作、学术期刊物刊发台湾地区作品是最近十数年间的事，但是发展非常快。特别是相较于整体上不注重译作而强调阅读原著的台湾学界（当然另一方面的重要原因是台湾学者人手有限、学术市场也有限），译作出版的数量与速度更是惊人。据笔者的粗略统计，截至2015年1月底，在大陆出版的欧陆方法论译著与台湾地区著作共有28种，在大陆发表的欧陆方法论译文与台湾地区论文合计56篇。所以，虽然这些作品似乎从绝对数量上看并不甚巨，但考虑到上文对主题所作的种种限定、时间跨度以及大陆的研究基础，该规模已经令人咂舌。

从主题上看，即使这短短的十数年间，已然涉及了从近代法学方法论的开创者卡尔·冯·萨维尼（Karl von Savigny）之后一百七十余年发展史中各个阶段的问题。因此可以说，中国法律移植与法治发展中的"压缩的现代化"问题❷同样展现在对方法论的继受过程中。这当然带来了很多问题，其中最大的一个问题在于"历史感的错位"与"理论传统的紊乱"。学者们有时凭借自己的感性认识和个人兴趣，就从浩如烟海的西方方法论作品中选择出自认为重要的篇什，进行翻译与引介。❸但它们可能只是方法论学说不同历史节点上的一些片段，面对的历史情境、问题意识与所处的理论传统并不相同。而作品的受众则几乎是在同一个历史时刻点（以及中国现阶段的历史背景中）面

---

❶　大陆学界的第一本方法论专著当数民法学者梁慧星的《民法解释学》（中国政法大学出版社1995年版）。

❷　参见舒国滢主编：《法制现代化的理论基础》，知识产权出版社2010年版，第407页。

❸　考虑到台湾地区学者相关作品在大陆出版（发表）大多时候是大陆学者主动引介的结果，因此这个论断也适用于台湾地区作品的情形。

对这些作品的，面对汹涌而来的"诸子百家"，难免手足无措、判断乏力，因而产生了不少的误解，添加了不少的想象。尽管如此，一些公认的方法论巨擘的扛鼎之作还是无可置疑地成为研究者优先传播的对象，并在汉语学圈中产生了不可估量的影响。我们大体可以相关作品为基础，将欧陆与台湾地区方法论在大陆的传播与继受大体分为两个方面❶：第一个方面是传统法学方法论（traditionale Methodenlehre），即以研究法律获取（Rechtsgewinnung）与法律发现（Rechtsfindung）的模式、要素与方法为主题的学说；第二个方面是法律论证理论（Theorie der jutistischen Argumentation），以研究法律证立（Rehtsbegründung）和法律理由的运用为核心。❷ 此外，由于方法论学说史（wissenschaftliche Geschichte der Methodenlehre）的相对于继受国学术研究的独特地位，我们将它列为一个独立的方面，举凡涉及方法论发展的通史、片段史以及致力于个别方法论学派、个别学者学术思想的论著都可归入此类。

以此为分类标准，我们将在大陆出版的欧陆方法论译著及台湾地区专著列表统计如下❸：

---

❶ 之所以不称为"阶段"，是因为方法论研究的这两个部分尽管在德国传统中的确是在不同的历史阶段中发展出来的，但它们在大陆的翻译与传播相续过紧，无法作时间上的有效区分。

❷ 区分这两个部分的理论依据在于"发现的过程"（process of discovery）与"证立的过程"（process of justification）的二分（See Richard Wasserstrom, Judicial Decision, Stanford/London 1961, p. 27.）。相似的概念对还有"产生"（herstellung）与"说明"（darstellung）（Ulrich Schroth, Hermeneutik, Norminterpretation and richterliche Normanwendung, in: Arthur Kaufmann/ Winfried Hassemer/ Ulfrid Neumann（Hg.）, Einführung in Rechtsphilosophie und Rechtstheorie der Gegenwart, 7. Aufl., Heidelberg 2004, S. 296.）、"动机"（motiv）与"论据"（argument）"（Ulfris Neumann, Theorie der juristischen Argumentation, in: Winfried Brugger/ Ulfrid Neumann/ Stephan Kirste（Hg.）, Rechtsphilosophie im 21. Jahrhundert, Frankfurt am Main 2008, S. 236.）。

❸ 这个统计没有将分为主题方法论或包含方法论内容的译著和专著统计在内。这方面比较重要的译著有：［德］阿图尔·考夫曼、温弗里德·哈斯默尔主编：《当代法哲学和法律理论导论》，法律出版社2002年版，第6章"法律逻辑学"，第9章"哲学诠释学与法律诠释学"，第14章"法律的规范适用的方式：确定、论证和判决"，第15章"电子数据处理与法律——法律信息学"；［德］魏德士：《法理学》，吴越、丁晓春译，法律出版社2005年版（2013年重印），第4部分"法律适用"。

表 3

主 题		译著/专著		合计
传统法学方法论	德国	• 拉伦茨：《法学方法论》，陈爱娥译，商务印书馆 2003 年版。 • 卡尔·恩吉施：《法律思维导论》，郑永流译，法律出版社 2004 年版。【"当代德国法学名著"译丛】 • 莱茵荷德·齐佩利乌斯：《法学方法论》，金振豹译，法律出版社 2009 年版。【"当代德国法学名著"译丛】 • 英格博格·普珀：《法学思维小学堂：法律人的 6 堂思维训练课》，蔡圣伟译，北京大学出版社 2011 年版。 • 卡尔·施密特：《论法学思维的三种模式》，苏慧婕译，中国法制出版社 2012 年版。【西方法哲学文库】 • 阿图尔·考夫曼：《法律获取的程序：一种理性分析》，雷磊译，中国政法大学出版社 2015 年版。	6	8
	中国台湾	• 杨仁寿：《法学方法论》，中国政法大学出版社 1999 年版（2013 年第 2 版）。 • 黄茂荣：《法学方法与现代民法》，中国政法大学出版社 2001 年版（2007 年第 5 版）。	2	
	其他		0	
法律论证理论	德国	• 罗伯特·阿列克西：《法律论证理论：作为法律证立理论的理性论辩理论》，舒国滢译，中国法制出版社 2002 年版。【西方法哲学文库】 • 罗伯特·阿列克西：《法 理性 商谈：法哲学研究》，朱光、雷磊译，中国法制出版社 2011 年版。【西方法哲学文库】 • 罗伯特·阿列克西：《法：作为理性的制度化》，雷磊编译，中国法制出版社 2012 年版。【西方法哲学文库】 • 特奥多尔·菲韦格：《论题学与法学》，舒国滢译，法律出版社 2012 年版。【"当代德国法学名著"译丛】 • 乌尔弗里德·诺伊曼：《法律论证学》，张青波译，法律出版社 2014 年版。【"当代德国法学名著"译丛】	5	11
	中国台湾		0	
	其他	• ［荷］菲特丽丝：《法律论证原理：司法裁决之证立理论概览》，张其山、焦宝乾、夏贞鹏译，戚渊校，商务印书馆 2005 年版。 • ［意］乔瓦尼·萨尔托尔：《法律推理：法律的认知路径》，汪习根、唐勇、武小川、刘晓湧译，武汉大学出版社 2011 年版。【"法哲学与一般法理学丛书"】		

主　题		译著/专著		合计
法律论证理论	其他	• ［奥］伊尔玛·塔麦洛：《现代逻辑在法律中的运用》，李振江、张传新、柴盼盼译，中国法制出版社2012年版。【西方法哲学文库】 • ［丹麦］阿尔夫·罗斯：《指令与规范》，雷磊译，中国法制出版社2013年版。【西方法哲学文库】 • ［波兰］耶日·施特尔马赫、巴尔托什·布罗泽克：《法律推理方法》，陈伟功译，中国政法大学出版社2015年版。【"西方法律逻辑经典"译丛】 • ［荷］亨利·帕肯：《建模法律论证的逻辑工具：法律可废止推理研究》，熊明辉译，中国政法大学出版社2015年版。【"西方法律逻辑经典"译丛】	6	11
方法论学说史	德国	• 卡尔·冯·萨维尼：《论立法与法学的当代使命》，许章润译，中国法制出版社2001年版。【西方法哲学文库】 • 卡尔·冯·萨维尼、雅各布·格林：《萨维尼法学方法论讲义与格林笔记》，杨代雄译，法律出版社2008年版（2014年修订译本）。 • 卡尔·冯·萨维尼：《历史法学派的基本思想（1814—1840)》，艾里克·沃尔夫编，郑永流译，法律出版社2009年版。【"当代德国法学名著"译丛】 • 鲁道夫·冯·耶林：《为权利而斗争》，胡宝海译，中国法制出版社2004年版；【法学名篇小文丛】；另一版本：郑永流译，法律出版社2007年版【"当代德国法学名著"译丛】。 • 鲁道夫·冯·耶林：《法学的概念天国》，柯伟才、于庆生译，中国法制出版社2009年版。【法学名篇小文丛】 • 鲁道夫·冯·耶林：《法学是一门科学吗?》，［德］奥科·贝伦茨编注，李君韬译，法律出版社2010年版。【"当代德国法学名著"译丛】 • 赫尔曼·康特洛维茨：《为法学而斗争》，雷磊译，中国法制出版社2011年版。【德语法学思想译丛】	7	9
	台湾	• 吴从周：《概念法学、利益法学与价值法学：探索一部民法方法论的演变史》，中国法制出版社2011年版。 • 林立：《法学方法论与德沃金》，中国政法大学出版社2002年版。	2	
	其他		0	

而将在大陆学术刊物上发表的欧陆方法论译文及台湾地区论文统计如下❶：

表 4

主题		译文/论文	合计	
传统法学方法论	德国	• 乌尔里希·施罗特：《哲学诠释学与法律诠释学》，郑永流译，载《法哲学与法社会学论丛》（第 4 期），2001 年。 • 卡尔·恩吉施：《法律者如何思维》，郑永流译，载《法哲学与法社会学论丛》（第 5 期），2002 年。 • 鲁道夫·耶林：《法权感的产生》，王洪亮译，米健校，载《比较法研究》2002 年第 3 期。 • 汉斯·凯尔森：《论法律解释理论》，张书友译，载《法律方法与法律思维》（第 5 辑），2008 年（同文，李鑫译，《法律方法》（第 7 卷），2008 年）。 • 卡特娅·朗恩布赫：《欧洲法中的类比推理》，雷磊译，载《法哲学与法社会学论丛》（第 15 期），2010 年。 • 温弗里德·布鲁格：《公共利益、法律的具体化与释法》，娄宇译，载《比较法研究》2012 年第 3 期。 • 扬·夏普：《方法论、一般法律教义学与案件的解决》，冯威译，载《法学方法论论丛》（第一卷），2012 年。 • 马丁·霍何胡特：《国家法与法哲学之间的方法论——有时作为一种对理论与实践之断裂的掩饰》，赵静译，载《法学方法论论丛》（第一卷），2012 年。	8	13
	中国台湾	• 黄维幸："法律方法论和科学哲学的契合：融合事实和法律"，载《法哲学与法社会学论丛》（英文）（第 16 期），2011 年。 • 吴从周：《初探法感——以民事案例出发思考其在法官判决中之地位》，载《法学方法论论丛》（第二卷），2014 年。	2	
	其他	• ［瑞士］菲利普·马斯拖拉蒂：《法律思维》，郑永流译，《法哲学与法社会学论丛》（第 6 期），2003 年。 • ［意］阿尔贝特·维斯帕兹阿尼：《迈向一种对法律隐喻的诠释学路径》，载《法哲学与法社会学论丛》（英文）（第 16 期），2011 年。 • ［法］居伊·卡尼维：《能动司法与审慎解释——一般性导论》，陈萍、张平译，载《法律方法》（第 13 卷），2013 年。	3	

---

　　❶　这个统计只包括期刊与集刊上的方法论论文，而未统计论文集中的方法论论文。一则是因为时间所限，对于后者的统计殊为不易；二则是因为学界对后者的关注度明显没有对前者来得大，因此忽略后者也是合乎目的的。当然，即使如此，对学术刊物相关论文的统计也不可能是穷尽式的。

主 题		译文/论文	合计
法律论证理论	德国	• 罗伯特·阿列克西：《法律论证理论面临的问题和进路——〈法律论证理论〉导论》，舒国滢译，载《法哲学与法社会学论丛》（第4期），2001年。 • 罗伯特·阿列克西：《沙伊姆·佩雷尔曼的论证理论》，舒国滢译，载《法律方法与法律思维》（第1辑），2002年。 • 罗伯特·阿列克西：《论商谈理论中的实践理性概念》，张龑译，载《法哲学与法社会学论丛》（第9期），2006年。 • 罗伯特·阿列克西：《论权衡与涵摄——从结构进行比较》，刘叶深译，载《法哲学与法社会学论丛》（第10期），2006年。 • 罗伯特·阿列克西：《法律的重构、论证与实践——于尔根·哈贝马斯的法律商谈理论》，万平译，载《中南财经政法大学研究生学报》2006年第4期（同文，雷磊译，载《北理法学》（第三辑），2013年，标题略有不同）。 • 罗伯特·阿列克西：《考夫曼法采观今论》，周兴生译，载《重庆工学院学报》2007年第10期。 • 罗伯特·阿列克西：《法律规则与法律原则》，张青波译，载《法哲学与法社会学论丛》（第13期），2008年。 • 罗伯特·阿列克西：《法律原则的结构》，雷磊译，载《公法研究》（第7辑），2009年。 • 罗伯特·阿列克西：《〈法律论证理论〉后记（1991）：对若干批评者的回应》，张青波译，载《法哲学与法社会学论丛》（第18期），2013年。 • 罗伯特·阿列克西：《作为理性商谈的法律论证》，张青波译，《法哲学与法社会学论丛》（第13期），2008年。 • 奥利斯·阿尔尼奥、罗伯特·阿列克西、亚历山大·佩彻尼克：《法律论证的基础》，冯威译，《法学方法论论丛》（第二卷），2014年。 • 乌尔弗里德·诺依曼：《法律论证理论大要》，郑永流、念春译，载《法哲学与法社会学论丛》（第8期），2005年。 • 乌尔弗里德·诺依曼：《法律方法论与法律论证理论》，张青波译，载《法哲学与法社会学论丛》（第13期），2008年。 • 乌尔弗里德·诺依曼：《法律论证理论》，赵静译，载《法学方法论论丛》（第二卷），2014年。 • 赫尔穆特·吕斯曼：《法律论证理论》，张青波译，载《法哲学与法社会学论丛》（第7期），2004年。 • 托马斯·里姆：《个案所有情况之权衡——一个不为人知的现象》，张抒涵译，载《法哲学与法社会学论丛》（第18期），2013年。 • 拉尔夫·波舍：《原则理论的洞见、错误和自我误解》，载《法哲学与法社会学论丛》（英文）（第18期），2013年。	17

续表

主 题		译文/论文	合计
法律论证理论	中国台湾	• 颜厥安：《规范缝隙初探》，载《法律方法与法律思维》（第3辑），2005年。 • 颜厥安：《由规范缝隙到规范存有——初探法律论证中的实践描述》，载《法律方法与法律思维》（第6辑），2008年。 • 张钰光：《法律论证与法律解释方法：形式逻辑学批判》，载《浙江大学法律评论》2003年卷。 • 王鹏翔：《目的性限缩之论证结构》，载《月旦民商法研究（法学方法论专辑）》，清华大学出版社2004年版。 • 林立：《论经济学理念在法律推理中之局限性——以波斯纳的经济分析方法为例》，载《浙江社会科学》2004年第5期。	5
	其他	• ［比］沙伊姆·佩雷尔曼：《法律推理》，朱庆育译，载《法律方法》（第2卷），2003年。 • ［比］沙伊姆·佩雷尔曼：《法律与修辞学》，朱庆育译，载《法律方法》（第2卷），2003年。 • ［比］沙伊姆·佩雷尔曼：《旧修辞学与新修辞学》，载《法哲学与法社会学论丛》（第8期），2005年。 • ［比］沙伊姆·佩雷尔曼：《法律、哲学与论证》，杨贝译，载《北理法学》（第三辑），2013年。 • ［荷］亨利·帕克：《论法律论证中举证责任的形式化》，载《法哲学与法社会学论丛》（第8期），2005年。 • ［芬］汉讷·伊索拉—米提伦：《权衡与正当性：对法律原则权衡的反思》，载《法哲学与法社会学论丛》（英文）（第16期），2011年。 • ［斯洛文尼亚］马里扬·帕夫克比克，［奥］弗里德里希·拉赫梅尔：《论比例原则》，载《法哲学与法社会学论丛》（英文）（第16期），2011年。 • ［波兰］莱赫·莫拉夫斯基：《法律·事实·法律语言》，田荔枝、张婷婷译，载《法律方法》（第13卷），2013年。	30 8
方法论学说史	德国	• 赫尔曼·康特罗维茨：《萨维尼与历史法学派》，许章润译，载《清华法学》（第3辑），2003年。 • 赫尔曼·康特罗维茨：《对美国法律现实主义的理性主义批判》，清灵译，载《法律方法》（第12卷），2012年。 • 托马斯·维滕贝格尔：《法律方法论之晚近发展》，张青波译，载《法哲学与法社会学论丛》（第8期），2005年。 • 菲利普·黑克：《利益法学》，傅广宇译，载《比较法研究》2006年第6期。 • 巴特·范克林克：《事实与规范：欧根·埃利希与汉斯·凯尔森间未竟之争论》，余涛译，载《法律方法与法律思维》（第8辑），2011年。	

续表

主　题		译文/论文	合计	
方法论学说史	德国	• 汉斯－彼得·哈佛坎普：《概念法学》，纪海龙译，载《比较法研究》2012 年第 5 期。 • 莱纳·施罗德：《世纪之交的德国方法大讨论——科学理论式的精确化努力抑或对法与司法功能变迁的回应?》，雷磊译，载《法学方法论论丛》（第一卷），2012 年。	7	13
	中国台湾	• 陈爱娥：《萨维尼：历史法学派与近代法学方法论的创始者》，载《清华法学》2003 年第 3 期。 • 林端：《德国历史法学派——兼论其与法律解释学、法律史和法律社会学的关系》，载《清华法学》2003 年第 2 期。 • 李君韬：《法学建构与十九世纪的人格权论——对耶林〈对抗侵辱行为的法律保障〉之解析》，载《法学方法论论丛》（第二卷），2014 年。	3	
	其他	• ［波兰］Jerzy Stelmach、Bartosz Brozek：《19 世纪和 20 世纪中对法律方法的争议》，孙海涛译，载《法律方法》（第 9 卷），2009 年。 • ［奥］京特·克罗伊斯鲍尔：《法律论证理论研究史导论》，张青波译，载《法哲学与法社会学论丛》（第 15 期），2010 年。 • ［巴西］努诺·科尔霍：《亚里士多德论衡平和实践智慧：没有止境的正义使命》，载《法哲学与法社会学论丛》（英文）（第 16 期），2011 年。	3	

　　通过对比与分析表 3 和表 4 可知：（1）从时间看，除一部专著外，所有译著（专著）与译文（论文）都出现在 2001 年之后，吻合法学方法论研究在大陆法理学界兴起的时间。（2）从内容看，三个方面的译著（专著）与译文（论文）大体相当，而法律论证理论方面数量略多，其中译著 11 种，占总数的 40%，译文（论文）共 30 篇，占总数的 53 %。内容集中在商谈理论、修辞理论和规范理论上；传统法学方法论与方法论学说史几乎平分秋色，学说史的兴趣点稍偏重"历史法学"。（3）从作者来源看，德国学者无疑占绝对优势。德语的译著共出版 18 种，占总数的 64%；译文共发表 32 篇，占总数的 57%。其中，作品被翻译过来最多的学者是当代德国法哲学与公法学教授罗伯特·阿列克西（Robert Alexy）（3 种译著、10 篇译文）。此外，卡尔·冯·萨维尼、鲁道夫·耶林（Rudolf Jhring）、赫尔曼·康特洛维茨（Her-

mann Kantorowicz) 和乌尔弗里德·诺伊曼 (Ulfrid Neumann) 亦有多种译作。其他国家和地区中领先者当属比利时学者沙伊姆·佩雷尔曼 (Chaîm Perelman) (4 篇译文)。(4) 从出版与发表的载体看，作品的刊发非常集中。28 种专著中，中国法制出版社共出版译著 (专著) 11 种，其中"西方法哲学文库"占 7 种，"法学名篇小文丛"2 种；法律出版社共出版译著 8 种，其中"当代德国法学名著"译丛占 7 种；中国政法大学出版社位居第三，出版了 6 种译著。❶ 三家出版社占据了 86% 的份额。译文 (论文) 方面，《法哲学与方法论论丛》(郑永流主编) 起步较早，刊文遥遥领先 (24 篇)。《法学方法论论丛》(舒国滢主编)、《法律方法》(陈金钊、谢晖主编) 与《法律方法与法律思维》(葛洪义主编) 这三门专业方法论刊物刊文也较多 (合计 18 篇)。总体而言，这些方法论作品在大陆的刊发具有"三集中"的特点，即时间集中、内容集中、刊发载体集中。

当然，无论如何，译文 (论文) 的影响力远不及译著和专著。译著和专著以其篇幅与受众面吸引了更多学者乃至一般读者的注意力。接下去，本章就将来重点梳理欧陆译著与台湾地区专著在大陆的出版与传播情况。

(三) 传统法学方法论

第一本从域外引入的传统方法论专著当属台湾"司法院"大法官杨仁寿先生所撰的《法学方法论》。该书最初于 1987 年由台湾三民书局出版，1999 年由大陆民法学者王利明教授引介在大陆出版。❷ 此时方法论研究在大陆刚刚起步，甚至这门学科的名称也没有与 90 年代开始在大陆流行的"法律 (民法) 解释学"严格地进行区分。这从王利明在为本书所作的"序言"中称它为"实用而又新型的学科"，并认为本书"是一部系统阐述法律解释学的力作"可见一斑。❸ 本书除"引论"外，包括："法学认识论"，阐释了法学的认识论基础；"法学发展论"，简介自 19 世纪以来的方法论流派思想；"法学实践论"，依次论述了法律解释、价值补充、漏洞补充、类推适用、利益衡量、法律行为的解释等；"法学构成论"，即法律渊源论。由于杨先生一直在

---

❶ 其中因为《为权利而斗争》一书有两个译本而重复计算了一次。

❷ 杨仁寿：《法学方法论》，中国政法大学出版社 1999 年版。

❸ 杨仁寿：《法学方法论》，中国政法大学出版社 1999 年版，"序言"。

法院工作，所以本书通俗易懂并配合实例讲解，非常适合作为方法论的入门读物。此外，由于作者的日语背景，所以本书介述了不少日本学者的观点，当然考虑到日本法学发展深受德国学术传统影响的事实，本书也基本可算作欧陆学术脉络下的产物。但亦有一些"日本特色"，典型者如将"社会学解释"在第四编中单列为一章❶，这在传统德国解释理论中并不常见。❷ 而这一安排也影响到了部分大陆学者。❸ 本书在 2013 年出了第二版。❹

　　尽管如此，这本书对于大陆法理学界所打下的"烙印"远不及由欧陆译介的第一本专著：德国当代著名方法论学者卡尔·拉伦茨（Karl Larenz）的代表作《法学方法论》（*Methodenlehre der Rechtswissenschaft*）。这本方法论领域的经典之作由台湾学者陈爱娥翻译，于 2003 年由北京商务印书馆引入。❺ 一经出版，立刻成为本研究领域绕不过去的高地和相关课程的必备参考书。本书虽然比杨仁寿著《法学方法论》晚了四年进入大陆，但是由于该译本已由五南图书出版公司于 1996 年在台湾出版，并且台湾版本在出版之初已通过各种非正式渠道在中国法理学界、尤其是博士生群体中流传，因此本书在大陆产生影响的时间并不见得比杨仁寿著作要晚。陈译版本翻译的是拉伦茨一书 1991 年出版的第六版（学生版第二版）。❻ 该版本节略了原著论及历史、批判性部分的前四章，即从 19 世纪到第一次世界大战结束之间的方法论学说史的部分。❼ 学生版由"引论"加上七章构成（具体见下表）。译者另在篇首加上了一个较长的"代译序"作为本书的导读，

---

❶　杨仁寿：《法学方法论》，中国政法大学出版社 1999 年版，第 172～178 页。

❷　德语世界中只是到了晚近才出现了以"后果导向"（folgenorientierung）为名的类似理论。例如，参见这本关注度较高的专著：Martina Renate Deckert，Folgenorientierung in der Rechtsanwendung，München 1995。

❸　例如，参见陈金钊主编：《法律方法论》，中国政法大学出版社 2007 年版，第 182～190 页；梁慧星：《裁判的方法（第二版）》，法律出版社 2012 年版，第 205、208 页。

❹　杨仁寿：《法学方法论（第二版）》，中国政法大学出版社 2013 年版。与第一版相比，第二版在引论和"法学发展论"中增添了一些内容，如法学的科学性、19 世纪英美与日本学者对法学的认识等。

❺　[德] 拉伦茨：《法学方法论》，陈爱娥译，商务印书馆 2003 年版。

❻　据网络信息，由拉伦茨的弟子克劳斯－威廉－卡纳里斯（Claus－Wilhelm－Canaris）编纂的本书学生版第四版（总第八版）将由德国斯普林格（Springer）出版社出版。

❼　参见 [德] 拉伦茨：《法学方法论》，陈爱娥译，商务印书馆 2003 年版，"学生版序"。

发挥了较好的指引入门的功能。

本书的许多观点一度被大陆法理学者奉为圭臬，例如，关于法学性质、法条的类型、法律解释的方法、法律漏洞的分类、内部体系和外部体系的区分［尽管首倡者是利益法学的代表人物菲利普·黑克（Philipp Heck）］等。此外，本书在大陆学界的影响还可以用两方面的事实来佐证：其一，据在中国知网上检索的结果，2004—2014 年间，直接以拉伦茨《法学方法论》或相关理论为篇名公开的发表论文和学位论文共有 26 篇，年均 2.4 篇；2001—2014 年，以拉伦茨法学方法论为主题的期刊论文和学位论文更是达到了 126 篇，年均 9 篇。另据中文社会科学引文索引（CSSCI）数据库检索结果，2005—2013 年，本书被引共计 806 次。其二，撇开内容不提，拉氏一书的基本结构安排深刻地影响到了大陆法理学者相关方法论专著的篇章安排，以及法学院开设的课程安排。在此，一方面，笔者将列举出国内比较畅销的方法论专著❶与一本较新的方法论教材❷的篇章目录，将它们与拉氏一书的篇章目录对比；另一方面，也将选取两家与德国大学有长期联系的国内法律院校所开设的法学方法课程，即中国政法大学法学院开设的"法学方法论"（授课对象：本科生）与南京大学法学院开设的"法律方法"（授课对象：法律硕士），将这两门课程的大纲与拉氏一书作对比。虽然这种做法有以偏概全之嫌，但由于上述著作编著者与课程开设者的德语学术背景，这种关联性将得到更有力的证明。为了直观起见，我们可将这种对比列表如下：

表 5

拉伦茨《法学方法论》	《法学方法论问题研究》（专著）	《法学方法论》（教材）	"法学方法论"（中国政法大学法学院课程）	"法律方法"（南京大学法学院课程）
第一章 现代方法上的论辩	第二章 现代法学方法论的缘起与发展趋势	第二章 法学方法的历史	第一课（下）导论：法学方法的历史	第一课 概述：法律方法的主要观点与学理渊源

❶ 舒国滢、王夏昊、梁迎修等：《法学方法论问题研究》，中国政法大学出版社 2007 年版。

❷ 舒国滢主编：《法学方法论》，厦门大学出版社 2013 年版。

拉伦茨《法学方法论》	《法学方法论问题研究》（专著）	《法学方法论》（教材）	"法学方法论"（中国政法大学法学院课程）	"法律方法"（南京大学法学院课程）
第二章 法学的一般特征（包括：方法论的任务及地位）	第一章 法学方法的概念 第三章 法学方法的意义与功能	第一章 法学方法论的概念	第一课 （上）导论：法学方法论的对象与任务	
第三章 法条的理论（包括：法律适用的逻辑模式）		第三章 法律推理	第三课 法律条文 第四课 法律规范 第五课 （上）法适用的基本框架	第三课 法条理论 第六课 法律推理与法律论证
第四章 案件事实的形成及其法律判断	第六章 案件事实的形成	第五章 案件事实的形成	第五课 （下）法律事实	第四课 事实的形成
第五章 法律的解释	第七章 制定法解释	第六章 法律解释方法	第七课 法律解释	第五课 （上）法律解释
第六章 法官从事法的续造之方法	第八章 法律漏洞的认定与填补	第七章 法律漏洞及其填补	第八课 法的续造 第九课 原则权衡	第五课 （下）法的续造
第七章 法学中概念及体系的形成	第九章 法律体系	第八章 法律体系	第二课 法律概念	
	第四章 法学方法论的比较研究 第五章 法的渊源论	第四章 法的渊源论	第六课 法的渊源	第二课 法源理论

　　可见，这些著作（教材）与课程的主体内容都是参照拉氏一书来安排的。同时我们可以发现，上述中国学者所著和所开设的课程中都

有"法源理论"这个拉氏一书所没有的部分。这种设计很可能受来自台湾地区学者黄茂荣所著《法学方法与现代民法》一书的影响。该书在台湾地区于 1982 年首次增订再版（初版不详），至 2009 年已出第六版。大陆方面，2001 年中国政法大学出版社引入了该书的第 4 版，2007 年法律出版社又引入了该书的第 4 版。❶ 该书的第一章主题即为"论法源"，详细列举了法源的表现形式以及相近的规范性文件的地位和适用。相对于法源单一的法律部门（如刑法），法源理论对于民法学科显然更有意义，具有民法学科背景的黄茂荣教授将其置于书的开篇，其重视程度可见一斑。将法源理论作为方法论之一部分的做法也影响了一些大陆法理学者。❷ 从全书结构看，黄著方法论除了这第一章以及第二章"法律概念"外，其余三至七章与拉氏方法论一书的三至七章完全对应。从内容看，黄著方法论与拉氏一书也多有重合，只是其论述更加翔实，并且以台湾地区的实例来举证。这或许是有留德求学背景的黄教授同样深受拉伦茨学术传统影响之故。❸ 所以，虽然黄著方法论早于拉氏方法论中文版传至大陆，但影响大陆学界的"本源"依然在于拉伦茨。当然，黄著一书在大陆的刊行也在很大程度上扩大了拉氏理论的影响。

另一本在大陆法理学界产生较大影响的德语译作是方法论领域的另一本经典之作，卡尔·恩吉施（Karl Engisch）的《法律思维导论》（*Einführung in das juristische Denken*）。本书的第 9 版于 2004 年由郑永

---

❶ 黄茂荣：《法学方法与现代民法》，中国政法大学 2001 年版；黄茂荣：《法学方法与现代民法（第五版）》，法律出版社 2007 年版。两个版本的主要区别在于 2007 年版去掉了 2001 年版的第 8 章"从民间合会之法律关系论习惯法对法律漏洞的补充"。黄教授另一本专著《法学方法与现代税法》亦已在大陆出版（北京大学出版社 2011 年版）。但由于该书更多涉及税法教义学相关内容，因此本章并不述及。

❷ 除了上述专著和教材外，还可见葛洪义主编：《法律方法论》，中国人民大学出版社 2013 年版，第 3 章"法律方法与法律渊源"；刘治斌：《法律方法论》，山东人民出版社 2007 年版，第 3 章之三"作为法律判断的依据"。

❸ 黄茂荣教授的博士指导老师为德国图宾根大学著名法哲学与民法学教授约瑟夫·埃塞尔（Josef Esser）。埃塞尔是当代法律诠释学的主要代表，而拉伦茨至少从《法学方法论》一书第 3 版（1975 年）之后也转向了这一阵营（Vgl. Monika Frommel, Die Rezeption der Hermeneutik bei Karl Larenz und Josef Esser, Ebelsbach am Main 1981, S. 1.）。这种学术的同源性也在一定程度上可以说明为何黄著方法论一书深受拉伦茨的影响。

流教授译出。❶ 本书由八章组成，与拉氏方法论相比，较有特色的是单列第五章来谈论法律解释的目标，第六章论及法律概念与一般条款，并在第八章中谈论方法论与法哲学的关系。本书最大的特色在于"以传统的法律发现方法为出发点"❷，围绕"规范"与"事实"这两对范畴之间的不对称关系来展开讨论，这一观点作为方法论的立论基础影响了许多中国学者。而恩氏的名言，法律适用要求法律人的"目光在大前提与生活事实之间往返流转"❸ 也在中国学界名声大噪。正如译者"译后小记"的标题所表明的，作者的目标是"让规范舞动起来"❹，因为"认识法律不意味着抠法律字眼，而是把握法律的意义和效果"（古罗马法学家塞尔苏斯语）。❺ 数年之后，郑永流教授出版了一部流传较广的教材《法律方法阶梯》❻，虽然结构体例与本书并不相同，但字里行间依然可以看出恩氏的影子。且该书单列第八章"法律原则、一般条款和不确定概念的适用方法"的做法显然是受到了本书的影响。

此外，德国公法学与法哲学家莱茵荷德·齐佩利乌斯（Reinhold Zippelius）的《法学方法论》（第十版）（*Juristische Methodenlehre*）也于 2009 年被翻译过来。❼ 本书的特色在于三个方面：其一，在第一章中首先来谈"法的概念和功能"。因为在齐氏看来，"对象决定方法"❽，要弄清法学方法就首先要理解"法"这个对象。法的含义应当

---

❶ ［德］卡尔·恩吉施：《法律思维导论》，郑永流译，法律出版社 2004 年版。恩吉施于 1990 年去世，第 9 版由两位德国学者（托马斯·维腾贝格尔、迪尔克·奥托）编修出版。另，该书的德语编修版目前已出至第 11 版，由斯图加特科尔哈默尔出版社（ Kohlhammer）于 2010 年出版。其受欢迎程度可见一斑。

❷ ［德］卡尔·恩吉施：《法律思维导论》，郑永流译，法律出版社 2004 年版，第 7 页。

❸ 这句话最早来自恩吉施的另一本名著《制定法适用的逻辑研究》（ Karl Engisch，Logische Studien zur Gesetzesanwendung，3 Aufl.，Heidelberg 1963，S. 15.）。

❹ ［德］卡尔·恩吉施：《法律思维导论》，郑永流译，法律出版社 2004 年版，第 284 页。

❺ 此语被恩吉施置于全书的篇首，有提纲挈领之效果。

❻ 郑永流：《法律方法阶梯》，北京大学出版社 2008 年版；郑永流：《法律方法阶梯（第二版）》，北京大学出版社 2012 年版（主要改变是更换了一些案例）。

❼ ［德］莱茵荷德·齐佩利乌斯：《法学方法论》，金振豹译，法律出版社 2009 年版。本书的德语第 1 版于 1971 年由慕尼黑贝克出版社（Beck）刊行，目前已出至第 11 版（2012 年）。

❽ ［德］莱茵荷德·齐佩利乌斯：《法学方法论》，金振豹译，法律出版社 2009 年版，第 1 页。

是"经由理性引导的寻求合意的程序按照多数原则被确定的正义观念"。❶其二，顾及了方法论发展的新趋势。本书尽管总体上保持了德国传统的结构模式，但作为相对属于新生代的作品，它还是明显受到了两种新兴研究思路的影响，即法律论证理论和类型理论。虽然并没有集中论述论证理论，但"合意原则"和"论辩原则"在书中多有体现。❷而类型化的案例比较方法则在第三章中专列一节来加以论述。❸其三，用第五章来专门论述"法的逻辑形式化和数据处理"问题，体现了法律逻辑与法律信息学的晚近发展及其对于方法论的冲击。最近在大陆出版的一本译著是德国女学者英格博格·普珀（Ingeborg Puppe）的《法学思维小学堂》（*Kleine Schule des juristischen Denkens*）。❹本书由台湾地区青年学者蔡圣伟翻译，并已早于大陆一年在台湾地区出版。❺该书言简意赅，配以刑法领域的案例进行简要佐证，实符其名，非常适合做教学参考书。最大的亮点在于将"法律与逻辑"单列为一章，全面论及了逻辑的特点、形式、功用等，为逻辑在法学上的地位正名。正如作者所言，"法律人可以没有逻辑公式，但不能没有逻辑"。❻另外，作者不只满足于论述单个的方法和论据，而是单辟一章来讨论如何组织论据进行法学对话（论辩），并形象地称之为"论证网球赛"。❼在"体系方法"部分还专门比较了体系学与论点学（论题学）的优劣。

如果说从思维模式的角度看，传统方法论的主流是规范思维的话，

---

❶　［德］莱茵荷德·齐佩利乌斯：《法学方法论》，金振豹译，法律出版社 2009 年版，第 38 页。

❷　例如，［德］莱茵荷德·齐佩利乌斯：《法学方法论》，金振豹译，法律出版社 2009 年版，第 21 页以下，第 67 页以下（"通过'论辩'确定'恰当的'语义"）。

❸　［德］莱茵荷德·齐佩利乌斯：《法学方法论》，金振豹译，法律出版社 2009 年版，第 103～114 页。

❹　［德］英格博格·普珀：《法学思维小学堂：法律人的 6 堂思维训练课》，蔡圣伟译，北京大学出版社 2011 年版。该译本翻译的是原著第一版，现第二版已于 2011 年由范登胡艾克与鲁佩莱希特出版社（Vandenhoeck & Ruprecht）出版。

❺　［德］英格博格·普珀：《法学思维小学堂：法学方法论密集班》，蔡圣伟译，元照出版公司 2010 年版。

❻　［德］英格博格·普珀：《法学思维小学堂：法律人的 6 堂思维训练课》，蔡圣伟译，北京大学出版社 2011 年版，"原著前言"第 3 页。

❼　［德］英格博格·普珀：《法学思维小学堂：法律人的 6 堂思维训练课》，蔡圣伟译，北京大学出版社 2011 年版，第 162 页。

那么卡尔·施密特（Carl Schmitt）当然显得是个异数。他于 1934 年在威廉皇家学术促进学会与德国国家社会主义党法律人联盟青年法学家会议上所发表的两次演讲，接续了《政治神学》（1921 年）中关于规范论与决断论的区分。在随后形成的小册子《论法学思维的三种模式》（*Über die drei Arten des rechtswissenschaftlichen Denkens*）中，进一步区分了规则模式、决定模式与具体秩序模式，并为最后一种模式张目。本书中文版于 2007 年在台湾地区刊行，2012 年被引入大陆。❶ 出于这样的考虑：具体秩序思维依然处于法律发现的大脉络之中，其与法律论证理论截然相反，因而依然将本书视为传统方法论之列。

最近被译成中文的传统方法论著作依然出自德国学者之手，即阿图尔·考夫曼（Arthur Kaufmann）的《法律获取的程序：一种理性分析》（*Das Verfahren der Rechtsgewinnung：Eine rationale Analyse*）。❷ 考夫曼在中国法学界可谓尽人皆知，此前已有《后现代法哲学：告别演讲》❸《当代法哲学和法律理论导论》（主编并参撰）❹《法律哲学》❺等数种法哲学著作的中文版面世。而由台湾地区学者吴从周翻译之《类推与"事物本质"：兼论类型思维》一书❻也已在大陆流传已久。《法律获取的程序：一种理性分析》是考夫曼晚年的代表作，也是其唯一一本单独以方法论为主题的专著❼，体现了其关于法学方法论（法律获取理论）终其一生之思考的提炼和结晶。全书从批判传统涵摄模式入手，在阐释规范领域的认识论和科学理论的基础上，对法律获取的四种主要程序或者说方法（演绎、归纳、设证、类

---

❶ ［德］卡尔·施密特：《论法学思维的三种模式》，苏慧婕译，台湾左岸文化出版社 2007 年版；内地：中国法制出版社 2012 年版。

❷ ［德］阿图尔·考夫曼：《法律获取的程序：一种理性分析》，雷磊译，中国政法大学出版社 2015 年版。

❸ ［德］阿图尔·考夫曼：《后现代法哲学：告别演讲》，米健译，法律出版社 2000 年版。

❹ ［德］阿图尔·考夫曼：《当代法哲学和法律理论导论》，郑永流译，法律出版社 2002 年版。

❺ ［德］阿图尔·考夫曼：《法律哲学》，刘幸义等译，法律出版社 2004 年版。

❻ ［德］阿图尔·考夫曼：《类推与"事物本质"：兼论类型思维》，吴从周译，台北学林文化事业公司 1999 年版。

❼ 之所以这么说，虽然《类推与"事物本质"》与《法律获取的程序》都涉及了类比，但两者的定位并不相同。前者不仅是一本涉及法律思维的著作，同时也涉及了法本体论（"法是实然与应然的对应"），而后者更关注方法论因素。

比）及其关系进行铺陈，并论及了法律获取过程中法官的认知与决断、理性与意志之间的关系，核心主张在于以类比或者说个案比较为中心的等置模式（Gleichsetzungsmodell）来取代以演绎或三段论为代表的涵摄模式，旗帜鲜明地展现了贯穿考夫曼学术思想中的诠释学倾向。

（四）法律论证理论

1971 年在布鲁塞尔召开的第九届世界法哲学与社会哲学（IVR）大会第一次将法律论证作为大会讨论的主题之一（该次会议总主题为：法律推理），标志着法律论证理论的兴起。❶ 到 20 世纪末，经过 30 年的发展，诸种论证流派已基本成型。有鉴于此，荷兰学者伊芙琳·菲特丽丝（Eveline T. Feteris）于 1999 年出版了博士论文《法律论证原理》（*Fundamentals of Legal Argumentation*）。该书于 2005 年被译成中文在大陆出版。❷ 本书的主要内容在于"对法律论证研究的主要成果作概要式的介绍"❸，全面评述了逻辑学家、图尔敏（Tulmin）、佩雷尔曼、哈贝马斯（Habermas）、麦考密克（MacCormick）、阿列克西、阿尔尼奥（Aarnio）、佩策尼克（Peczenik）和荷兰学派的观点，并将上述学者的主张分为三种研究进路（方法），即逻辑进路、修辞进路与对话进路。❹ 对于当时对法律理论的传统和全貌犹如盲人摸象的大陆法理学而言，本书不啻是打瞌睡时送上的枕头，马上成为研究的指南和纲领，三种进路的划分也被广泛接受。它起到了一种"普法

---

❶ 参见〔美〕卡尔·威尔曼："国际法哲学与社会哲学协会百年历程"，雷磊译，载《法哲学与法社会学论丛》2010 年第 15 期，第 285 页。论证理论达到高峰的标志则是由该理论三位著名代表合撰的一篇长文"法律论证的基础"。该文德文版见 Wiener Krawitz und Robert Alexy（Hg.），Metatheorie juristischer Argumentation，Berlian 1982，S. 9 - 87. 英文版被收录于 Aulis Aarnio，Neil MacCormick（eds.），Legal Reasoning，Aldershot〔u. a.〕1992，pp. 15 - 40，223~281. 中文版见〔芬兰〕奥利斯·阿尔尼奥、〔德〕罗伯特·阿列克西、〔瑞典〕亚历山大·佩彻尼克：《法律论证理论》，冯威译，《法学方法论论丛》（第二卷）2014 年版，第 5~71 页。

❷ 〔荷〕菲特丽丝：《法律论证原理：司法裁决之证立理论概览》，张其山、焦宝乾、夏贞鹏译，戚渊校，商务印书馆 2005 年版。

❸ 〔荷〕菲特丽丝：《法律论证原理：司法裁决之证立理论概览》，张其山、焦宝乾、夏贞鹏译，戚渊校，商务印书馆 2005 年版，"中文版序"。

❹ 〔荷〕菲特丽丝：《法律论证原理：司法裁决之证立理论概览》，张其山、焦宝乾、夏贞鹏译，戚渊校，商务印书馆 2005 年版，第 11~17 页。

式的"教科书的作用，至于作者本人的主张却并未引发关注。❶

与上述著作大体一致但又不尽相同的是德国学者乌尔弗里德·诺伊曼于1986年出版的《法律论证学》（*Juristische Argumentationslehre*）。虽然该书的面世原本早于菲特丽丝一书，但直至去年才被其弟子译成中文出版。❷该书的重心同样在于探讨既有的相关理论，自己并未提出某种规范性的论证理论，意在提供法律论证的导引及其科学理论与法治国框架中的意义。与菲氏一书有所不同的是，它归纳并阐述了四种论证的进路：逻辑—分析进路、论题—修辞进路、实践商谈理论以及法律论证的复杂模式，麦考密克、佩策尼克和阿尔尼奥的学说被纳入了复杂模式。此外，诺伊曼教授还专门为中译本添加了一个第六章"法律论证的功能分析与意识形态批判"，从系统论以及后现代批判和批判法律运动的角度进行了审视。

下面将参考以上两书，划分为三种进路来归纳欧陆译著在大陆法理学界的传播情形：其一，菲特丽丝所称的对话进路原本包括程序进路与语用—辩证进路两支，但由于后者在中国几乎未被注意❸，目前的成果只限于前者，所以下文将直称"程序进路"。同时，"程序"也是诺伊曼所概括的实践商谈理论的核心，因为商谈理论原本就是程序性论证理论，二者并无实质差别。其二，论题学与修辞学不完全等同但关系十分密切，所以下文参照诺伊曼的做法将其合称为"论题—修辞进路"。其三，"逻辑进路"可单独成立一支。之所以未采诺伊曼"逻辑—分析进路"的称呼，是因为分析乃一般性的方法，不唯逻辑可采，修辞、程序进路同样可采，故而略去。由于规范理论与法律逻辑学联系极其密切，所以我们将从方法论角度研究规范的主题一并纳入此一进路。

---

❶　作为荷兰学派的一员，菲特丽丝本人在语用—辩证理论的基础上，主张"建立评论性论辩语境下的法律论证理论"（参见本书最后一章，[荷]菲特丽丝：《法律论证原理：司法裁决之证立理论概览》，张其山、焦宝乾、夏贞鹏译，戚渊校，商务印书馆2005年版，第195页以下）。

❷　[德]乌尔弗里德·诺伊曼：《法律论证学》，张青波译，法律出版社2014年版。

❸　实际上已有两本该进路学者的书被翻译成中文：[荷]弗朗斯·凡·爱默伦、罗布·荷罗顿道斯特：《批评性论辩：论辩的语用辩证法》，张树学译，北京大学出版社2002年版；[荷]爱默伦、汉克曼斯：《论辩巧智：有理说得清的技术》，熊明辉、赵艺译，新世界出版社2006年版。但由于爱默伦是纯粹的论证理论家，所以其理论在大陆法学界极少被关注。

1. 程序进路

德国学者罗伯特·阿列克西于 1976 年提交给哥廷根大学法学院的博士论文《法律论证理论》（*Theorie der juristischen Argumentation*，1978 年于苏尔坎普出版社出版）无疑是程序进路的扛鼎之作。本书被舒国滢教授于哥廷根访学期间（1993—1994）发现与拜读，并在八年后依据德语 1991 年第二版，并参酌第一版的英译本译出。❶ 本书由三编构成：第一编"对若干实践论辩理论的反思"，对于道德分析哲学中的实践论辩、哈贝马斯的真理共识论、埃尔朗根学派的实践商谈理论以及佩雷尔曼的论证理论依次述评，作为理论建构的起点；第二编"普遍理性实践论辩理论纲要"，对普遍实践论辩的规则进行证立，提出了五组论辩规则和一组论述形式，并指出其局限性；第三编"法律论证理论"，主要阐明了作为普遍实践论辩之特殊情形的法律论辩的理论概要，即结构、规则与形式等。本书的主旨大略为：（1）规范性命题可以得到理性证立（基本立场）；（2）鉴于现代社会道德多元的事实，无法将理性证立建立在特定实质规范性主张的前提上，只能诉诸于以哈贝马斯的真理共识论为基础的程序性理论之上，即"当规范性命题可能是理性程序之结果时，它就是正确的"；（3）法律论证的独特之处在于，它并不追求法律决定的绝对正确性，只追求现行法秩序之下的相对正确性；（4）法律论证既要符合普遍实践论辩的规则与形式，也要符合法律论辩的特殊规则与形式。舒国滢教授在书前加了一个导论性的长篇代译序，介绍了阿列克西的生平著述、写作背景与主要内容，并摘取书中用语非常形象地将其旨趣概括为"走出'明希豪森困境'"。❷ 遗憾的是，由于时间关系，中译本并没有将第二版所加的"后记"译出，因而缺少了作者对于批评者所提批评之回应和补充

---

❶ ［德］罗伯特·阿列克西：《法律论证理论：作为法律证立理论的理性论辩理论》，舒国滢译，中国法制出版社 2002 年版。英译本参见 Robert Alexy, A theory of legal argumentation : the theory of rational discourse as theory of legal justification, trans. by Ruth Adler and Neil MacCormick, Oxford University Press 1989。德语第二版的英译本于 2010 年由同一家出版社出版。

❷ ［德］罗伯特·阿列克西：《法律论证理论：作为法律证立理论的理性论辩理论》，舒国滢译，中国法制出版社 2002 年版，"走出'明希豪森困境'（代译序）"，第 1 页。这一用语最初来自批判理性主义者汉斯·阿尔伯特（Hans Albert），在书中被引于第 223 页，用来指代无法摆脱被不断追问的困境。

论证。❶

本书出版后迅速被大陆法理学界热捧，相关研究纷纷出炉。据在中国知网上检索的结果，从 2004 年至 2011 年间，以阿列克西法律论证理论为篇名发表的论文和学位论文共有 14 篇，年均 1.75 篇；从 2004 年至 2013 年，以此为主题的期刊论文和学位论文更是达到了 43 篇，年均 4.3 篇；而从 2004 年至 2014 年间发表的 261 篇以"法律论证"为题的论文，或多或少都涉及了阿列克西的理论。与对待菲特丽丝一书的态度不同，论者们对阿氏一书感兴趣的是他本人的理论主张，而对他在第一编中所介绍的诸多理论流派并不感冒，很少进行仔细钻研。这恐怕与这些理论涉及伦理学、语言哲学、论证理论、逻辑学等诸多学科，纷繁复杂，一时难以得窥门径有关，但这也带来了一些误解。最大的误解恐怕就是一度将"程序性法律论证理论"等同于法律论证理论本身，直到两年后菲特丽丝一书出版才有所澄清。

2012 年，阿列克西的论文集《法　理性　商谈》（*Recht　Vernunft　Diskurs*）中译本出版。❷该书第一部分"逻辑与解释"、第二部分"商谈与法律"共包括七篇涉及论证理论的论文，分别论及：法律判决的逻辑分析、规范适用与规范证立、法律解释、程序性法律论证理论的理念、商谈的类型、商谈理论与人权以及对哈贝马斯批评的回应。这些篇什是对《法律论证理论》一书观点之论证的夯实、补充、完善与发展。同时，对于不甚熟悉其基本理论主张的读者而言，它们也为进入阿列克西的理论提供了一个有益的入口。一年以后，阿氏的另一本论文集《法：作为理性的制度化》（*Recht als Institutionalisierung der Vernunft*）中译本也出版了。❸文集由曾在基尔大学跟随阿列克西教授学习法哲学的大陆学者雷磊搜集十六篇论文集结、编译而成。其中第一部分"理性、商谈与法律论证"囊括论及实践商谈理论纲要、特殊情形命题、商谈理论与法律体系、法律证立与融贯性的四篇论文；第

---

❶　这一缺憾如今已经弥补，参见［德］罗伯特·阿列克西："《法律论证理论》后记（1991）：对若干批评者的回应"，张清波译，载《法哲学与法社会学论丛》2013 年第 18 期。

❷　［德］罗伯特·阿列克西：《法 理性 商谈：法哲学研究》，朱光、雷磊译，中国法制出版社 2011 年版。

❸　［德］罗伯特·阿列克西：《法：作为理性的制度化》，雷磊编译，中国法制出版社 2012 年版。

二部分"法律原则理论"网罗了涉及阿列克西后来发展出的原则论证学说的重要论文，亦涉及法律论证的模式问题。这些论文都是在《法律论证理论》一书出版后作者继续深化思考的产物，且能体现其主线，对于大陆学界的追踪研究不无助益。

2. 论题—修辞进路

法律修辞学的研究在当下大陆法理学界已然趋热。短短数年间，方法论研究者们似乎发生了集体转向，以此为主题的会议纷纷召开，相关论文以几何倍数增长，专著与论文集亦已出现。❶ 但许多论者未来得及仔细梳理法律修辞学的学术传统，也未来得及消化吸收当代修辞学大家们的不刊之论。例如，像英国论证理论巨匠斯蒂芬·图尔敏、新修辞学代表沙伊姆·佩雷尔曼的诸多著作迄今尚无一本被翻译为中文。

所幸的是，舒国滢教授在近年来研究"由修辞学发展而来的问题思维技术"——论题学——的基础上，又翻译出版了美茵兹学派开创者特奥多尔·菲韦格（Theodor Viehweg）的《论题学与法学》（*Topik und Jurisprudenz*）一书，填补了这一领域的空白。❷ 与强调体系性的传统方法论以及其他进路的论证理论不同，论题学反对公理—演绎体系，要求运用情景思维来走出"进退维谷的"困局或难以消解的问题情境。❸ 这在一定意义上是在反抗现代性的思维方式，而去寻求古代的智慧。菲韦格的这本代表作接续了文艺复兴时期学者维科（Vico）的这种返归式努力，探究了亚里士多德和西塞罗的论题学、论题学与罗马市民法、论题学与意大利方式、论题学与组合术、论题学与公理学、论题学与民法学等诸多主题，以及论题学在当代的继续发展。这本小书短短十万言，却开创了一个学派。菲韦格的弟子们后来延续了本书的理论脉络，至今对德国法律修辞学的发展推动甚巨。它对中国学界

---

❶　焦宝乾等：《法律修辞学导论》，山东人民出版社 2012 年版；熊明辉主编：《法律论证与修辞：第三届全国法律修辞学术研讨会论文集》，法律出版社 2014 年版。

❷　［德］菲韦格：《论题学与法学》，舒国滢译，法律出版社 2012 年版。本书德语本初版于 1953 年，中译本翻译的是 1974 年的第 5 版。译者在翻译时还参考了该书的英译本：Theodor Viehweg, Topics and Law, trans. By W. Cole Durham, Frankfurt a. M. ［u. a.］: Peter Lang 1993。

❸　［德］菲韦格：《论题学与法学》，舒国滢译，法律出版社 2012 年版，"法学的论题学立场（代译序）"，第 27 页。

的影响则仍有待观察。只是，作为大陆方法论领域领军人物之一的舒国滢教授一直在做这方面的努力：早在本书中译本面世之前 7 年，译者已在一篇文章中集中介绍了本书的内容。❶ 在本书的刺激下，译者在出版前后也持续发表了不少相关论文，对古罗马、中世纪的论题学、修辞学、决疑术等展开了广泛的学术考察。❷ 以此为基础，一部 80 万字的恢宏之作正在出版计划之中。相信未来在更多学人的合力之下，这一进路的论证理论研究会有更为广阔的前景。

3. 逻辑进路

法律逻辑的研究虽然在大陆起步不算晚（首先是由一些逻辑学者、尤其是法律院校中有逻辑学背景的教师进行的），但对于域外法律逻辑著作、尤其是欧陆法律逻辑方面的著作的翻译开展得很晚。与此同时，发展却比较迅猛。到目前为止，主要的译著有五本。

第一本是 2011 年出版的意大利法学家乔瓦尼·萨尔托尔（Giovanni Sartor）的《法律推理：法律的认知路径》（*Legal Reasoning: Legal Doctrine as Knowledge of Law*）一书的中译本。❸ 本书是博洛尼亚大学法学院教授恩里科·帕塔罗（Enrico Pattaro）主持之"法哲学与一般法理学丛书"中的第五本。武汉大学江习根教授正在主持这套丛书的译事，本书为丛书已完成的最新一本论著。萨尔托尔现任博洛尼亚大学计算机与法律教授，研究领域涉及法律哲学、计算逻辑、立法技术和计算机法等，是国际学界人工智能与法律推理的代表之一。这本长达一千多页的专著被分为两编：第一编致力于将法律推理嵌入实践

---

❶ 舒国滢："寻访法学的问题立场——兼谈'论题学法学'的思考方式"，载《法学研究》2005 年第 3 期。

❷ 参见舒国滢："西方古代修辞学：辞源、主旨与技术"，载《中国政法大学学报》2011 年第 4 期；"走近论题学法学"，载《现代法学》2011 年第 4 期；"论题学：从亚里士多德到西塞罗"，载《研究生法学》2011 年第 6 期；"决疑术：方法、渊源与盛衰"，载《中国政法大学》2012 年第 2 期；"'争点论'探赜"，载《政法论坛》2012 年第 2 期；"西塞罗的《论题术》研究"，载《法制与社会发展》2012 年第 4 期；"追问古代修辞学与法学论证技术之关系"，载《法学》2012 年第 9 期；"罗马法学成长中的方法论因素"，载《比较法研究》2013 年第 1 期；"说不尽的 Topik 和 Topos"，载《浙江社会科学》2013 年第 2 期；"亚里士多德论题学之考辨"，载《中国政法大学》2013 年第 2 期；"论题学：修辞学抑或辩证法？"，载《政法论丛》2013 年第 2 期。

❸ ［意］乔瓦尼·萨尔托尔：《法律推理：法律的认知路径》，汪习根、唐勇、武小川、刘晓湧译，武汉大学出版社 2011 年版。原著出版于 2005 年。

推理之中；第二编以非单调逻辑为基础，旨在提供关于法律推理基本形式的更精确的说明，涉及道义模态词、条件式规范、法律渊源、论证框架等内容。

第二本是奥地利法学家伊尔玛·塔麦洛（Ilmar Tammelo）的《现代逻辑在法律中的运用》（*Modern Logic in the Service of Law*），中译本于 2012 年出版。❶ 塔麦洛长期以来独树一帜，极力倡导逻辑在法律中的基础作用，并建构出一种"以大量运用数学符号为特点的法律逻辑体系"。❷ 这一点也充分体现在本书之中。所幸的是，原著使用的是独特的波兰符，而三位译者将其转译为了国内逻辑论著通行符，一定程度上减轻了阅读的负担。但是对于不熟悉符号逻辑的读者而言，阅读本书也不是件轻松的事。本书分作两个部分：第一部分是法律逻辑的理论基础，述评了命题演算逻辑、谓词演算逻辑，阐述了证明逻辑有效性和可靠性的方法，并提出了一种反公式方法；第二部分是法律逻辑的运用，论述了法律语言、司法推理、一些特殊法律问题中如何运用逻辑的问题。全书末尾还附上了一个关于法律逻辑的简要宣言。❸ 塔氏在序言中的这句话或许是对本书意义最好的诠释："应用法律逻辑进行思维与不应用法律逻辑进行思维的法律人之间的差异，同四脚走路的人与直立行走的人之间的差异是完全相同的。"❹

第三本是丹麦法学家、斯堪的纳维亚学派的代表阿尔夫·罗斯（Alf Ross）的晚期代表作《指令与规范》（*Directives and Norms*），中译本于 2013 年出版。❺ 这本总共仅 12 万字的"小书"试图解决一个"大问题"即"约根森困境"：既然逻辑具有真值，而规范无真假可言，那么规范推理是否是一种逻辑推论？如果否认这一点，那么司法裁判领域中所进行的推理活动将有伪逻辑乃至反逻辑之嫌。如果肯认这一点，又会与经典的逻辑理论相矛盾。罗斯这本书的基本思路是，

❶ ［奥］伊尔玛·塔麦洛：《现代逻辑在法律中的运用》，李振江、张传新、柴盼盼译，中国法制出版社 2012 年版。原著出版于 1978 年。

❷ ［美］博登海默：《法理学：法律哲学与法律方法》，邓正来译，中国政法大学出版社 1998 年版，第 141 页。

❸ ［奥］伊尔玛·塔麦洛：《现代逻辑在法律中的运用》，"法律逻辑的一个宣言"，第 148 页。

❹ ［奥］伊尔玛·塔麦洛：《现代逻辑在法律中的运用》，"序言"，第 2 页。

❺ ［丹麦］阿尔夫·罗斯：《指令与规范》，雷磊译，中国法制出版社 2013 年版。

在全面阐述指令（规范）之性质的基础上提供一种建构道义逻辑的可能思路。它首先从陈述式言语与指令式言语的区分入手，澄清规范的概念及其要素，界定道义逻辑与指令式言语的关系，并重新阐释了"逻辑值"的内涵。全书结构严谨、论述线索清晰、论证简明扼要。译者于正文之后附上了三篇论文，分别是罗斯早年所写的涉及命令句逻辑的文章（本书的起点），阿列克西所写的关于罗斯理论中权能概念的文章（本书所涉及的另一个重要主题），以及罗斯的同事为他所写的一篇小传。

最后，为新面世之"西方法律逻辑经典译丛"（熊明辉教授与丁利教授主编）中的两本译著。一本是两位波兰学者耶日·施特尔马赫与巴尔托什·布罗泽克（Jerzy Stelmach，Bartosz Brozék）合著的《法律推理方法》（*Methods of Legal Reasoning*）。❶ 波兰学者素以逻辑学研究见长（有所谓"波兰逻辑系统"），两位学者著述甚丰，与德国学界往来颇多。本书在波兰于 2004 年和 2006 年出版过两次，于 2006 年由施普林格出版社（Springer）刊行了英文版。❷ 在本书中，作者讨论了最根本的四种法律方法，即逻辑、分析、论证和诠释，并表明了这些方法的精确性（科学性）、实用性。本书不仅致力于超越一种任意选择的法律范式，而且要超越法律科学的界限，为研究法律方法乃至当代社会科学中运用的方法提供了合适的切入点。另一本是荷兰学者亨利·帕肯（Henry Prakken）的《建模法律论证的逻辑工具：法律可废止推理研究》（*Logical tools for modelling legal argument：a study of defeasible reasoning in law*）。❸ 作为国际人工智能与法律推理领域的领航性人物，帕肯在他的这本代表作（其实是对其 1993 年完成之博士论文的扩充与修改）中，为法律逻辑及其在法律领域的运用开拓了一个新的方向，即非单调逻辑与可废止推理，从而为逻辑在法律论证中的作

---

❶　［波兰］耶日·施特尔马赫、巴尔托什·布罗泽克：《法律推理方法》，陈伟功译，中国政法大学出版社 2015 年版。

❷　另外值得注意的是，两位作者于 2011 年以波兰语出版了结构和内容略有不同的《法律磋商的技艺》（Sztuka negocjacji prawniczych）一书。该书于 2014 年被译成德文，标题为《法律磋商理论》（Theorie der juristischen Verhandlung）。在该书中，作者探讨了法律磋商的三种模式，即论证模式、论题—修辞模式和经济学模式。

❸　［荷］亨利·帕肯：《建模法律论证的逻辑工具：法律可废止推理研究》，熊明辉译，中国政法大学出版社 2015 年版。

用提供了全新的辩护：尽管法律可能存在不一致，推理可能存在例外，且在很多时候并非是演绎式的，但如果应用新的逻辑工具（非单调逻辑和可废止推理），并且如果逻辑被认为是一种工具而不是法律论证的模型，那么这些特征逃脱不了逻辑分析。

（五）法学方法论学说史

1. 片段史

迄今为止，关于方法论通史方面的译著与专著尚无一部面世。而片段史方面首屈一指的当属台湾学者吴从周的博士论文《从概念法学到利益法学：以耶林对海克之影响为线索展开》（2003 年）。吴著以鲁道夫·冯·耶林与菲利普·黑克（海克，Phlipp Heck）为中心，十分详尽地考察了概念法学与利益法学的历史背景、人物生平、基本主张、学说发展与影响等方面，并以民法实务进行观察与引证，资料翔实、观点严谨、考据十分详尽。❶ 对于当时许多尚未得窥学术传统路径的大陆方法论研习者而言，吴著无疑如暗夜中的灯塔，照亮了前方的航线。因此，尽管当时吴著没有正式出版，却早已在方法论爱好者以及博士生的小圈子中流传。2007 年，吴著在台湾地区由一品文化出版集团出版，并更名为《概念法学、利益法学与价值法学》。2011 年，中国法制出版社引入了该书，后者终于正式在大陆与读者见面。❷ 与博士论文相比，虽然书名有所改变，但主体内容未变。作者并未将价值法学（评价法学）列为与概念法学、利益法学同等高度的方法论流派，而只是将它看作是利益法学发展的新阶段，因而只是在第四章"黑克之利益法学方法论的发展与影响"之下花费了不到两节的内容来交代这一"转向"。❸ 此外，新书还增加了一个"本书导读"和三个附录：耶林著作传记全览、赫尔姆特·科因（Helmut Coing）所著的《耶林之法律体系概念》，以及集中体现黑克利益法学主张的代表性论文《利益法学》。

---

❶　一个例证是，在正文的第一个脚注中，作者花了几乎整整一页的篇幅去考证耶林的名字（因拉丁字体产生的争议）。如此严谨的作风，实为我辈楷模。

❷　吴从周：《概念法学、利益法学与价值法学：探索一部民法方法论的演变史》，中国法制出版社 2011 年版。

❸　吴从周：《概念法学、利益法学与价值法学：探索一部民法方法论的演变史》，中国法制出版社 2011 年版，第 396 页、416 页以下。

2. 学派

目前可按学派归类的译著涵盖了历史法学、目的法学与自由法运动三个领域。

（1）历史法学。作为近代民法的奠基人与方法论的开创者，卡尔·冯·萨维尼的作品在大陆一直有相当大的关注度。就方法论作品而言，目前被翻译成中文的是三部小书。最早一部是萨氏于 1814 年所著之论战性与纲领性名文《论立法与法学的当代使命》（*Vom Beruf unsrer Zeit für Gesetzgebung und Rechtswissenschaft*），由中国"历史法学"的倡导者许章润教授所译于 2001 年译成出版。❶ 论战的背景是《法国民法典》诞生与拿破仑的铁骑之下掀起的波及整个欧洲的法典化运动。在这个大环境下，当时颇具声望的德国法学家蒂堡呼吁制定德国统一民法典，而萨维尼随即发表的这篇论战性文章旨在批判蒂堡的观点。本书提出了著名的"民族精神"的观念，认为法律起源和发展取决于民族的特殊历史，就如同该民族的语言、习俗和政治一样。法是"民族精神"的体现，是民族意识即共同体的一个部分。法最开始体现为习俗和人民的信念之中的习惯法，在后来的发展主要通过职业的法学家群体来推动。这种保守主义和浪漫主义思想对于从背负着沉重文化传统走向现代化的中国，以及力图在这一过程中发挥更大作用的法学者具有很强的吸引力。

第二部是《萨维尼法学方法论讲义与格林笔记》（*Savignys Vorlesung über juristische Methodologie und Nachschrift Jacob Grimm*），于 2008 年在大陆出版。❷ 萨氏从 1802 年到 1842 年先后在马堡大学、兰茨胡特大学、柏林大学开设三十多次法学方法论课程，吸引了大批学子，听课者有不少后来成为著名法学家。可以说，他的法学方法论直接影响了不止一代法学家。在萨氏法学方法论课程资料中，最系统、最完整的是其弟子雅各布·格林在马堡所录的 1802/1803 年法学方法论听课笔记，这也是本书的主要内容。本书由讲义和笔记两部分构成，两部分结构一致，都包括"序言""法学的绝对研究方法""法学的文献性

---

❶ ［德］卡尔·冯·萨维尼：《论立法与法学的当代使命》，许章润译，中国法制出版社 2001 年版。

❷ ［德］卡尔·冯·萨维尼、雅各布·格林：《萨维尼法学方法论讲义与格林笔记》，杨代雄译，法律出版社 2008 年版。

研究"和"法学的学院性研究方法"四部分。不同于专著,本书提纲挈领、脉络清晰、观点明确,并无庞杂的文献引用和论证,非常适合学生阅读。本书的中文校订本于 2014 年出版。❶ 萨氏的最新一部中文译著是 2009 年出版的《历史法学派的基本思想(1814—1840)》(*Grundgedanken der Historischen Rechtsschule*(1814—1840))。❷ 原著由德国法律史专家艾里克·沃尔夫(Eric Wolf)于 1967 年编纂萨氏所著的三个文献合成:"实证法的产生"与"制定法与法经(法书)"选自《论立法与法学的当代使命》;"法学中的历史学派"是由萨氏与历史法学的另一位代表艾希霍恩(Eichhorn)于 1815 年创办之《历史法学杂志》的第一卷导言的节录;"罗马法的教育价值"选自萨氏的主要著作《当代罗马法体系》第一卷(1840 年)序言。另附录有一篇法史学家弗朗茨·维亚克尔(Franz Wieacker)1967 年在卡尔斯鲁厄法学研究会上所作的报告,题为"历史法学派形象的变迁"。这本小册子有助于全面把握历史法学派的思想。

(2)目的法学。作为利益法学之先声的目的法学的代表就是晚期的耶林。早期的耶林(建构方法时期)服膺于概念法学的见解,但因为 1858 年的一个真实案例而引发"大马士革体验",进入目的方法时期。大陆学者更为关注的是耶林的后期思想,翻译过来的三部著作也都集中在这一时期。

第一部被翻译过来、同时名声最大的自然是《为权利而斗争》(*Der Kampf um das Recht*)。据说,这个最早是耶林 1872 年在维也纳法学会所作的演讲稿当年印行后就销售一空,此后无数次再版与被翻译。❸ 本书在大陆学界同样被热捧,这个口号式的标题以及书中的一些名言,如"为权利而斗争是权利者对自己的义务""主张权利是对社会的义务"等,一时间几乎成为法学学子的口头禅。该书有二个中

──────────

❶ [德]卡尔·冯·萨维尼、雅各布·格林:《萨维尼法学方法论讲义与格林笔记(修订译本)》,杨代雄译,胡晓静校注,法律出版社 2014 年版。

❷ [德]卡尔·冯·萨维尼:《历史法学派的基本思想(1814—1840)》,[德]艾里克·沃尔夫编,郑永流译,法律出版社 2009 年版。

❸ 参见吴从周:《概念法学、利益法学与价值法学:探索一部民法方法论的演变史》,中国法制出版社 2011 年版,第 122 页。

译本。❶ 一个是胡宝海翻译、2004 年由中国法制出版社出版的版本❷；另一个是郑永流翻译、2007 年由法律出版社出版的版本。❸ 两个版本的差别在于，郑永流译本翻译的是 1872 年的第一版全本，除了书面版正文外，还包括当时维也纳的司法和国民经济刊物《审判庭》对耶林在维也纳法学会演讲的报道、演讲稿的速记。此外，译者还添上了耶林法学著述目录以及耶林研究文献选。而胡宝海译本是从日译本转译过来的。第二部著作是 2009 年译成出版的《法学的概念天国》（*Zum juristischen Begirffshimmel*）。❹ 这本小册子节选自耶林 1884 年的著作《法学的戏谑与认真》的第三部分。很难想象，一篇法学名作竟用了奇幻式的写作方式（以轻松、幽默的口吻记录了他做的一个有趣的梦），并不时对"概念法学"的前辈普赫塔（Puchta）进行调侃，对作为"概念法学"之中坚力量的罗马法学者处处讥讽，读来令人忍俊不禁。无怪乎英国法学家哈特（H. L. A. Hart）大为赞叹道，"没有一位英语法律著作者能够像耶林这般将笔触的轻快与洞察的深邃融为一体"。❺ 最新一本译著是 2010 年出版的《法学是一门科学吗？》（*Ist die Jurisprudenz eine Wissenschaft*?）。❻ 它原本是耶林 1868 年于维也纳大学执教时的就职演说。除演说稿外，本书还囊括了一个引言、三份先行草稿，编注者奥科·贝伦茨（Okko Behrends）教授另为它撰写了编者前言、注释，以及一篇关于其学术史上定位的论文《耶林的法律演化论：在历史法学派与现代之间》。在本书中，耶林旗帜鲜明地为法学方法奠定了认识论基础，即法学是在法律事务中的科学意识。只要这

---

❶ 事实上，据郑永流教授考证，除正文中所提两个译本外，此书的中文译本尚有 7 个，分别为 1901 年未明译者（推断为章宗祥）所译的日文节本、1902 年张肇桐的日文全本、1947 年潘汉典的德文节本、1979 年萨孟武的英日译本、1985 年潘汉典的德文节本、1993 年蔡震荣和郑善印的德文节本、1997 年林文雄的译本。但这些译本要么出版于新中国成立前，要么只是发表于期刊上的节译，要么出版于台湾地区。

❷ ［德］鲁道夫·冯·耶林：《为权利而斗争》，胡宝海译，中国法制出版社 2004 年版。

❸ ［德］鲁道夫·冯·耶林：《为权利而斗争》，郑永流译，法律出版社 2007 年版。

❹ ［德］鲁道夫·冯·耶林：《法学的概念天国》，柯伟才、于庆生译，中国法制出版社 2009 年版。

❺ ［英］H. L. A. 哈特："耶林的概念天国与现代分析法学"，载［英］哈特：《法理学与法哲学论文集》，支振锋译，法律出版社 2005 年版，第 280 页。

❻ ［德］鲁道夫·冯·耶林：《法学是一门科学吗？》，［德］奥科·贝伦茨编注，李君韬译，法律出版社 2010 年版。

种意识在法哲学、法律史和教义学三个面向上都得到充分发展，法学就可以成为科学。❶

（3）自由法运动。尽管当代方法论的许多概念与思想（大陆法理学界继受了它们）受惠于自由法运动，但翻译成中文的自由法学专著迄今为止只有其旗手、德国法学家赫尔曼·康特洛维茨的《为法学而斗争》（*Kampf um die Rechtswissenschaft*）。❷ 这篇自由法运动的扛鼎之作与康氏晚期的代表作一起被翻译成中文，于 2011 年出版。❸ 在这篇檄文中，康氏号召法律人"去进行一场解放法学的战斗，让暴风雨去摧毁经院哲学的最后堡垒（指制定法实证主义）"。❹ 他提出的一个主要命题是，国家制定法的"漏洞并不比文字来得少"，在制定法之外尚存在"自由法"。法官的任务不是去遵循伪装成逻辑技术的传统教义学方法，而是根据个人的意志与感觉，去自由地发现法律。虽然在当时作为年轻的学者，康氏的观点不免有所偏激，但对反思旧方法论教条有振聋发聩的效果。本书已被一些法学院教师指定为课后参考读物。

3. 个人

研究方法论大家个人思想的译著和（台湾地区）专著极少，至今在大陆学界传播的只有台湾地区学者林立于 2002 年出版的《法学方法论与德沃金》。❺ 该书此前于 2005 年已在台湾新学林出版社出版，主旨是围绕美国法哲学大家罗纳德·德沃金（Dworkin）的法律解释学，即"作为整全性的法律"与"建构性诠释"这种法学方法论观点的内涵及其所引发的争议展开讨论。全书语言直白易懂，结构清晰，适合一般读者和学生来进入德沃金的世界。至于对欧陆方法论学者个人思

---

❶　参见［德］鲁道夫·冯·耶林：《法学是一门科学吗?》，［德］奥科·贝伦茨编注，李君韬译，法律出版社 2010 年版，第 86 页。

❷　当然，我们在这里没有列上奥地利法学家欧根·埃利希（Eugen Ehrlich）的作品：《法社会学原理》，舒国滢译，中国大百科全书出版社 2009 年版。虽然埃利希也被认为是自由法运动的干将，但本书的重心并不在此，体现其方法论主张的是另一本尚未被译成中文的小书《自由的法律发现与自由法学》。

❸　［德］赫尔曼·康特洛维茨：《为法学而斗争　法的定义》，雷磊译，中国法制出版社 2011 年版。

❹　［德］赫尔曼·康特洛维茨：《为法学而斗争　法的定义》，雷磊译，中国法制出版社 2011 年版，第 4 页。

❺　林立：《法学方法论与德沃金》，中国政法大学出版社 2002 年版。

想的研究尚付阙如。

（六）反思与期待

在短短十数年时间内，大陆法理学界从欧陆和台湾地区引入与翻译了如此多的作品，不能不说是各位同仁浓厚的学术兴趣和积极进取追求学术真知的动力使然。然而，如果对上文所交代的这些作品的译介和传播情况进行反思，就可以发现，在这种过热的学术大跃进的背后，也掩藏着一些潜在的缺陷。

其一，作品的主题虽然已覆盖到方方面面，但某些领域和某些点上依然力度不足。在传统方法论领域，翻译过来的多为在当地畅销的学术作品（这从这些作品不断再版，而引入大陆的译著和专著未能及时跟进可以看出）。但对于其他一些在国际学术圈内享有盛誉、在学术上地位十分重要的作品却没有顾及。在法律论证理论领域，作品集中在程序进路方面，对于论题—修辞进路关注不足，像佩雷尔曼的《新修辞学》这样举足轻重的名著至今没有中译本。在德语作品"大热"的环境下，逻辑进路方面却形成了个"小冷门"，迄今尚无一部德语作品被引入。这不是说德语法律逻辑的作品数量不多、质量不高，只能说明我们关注不足。在方法论学说史方面，德语世界中已有的数部优秀方法论通史作品还没有引起重视。学派作品的翻译只集中于几个学派和人物上，尚未形成"全貌"。像概念法学、制定法实证主义、利益法学尚无译著，历史法学（尤其是日耳曼分支）、自由法运动的其他一些重要人物的作品也缺乏传播。

其二，作品作者的来源过于单一。在德国学者的强势光环之下，其他欧陆国家的学术贡献和特色被大大遮蔽了。尽管法律逻辑方面的著作反倒都来自这些国家，但从整体而言德国外欧陆学者的著述份额依然偏低。事实上，这些国家并不缺乏优秀的方法论学者，像奥地利的魏因伯格（Weinberger）、比德林斯基（Bydlinski），法国的惹尼（Gény），意大利的帕塔罗（Pattato）、拉多里（La Torre），波兰的弗洛伯列夫斯基（Wróblewski），匈牙利的肖洛姆（solum），西班牙的阿蒂安扎（Atienza），瑞典的佩策尼克（Peczenik），芬兰的阿尔尼奥（Aarnio），挪威的艾克霍夫（Eckhoff），斯洛文尼亚的帕夫克尼克（Pavčnik），荷兰的哈格（Haag）和舒特曼（Soeteman）等均为一时之选。而这些大学术传统下不同的小学术传统各有其特色。对于处于继受地位的中国学界而言，博观约取是十分必要的。所以，我们应当在承认德国学术传统的深厚与巨大吸引力的同时，充分关注这些国家学者的作品。

其三，作品的译者过于集中。这体现在两个方面：一是译者过于集中于法理学者。在上面提到的那些译者中，除了少数几位是具有民法学科背景的学者外，几乎都是法理学学者。大陆的法学教育体系强行将法理学科与部门法学科划分开来，但是欧陆国家尤其是德国的法学院中并没有专门的法哲学教席。这些方法论作品的作者多为兼修法哲学与至少一门部门法的专家。而在大陆，由法理学者主导的方法论作品译潮中，难免会偏重于选择那些理论艰深的作品，忽略了另一些更偏重实务的作品。在翻译过来的作品的传播过程中，也更关注其中抽象出的基本概念和原理，轻视概念和原理在原著国实务中的运用。方法的生命在于运用，方法论也不能脱离具体的教义学知识得以检验。如果今后能有更多的部门法学者，尤其是刑法学、宪法学、行政法学等领域的学者参与到方法论作品的翻译与传播活动中来，这种情形当可以在很大程度上得到改观。二是法理学译者过于集中于少数几人。现有翻译作品有相当一部分出自少数几位有留学背景的中青年学者之手，而这些学者个人精力的有限也是造成上述第一点缺陷的一个原因。当然，欧陆作品在语言方面的要求也是影响其翻译和传播的客观原因。相信今后随着越来越多的青年学人对德语、法语、西班牙语等欧陆语言的掌握，这一现象会被扭转。

此外，大陆法理学界有不少学者走的是"先译后著"的路子，译作的观点深刻影响着译者自己的观点。而这些译作的学术传统并不相同，所以这也影响到了译者间观点的对立（比如，当年"法学方法论"与"法律方法论"之间的争议）。如果此时再加上译者个人的"过度诠释"，那么学术争议就显得更加不知所指和游移无根。翻译哪部作品取决于作者的个人学术兴趣，这本无可厚非。但作品的选择有时也带有很大的随机性。它们可能只是从源远流长的西方学术传统中切割下来的一小部分，但对于不熟悉这个传统的普通读者而言有时反而有"先入为主"或"一叶蔽目"之害。❶ 当然，消除此种弊病非一日之功，端赖诸多同仁包怀学术公心、齐心合力、稳扎稳打、步步为营地将经典作品全面译介过来，将欧陆方法论的学术传统逐步呈现于大陆读者面前。❷

古罗马学者塞尔苏斯（Celsus）曾言，法是善良和公正之艺术（Jus est ars boni et aequi），这几乎已为法律人所共知。但以往我们往往过多关注所谓"善良和公正"之于法的超验意义，却忽略了"艺术"对于法的重要性。尤其对于习惯于道路和理念、道统和法统之辨的中国法学界而言，方法更显得好像是雕虫小技。但不要忘了菲利普·黑克的那句名言——"在所有的改变中，方法的改变才是最大的进步"。❸ 因此，对于要求摆脱幼稚病之讥，转身为法律实践提供智力支持的中国法学而言，从小处着手未必不能带来哥白尼式的革命。而要期待这一点，更加全面和有规划地引入域外方法论作品是一个重要的环节。

---

❶ 一个例子就是两位并不出色的英国学者所著的一本并不出色的书：彼得·斯坦、约翰·香德：《西方社会的法律价值》，王献平译，中国人民公安大学出版社 1990 年版（2004 年由中国法制出版社重印）。这本书在 20 世纪 90 年代初被译成中文后，学者们趋之若鹜。当然这与当时译著太少、读者选择余地不大有关，但也相当具有反面代表性。

❷ 目前，由舒国滢教授主编的"法学方法论译丛"正在进行当中。译丛首批暂选了 5 本德语专著，分别是格奥尔格·普赫塔《法学大全：法律科学导论》、鲁道夫·耶林《法的目的》、菲利普·黑克《利益法学》（论文集）、欧根·埃利希《自由的法律发现与自由法学》，以及赫尔曼·伊塞《法律规范与判决》。这可以被看做是向这个方向的一个努力。

❸ Phillip Heck, Interessenjurisprudenz, Tübingen 1933, S. 32.

后　记

　　本书是《中国法律方法论研究报告》（陈金钊、焦宝乾等著，北京大学出版社 2012 年版）的续篇，主要介绍了 2011 年至 2016 年国内法律方法论研究的总体情况。本书的部分作者参与了前作的写作，同时常年坚持关注法律方法论的研究，应当说在这个领域之内是有一定发言权的。虽然距离上一本对国内法律方法论研究的学术总结著作仅有五年时间，但是，鉴于国内相关研究领域中成果的迅速积累和呈现，进行再次总结也是相当有必要的，于是，本书的完成有了可靠而坚实的基础。

　　近六年国内法律方法论的年度研究报告，构成了本书的主干部分。这些研究报告的部分内容，已经发表在《山东大学学报》（哲学社会科学版），还有相当部分的内容被人大复印资料全文转载。由于期刊版面的限制，还有相当一部分内容未与读者见面，本书则是呈现了该系列报告的全貌，有助于全面总结这一阶段中法律方法论的研究情况，也算是在一定程度上弥补了缺憾。另外，与前作的风格保持一致，本书还专设了部分章节，对 2011 年至 2016 年国内法律方法论研究的情况进行了反思，这样的安排不仅能够使得读者看到了法律方法论研究的欣欣向荣，也能够对其缺陷和不足有所了解和认识。

　　在近六年的法律方法论研究中，法律修辞学无疑具有特殊的地位。在以往的研究中，修辞只是在法律论证研究中的一个分析进路。在相关学术资源不断引介和扩充之中，法律修辞学逐渐被法律方法论的研究者所接受、认可和重视，以法律修辞为名的论文、专著和会议也在不断出现。这些研究成果成为法律方法论研究中比较突出的"学术增长点"，自然也应当成为本书特设的章节。除了在年度研究报告中进行重点介绍之外，本书还专门介绍了前几届全国法律修辞学研讨会的基本情况。虽然法律修辞学的研究在时间上并不长，但是，已经显现出蓬勃的生机和活力，也将继续成为法律方法论研究的重点课题之一。

对于法律方法论研究报告的写作风格，本书作者在写作过程中也存在着一定疑虑。目前，法律方法论研究报告采取的是平实记叙的方式，以国内相关研究期刊论文为主，兼顾同时出版的重要学术专著，将这些研究成果进行了比较详尽的列举。也许有读者愿意看到其他风格，例如，对典型论文及其学术贡献进行深入分析，对研究趋势进行宏观论述等。应当说，这些意见都有其道理。本书的写作仍然坚持以之前的风格为主，主要是考虑到系列报告前后写作风格和方式存在着延续性，同时，在众多的法律方法论研究论文中，如何选择确定最具有代表性的论文，也是一个十分困难，同时也容易引起争议的问题，而且也容易出现挂一漏万的情况。当然，法律方法论系列研究报告也将吸收这些读者的意见，在保持目前风格的同时，兼顾对重点论文和专著的重点评介。

"文章千古事，得失寸心知。"近几年，法律方法论研究的兴起产生了大量成果，这种情况固然有令人欣喜的一面，但是，这种研究是否是一种表面繁荣，是否真正能够得以持续发展，都存在着一定疑问。从域外的相关经验来看，这种担心也许是一种多虑，但是，法律方法论的研究如何才能真正对实践领域产生比较直接的较大影响，却是相关学人不得不面对的难题。同时，面对着丰富的研究成果，在信马由缰的引介阶段结束之后，法律方法论的研究者如何开展进一步的细化研究，也是一个值得重视的问题。本书仅仅是对这段学术研究历程的描述，也是相关学术发展史的点滴记录，希望能够成为法律方法论研究继续深入和扩展的有益铺垫。如果能够实现以上目标，本书作者也将深感欣慰。

本书是各位作者通力协作的成果，这些作者包括：

陈金钊，华东政法大学教授，博士生导师。

焦宝乾，浙江大学教授，博士生导师。

赵玉增，青岛科技大学教授，硕士生导师。

侯学勇，山东政法学院教授，硕士生导师。

雷磊，中国政法大学教授，硕士生导师。

宋保振，华东政法大学博士研究生。

李亮，山东大学（威海）法学院硕士研究生。

李楠，山东大学（威海）法学院硕士研究生。

玛珈山法政文丛书目